百貨店の展覧会

昭和のみせもの
1945–1988

志賀健二郎
Shiga Kenjiro

筑摩書房

百貨店の展覧会

目次

第6章　転換する時代——1970年〜（昭和45年〜）

まえがき

百貨店という文化インフラ

昭和の戦後期、都心の百貨店は文化的な催しを〝展覧会〟という形で競うように開催していた。百貨店の展覧会は、入場料を頂いて多くのお客様を集めたとしても利益をあげることはまずなく、逆に経費の持ち出しとなる。小売業を営むものは日々の売上に一喜一憂するのが常のことで、百貨店も小売業である以上それは変わらない。その百貨店が、特売などの催し物をやれば確実に稼げるスペースを使って〝入り〟ではなく〝出〟の方が多い事業を行うというのも不思議なことではあるが、当時の百貨店は多額の経費を投じて大規模にかつ恒常的に展覧会を開催し、都市生活者に文化的な楽しみと刺激を提供し続けていた。

初田亨の『百貨店の誕生』によれば、百貨店と文化との密接な関わりは、1904年に日本で最初の百貨店として出発した三越が強く意識するところであった。それは三越に続く他の百貨店でも同様で、大正から昭和にかけて百貨店は民衆の娯楽の場として、また文化的な催し物を行う場として都市生活者に親しまれ利用されるところとなっていった。そして、欧米の百貨店とは異なり、日本の百貨店は商品を売ることを直接的な目的にしない催し物が多く見られることが特徴であった(1)。

その特徴は戦後の百貨店にも継承され、老舗の百貨店はもちろん、戦後開業のターミナル百貨店も含め、百貨店は販売を目的としない文化的な催し物を頻繁に行っていた。特に50～70年代の30年間は、日本社会が敗戦から立ち直って目覚ましい経済復興と高度成長に邁進する中で、広く文化を楽しみ知的好奇心を満たしたいという人々のニーズに応えるべく、また日本の貧困な文化行政の穴を埋めるかのように、多くの百貨店が量だけではなく質の面でも優れた展覧会を次々と開催していた。

百貨店は国内外のそして古代から現代までの優れた美術品を紹介し、また、今では多くの美術館で当たり前に扱われている写真、映像、グラフィック、ファッション、漫画など〝美術〟と境界線にあったいわゆるサブカルチャー的な展覧会も比較的早い時期から開催していた。「日本の都市型美術館は、名実共に大衆の殿堂ともいうべき百貨店で成長を遂げた(2)」と評される通り、百貨店は戦後日本における美術の普及に大きく貢献してきたが、こうした博物館的な機能は美術の範疇にとどまらず、さらに大きな広がりを見せていた。百貨店の展覧会実績をつぶさに見ていけば、歴史、文学、芸能、科学、学術ほか様々な文化・芸術の分野が取り上げられていて、さらに時事的な話題や社会的な問題をテーマとしたもの、子どもたちを対象とした教育や娯楽的なもの、人々が趣味や教養として研鑽を積んだ成果の発表、企業や行政によるプロモーションが〝○○展〟の名で開催されていた。このように多種多様な展覧会を開催することで、百貨店は美術館としてだけではなく各種博物館、アミューズメントパーク、市民館、ショールームとしても機能し、都市の文化的なインフラとしての役割を担い、戦後日本の都市文化の形成と進展に大きな影響を及ぼしてきた。

一方、百貨店は建物・設備からディスプレイ・広告、そしてイベント・催し物など様々な事業活動によって、新しいもの、珍しいもの、今世の中で話題のものなど、時代とともに、時には時代を先取りして情報を発信する都市のメディアとしても機能していた。そうした百貨店がどのような展覧会を開催していたのか、それと表裏の関係で、人々がどのような文化的な情報を求め享受していたかを見ることは、戦後の都市文化の様相と、今につながる日本人の文化の受容を考える上で多くの示唆を与えてくれるものと考える。

本書は、東京都心の百貨店が、展覧会という事業によって戦後昭和の都市生活者にどのような文化や娯楽を提供してきたかを紹介するとともに、百貨店がなぜそうした事業に力を入れて取り組んだのか、またどのような影響を社会に及ぼしてきたのかを考察し、あわせて昭和の世相の一端を垣間みようというものである。

戦後の展覧会の開催実績や内容は、展覧会図録やそこに掲載の論文のほか各分野の研究書、新聞社・百貨店各社の社史などに記録されているが、多くは個々の分野についてのことでそれらを総合的にまとめたものはない。また、記録は美術関係のものが圧倒的に多く[3]、その他の分野となると資料は乏しい上に百貨店のものとなるとさらに少ない。本書は戦後の百貨店の展覧会の多様性を知っていただくことを主眼としているので、資料の多い美術展については百貨店の展覧会の性格を考察する上で欠かせないと思われるところにとどめ、これまであまり取り上げられることがなかった分野の紹介に重点を置いた。

本書の〝百貨店の展覧会〟の定義は、〝百貨店が店内において行う販売を主要な目的としない催し物〟としている。ただし、一部販売目的のものでも注目すべきものは取り上げており、さらに見せるだけなのか販売が目的なのか判然としないものもあるので、すべてが定義通りとはなっていないことをお断りしておく。

本書がとりあげる百貨店の展覧会の範囲は以下の通りである。

期間は、敗戦時から80年代までを視野にいれているが、百貨店の展覧会が社会的に存在感を示し、展覧会による集客が確実にはかれていたのは60年代末頃までと言ってよい。70年代後半から80年代になると、個々には魅力的な注目すべき展覧会はあるが、百貨店の展覧会総体として語ることができる文化的な特徴は薄まり、集客力も後退したと言わざるを得ない。したがって本書では、語るべきことが多い60年代までは5年きざみの章建てとし、

70〜80年代は時代が転換し百貨店の展覧会のありようも変わって来た70年代を中心として80年代は紙幅の都合もありそれに付加する程度にとどめた。ただし、5年きざみとはいいながらも、年を追っての紹介ではなくその期間の特徴的なジャンルを取り上げる形であるため、時には過去に遡り、時には先々のことまで話題にして、紹介する展覧会の開催時期が章建てした期間には収まらない場合もある。対象は東京都心の百貨店である。他の都市の百貨店も含めないと百貨店の展覧会全体を俯瞰することにならないのは重々承知ではあるが、戦後の百貨店の展覧会を論じる第一歩ということでご理解願いたい（したがって本書内で〝百貨店で開催の○○展〟と記しているのは、〝東京都心の〟を省略しての記述であることをお断りしておく）。

本文中の展覧会表記は、『展覧会名』［会場名／会期／主催／入場料／後援、協力など］の順で記載し、不明なものは省略した。例えば入場料の表記がない場合は無料ということではなく、データがないことを意味する。また、後援、協力などは展覧会の理解に必要な場合のみ、必要な団体名だけを記載している。

百貨店名の表記は、全体の読みやすさ、わかりやすさを考慮して地名＋店名（屋号）に統一した。例えば、正式店名は日本橋三越本店、松屋銀座、小田急百貨店新宿店であるが、それぞれ日本橋三越、銀座松屋、新宿小田急としている（ただし渋谷の東急百貨店は、本店がオープンした後は東横店が併存する形になるので渋谷東急本店とした）。新聞各紙の表記は、朝日、毎日、読売、日経、産経（サンケイ）、東京と略した。また会社名、団体名では必要のない限りは株式会社、財団法人などの表記は省略した。個人名の敬称もすべて略させていただいた。関係者にはこの場を借りてご理解のほどお願い申し上げる。

展覧会データの出典については以下の通りである。

『朝日新聞縮刷版』(4)の45〜88年の各月号により、展覧会関係の事業社告と記事、百貨店各店の広告から『展覧会名』［会場名／会期／主催／入場料／後援、協力など］および内容を採録し基礎データとした。これに毎日、読売、日経各紙の事業社告と記事、61年から刊行されている『新聞広告縮刷版』(5)掲載の百貨店の広告からデータを加え、その他展覧会図録や関係資料からデータの付加と突合せを行って整合性をとった。全体では都内百貨店・専門店ビルの展覧会約８０００件をデータ化した。調査の及ばない部分もあり対象百貨店のすべての展覧会を採録できたわけではないが、当該期間の主要な展覧会は網羅したものと考える。

展覧会データの引用元は個々には省略し、右記の出典で代えさせていただいた。文献の引用は、本文中で引用する場合は「　」で括り、文章で引用の場合は段落を変える形とした。いずれも［　］内は筆者による註・補足、［……］は筆者による省略を示す。註・補足、省略についての文責は筆者にある。

引用文の字体は現代のものに改めたが、仮名遣い・固有名詞の表記は元文献のままとした。したがって、固有名詞は地の文章の表記と異なる場合がある。また、引用の中には現在では不適切と考えられる表現も含まれるが、時代の実相を検証する論考であるのでそのままとした。

展覧会開催実績の表は基本的に巻末にまとめ、本文で言及する場合には［表１‐２］という形で示した。ただし本文内の表については参照図版と共通の［図１‐２］という表記を用いた。表と図の一覧は巻末にまとめた。

（１）『百貨店の誕生』初田亨［１９９９年９月／筑摩書房］第４章、第５章
（２）『美術館の誕生』岩渕潤子［１９９５年９月／中央公論社］２０９頁
（３）戦後の美術展の実績データとしては『日本の美術展覧会記録１９４５―２００５』［国立新美術館／www.nact.jp/exhibitions1945-2005/index.html］があり、また戦後の美術展史を論考したものとして『戦後美術展略史１９４５―１９９０』浅野敏一郎［１９９７年３月／求龍堂］がある。
（４）１９４５～55年は復刻版［朝日新聞社］、56年以降は縮刷版［１９８７年３月～97年５月／日本図書センター］

（5）〔S・N・A研究室　編／世界文庫〕

第1章

敗戦後の混乱のもとで

——1945〜49年（昭和20〜24年）

◉厳しい商環境におかれる百貨店

敗戦、そして連合国軍の占領下におかれても戦時中からの物資不足、生活必需品の欠乏は変わることなく百貨店の苦しい経営は続いた。この頃の都内百貨店の新聞広告をたどると、訴求するのは商品や売出しではなく、日用品交換の斡旋、衣料品の更生、諸々の修理などの手数料稼ぎ、あるいは売る物を求めて不用品・中古品、書画・骨董・古書・道具類などの買取りの広告がほとんどで、まともな商売ができなかったことが見て取れる。

9月に進駐軍の東京駐留が始まり、進駐兵が都心繁華街を闊歩するようになる。上野・銀座松坂屋両店では早くも9月22日に「英語会話ニ堪能ナル方　男女年齢不問若干名」と外人係を募集し、同28日、上野松坂屋は「中古品買受　外人のお土産にニッポン・キモノ等を」と広告を出している(1)。顧客対応の変わり身の早さは商売の鉄則であるが、この土産用商品については、進駐軍人および来訪外人のために政府・行政も時をおかず積極的に取組んだ。商工省はそのための資材を生産者に優先的に配給する措置をとり、三越などの百貨店や人形の久月総本店などの専門店が販売店に指定された[2]。

進駐軍駐留に伴い、その用に供するために多くの建物が接収され、都内百貨店では、新宿伊勢丹が3階以上を接収されて1・2階と地下のみの営業となり、銀座松屋は全館が対象となって隣接地の狭いスペースでの営業となった[3]。この両店はもとより、戦後経済の混乱の中で百貨店業界は苦しい商売を強いられていた。

『日本百貨店協会10年史』は、47年頃までの業界の状況を、「配給統制とヤミ市場の横行のなかにあって、百貨店は許された商品の配給と販売、それに物資交換所、中古品売場や更生品の取扱いを中心にして、生活必需物資の配給機関としてわずかな店舗で良心的な営業を行った[4]」と伝えている。

こうした厳しい商環境の中でも展覧会は行われていた。日本橋三越においては、いち早く**『在京美術家油絵・彫刻展』**［45年10月5日～18日／毎日新聞社］が開催された。これは、「戦後最初の文化的慰安を都民に贈り、あはせて進駐軍に現代日本美術を紹介のため」毎日新聞社が企画し現代日本の油絵と彫刻を紹介しようというもので、戦後最初の百貨店での総合的な美術展であった。進駐軍の協力も得て在京美術家の作品300点を集め、その中から木村荘八や圓鍔勝三ほか油絵、彫刻の大家・中堅作家数十名の作品100点を選定しての展覧会であった。進駐軍高官を招いての開会式の模様を、「進駐軍将兵を慰問」、「米国の方々にわが文化を理解していただくことを痛感」と毎日は伝えている[5]。変わり身の早さは、商売人ばかりではなかったようである。

この展覧会を皮切りに、都内各百貨店においては、戦時中の〝国策展覧会〟（第2節参照）の軛から解き放たれ、再び様々なジャンルの展覧会が行われるようになった。

1 文化国家の建設

◉開かれた博物館

敗戦後、〝文化国家〟が盛んに論じられるようになったが、これについては次のような指摘がある。

［当時の文部省の〝戦後〟構想について］、軍国主義に対立する概念として「文化国家」が持ち上げられ、［……］この「文化国家論」は、いわゆる「岩波知識人」あるいは「オールド・リベラル」と称される安倍、田中、谷川などの「同心会」メンバーをはじめ、大正時代に開花した文化主義・教養主義・人格主義を思想的基盤とする［当時文部行政に関わっていた］教育論者たちによって主導された。(6)

文化による国づくりの考えは単に文部省の構想にとどまらずに広くマスコミにも受け入れられ、当時の新聞紙面には〝文化国家建設〟の文字が多々踊るようになった。大手新聞社は日本再建のための文化振興にあたって特に美術を重視し、文化国家の手本である欧米諸国の美術と、戦時下の〝抑圧〟から解き放たれ〝自由な創作活動〟を標榜する日本の美術家たちの〝今〟の創作活動を紹介する展覧会を次々に企画した。都内各百貨店は国立博物館、東京都美術館とともにその会場となり文化国家建設の一翼を担うことにもなった。

そして、美術界は「異常な活況を呈している」(7)とも言われ、その現象は以下のようにも述べられている。

戦後の日本は、終戦直後の混乱の時代から立ち直るにつれて、美術に対する関心を急速に高め［……それは］相次いで企画される内外の美術を対象とした各種展覧会活動の隆盛という現象の中に認めることができる。しかも、［そこに］参加する人々の数は以前のどんな時代にも見られなかったほどの大きなものとなっていったのである。［……］美術の広範な社会化、ないしほとんど〈大衆化〉と呼んでもよいような現象がある。(8)

戦後の〝美術の広範な社会化〟において百貨店も大きな役割を果したが、その考察はまた別の機会とし、ここでは〝文化国家の建設〟に向けて国立博物館が子どもに着目して行った取組みと、百貨店がその会場となっていたことを紹介しておきたい。

敗戦から3カ月後の朝日は、文化財の〈投出し論・保護論〉と題して次のように伝えている。

食糧飢饉緩和のために政府は生糸等を見返りに食糧その他の輸入許可方を連合国総司令部に正式に申請したが、［……天皇から］御所有の美術品を見返り物資として御下渡しの御沙汰があった。それに関連し巷には国宝、重要美術品もすべて投げ出せとの論が起こるとともに、一方歴史家、美術関係者等からは［反対の論が起こって来た。……］米当局の考え方は［……］持ち去るような考えは絶対にない［と言ったといわれ……］投げ出せとの論の出るのは従来国宝等をはじめ一般美術品を私有物視していた特権階級への反感と、博物館が一般国民を満足せしめなかったことによるものとして、国宝投出し反対論者もその点の改革の必要性は訴えている。(9)

財政が窮乏すると〝文化か福祉か〟と二者択一の論議になるのはいつの時代でもおこることだが、〝文化〟を主張して「一般国民の満足」を得るためには、国民に対して今までにない形で自らの存在意義を示すしかないわけである。

戦前宮内省の所管であった〝帝室博物館〟は、47年5月、新たに文部省所管の〝国立博物館〟となった（52年に東京国立博物館に改称）。その時の館長であった安倍能成は、教育における博物館の役割の重要性を説き、「社会教育においては博物館がその主役を務めるものであり、［……］児童のために色々の計画をたてて、子供の時代から美術思想の開発につとめたい[10]」と述べている。

それを受けて国立博物館では、「従来の帝室博物館の殻を破って、国民のための開かれた博物館でなければならない、一部の美術研究家や愛好者のためのものではなく広く国民大衆に親しまれ、日本の古美術等の文化遺産に対する認識や理解を深めるための積極的な態度が必要であるという考えから、特に事業の面に力を入れるようになり、［……］常時陳列のほか、特別展覧会、特別展観等にさまざまな催しが行われ、［……］普及、教育に関する諸事業は［……］飛躍的に活発になった[11]」。

◉国立博物館の街頭進出と百貨店

その活動のひとつが国立博物館となった年の10月から51年までの3年余りの間、毎回テーマを定めて11回にわたって開催した**『子供のための文化史展』**［図1-1］である。これを始めた理由について、国立博物館は次のように述べている。

次の世代をになう若い人達には子供の時分から博物館にしたしみを持ってもらうようにしなければならな

図 1-1　国立博物館の「子供のための文化史展」シリーズと百貨店での開催

国立博物館での展覧会名	開催年	会期	百貨店での開催	
住宅の歴史展	1947	10/29 ～ 12/20	渋谷東横（住居の歴史展）	48 年 3 月
版画の歴史展	1948	1/20 ～ 2/28	渋谷東横（日本版画史展）	49 年 1 月
きものの歴史展	1948	3/20 ～ 4/30	渋谷東横（きものの歴史展）	48 年 9 月
地図の話展	1948	5/5 ～ 6/30		
ガラスの文化展	1948	9/15 ～ 12/10	渋谷東横（ガラスの歴史展）	48 年 6 月
アメリカの子供の生活展	1949	1/5 ～ 4/10		
古代の生活展	1949	4/15 ～ 7/15	新宿三越（古代生活展）	48 年 5 月
ルネッサンスの絵画展	1949	7/20 ～ 10/10		
世界の彫刻	1949	12/1 ～ 4/9		
陶器の文化	1950	4/15 ～ 8/31	渋谷東横（せともの文化展）	48 年 12 月
住居のうつりかわり展	1950 ～ 51	10/10 ～ 3/15		

※国立博物館の開催データは『国立新美術館：日本の美術展覧会記録 1945-2005』による

い。新しい文化を築きあげる人達に、［……］博物館は極めて重要な役目を果たさなければならない。それにもかかわらず、いままではそういった仕事は殆ど考えられていなかった。というよりも、いままでの博物館では子供達はむしろ邪魔者扱いにされていた。こういう大きな欠陥を補うために、［……］特に子供達を相手にした陳列室をつくることになった。［……ただ部屋がせまいため常設的な陳列はむずかしいので］いろんなテーマをとりあげて、［……2～3カ月ごとに］陳列を替えてゆくことにしたいと思っている。[12]

第1回の『住宅の歴史展』［47年］は、子供たちのための展示解説書や映画・幻燈の会や教師、親のための講演会なども計画し、ただ陳列するだけでなく子供たちの理解を促す工夫もなされたようである。展覧会は大好評のうちに幕を閉じ、あけて1月には地方各地からの開催の熱望を受け、まず福岡、熊本、別府各市を巡回した。新聞社の講堂、学校などを会場とし、会期はそれぞれ3日間、いずれも中2日間で移動・展示作業をこなすというハードな進行であったが、[13]この模様を伝える一文[14]は「あとからあとから子供の行列が続く。会場は若い人たちで息がつまるようである。［……どこでも］全く誇張でなしに盛況であった」と成功裡に終わったことを記し、続けて「こんどのような巡回展を国立博物館が試みたことは大変意義のあることであった。たとえ内容が難解であっても、場内混雑で十分鑑賞、勉強ができなかったとしても、何かが小さい人達、若い人達の胸に印象づけられたことだと信じ、この刺激は決して無意味ではなかったろうと信じる。今後もますます地方に巡回させるべき」と述べていて、実際に『子供のための文化史展』シリーズはその後も地方巡回を行った。

そしてこの事業は、都内においては百貨店も会場としていた〔図1-1〕。まずシリーズ最初の展覧会、『住宅の歴史展』は地方巡回の後、48年に国立博物館の主催により渋谷東横で**『住居の歴史展』**〔48年3月5日〜13日〕というタイトルで開催された。

読売は、「国立博物館が初めて街頭に進出〔……〕ハニワの家など博物館としては門外不出の貴重な資料を陳列しており、国宝級のものを街頭に出したのはこんどがはじめて」[15]と伝えている。次に開催されたのが、**『古代生活展』**〔新宿三越／48年5月1日〜15日／国立博物館／無料／後援　朝日新聞社〕で、朝日はこれを「国立博物館の街頭進出の第一歩」と記し、「小中学生にもわかる」内容で構成としている[16]。『古代生活展』は『住居の歴史展』とは逆に、百貨店での開催が先行し、新宿三越から大阪、神戸を巡回した後、翌年改めて中身を仕立て直して国立博物館で開催し、その後また地方巡回を予定した[17]。同年9月の**『きものの歴史展』**〔渋谷東横／48年9月7日〜17日／国立博物館／5円／後援　読売新聞社〕は、読売の社告によれば「国立博物館の文化史展第2回街頭進出」となっている。内容は、絵画、写真のほか十二単、能衣装、小袖などの実物を展示し、原始時代から現代までの服装の変遷を示すものであった[18]。

国立博物館がこの新たな事業を展開する際に、子どもたちを含めてより多くの人に見てもらうために、百貨店をサテライトの会場としていることは、博物館の〝見せる機能〟を百貨店が担うことに特に違和感がなかった証左ともなろう。また注目されるのは、日本橋や銀座の百貨店ではなく、渋谷東横、新宿三越が会場となっている点で、館外活動のアピールであれば、博物館所在の上野から離れた山手線西側の百貨店の方がより効果的という考えもあったのではないかと推察される。

なおその前後、渋谷東横では、**『ガラスの歴史展』**〔48年6月17日〜27日／朝日新聞社、日本芸術文化協会／無料／後援　国立博物館〕、**『せともの文化展』**〔48年12月22日〜49年1月10日／日本陶磁協会、日本陶磁芸術協会、朝日新聞社／後援　国立博物館〕、**『日本版画史展』**〔49年1月21日〜30日〕が開催されている。これらは、図1-1の通り時期は前後しタイトルも若干異なるが、いずれも国立博物館の『子供のための文化史展』シリーズでも実施されていて、それと関連した展覧会であったと思われる。

しかし、この『子供のための文化史展』関連の展覧会が都内百貨店で開催されたのは、49年1月までの1年間だけであった。地方巡回は引き続き行われているので、百貨店側の都合なのか、あるいは館長安倍能成などの辞任（48年6月）による博物館の体制の変化によるものか、はたまた49年1月におこった国宝法隆寺金堂の内陣火災による壁画消失が影響しているのか、その理由は定かではないが、この後、百貨店と国立博物館、百貨店と文化財との関係は、壁画消失を契機に制定された文化財保護法および文化財保護委員会の設置により大きく変わっていった。

なお、『子供のための文化史展』は、第11回**『住居のうつりかわり展』**が、自ら〝蛇尾〟と記すような終わり方（予定は50年10月10日〜51年1月25日であったが、3月15日まで延期することになり、さらにまた当分の間継続となる）をしたのがその最後となり、児童展示室も51年11月から〝日本美術の手引室〟となった。(19)

子供たちに目を向けた博物館活動が「祖国を再建する一つの道(20)」と信じた博物館職員の思いもここで潰えたようである。

2 行政PRの展覧会

◉〝国威発揚〟から〝新しい社会の建設〟へ

40年代後半から50年代の新聞広告で百貨店の催し物をピックアップしていくと、官公庁やその関係団体が主催・後援・協力をする行政のPRや教導的な展覧会が目につき、百貨店が主要な催し物として扱っていたことが見て取れる。詳しい内容が記事などによって明らかになる展覧会は限られているが、展覧会のタイトルや広告コピーから推察すると、新しい社会に対応した行政の役割や施策の周知、現今の社会状況に応じた生活改善の啓蒙などが目的であったと思われる。表1-1（↓巻末）は46年から5年間の主な行政PR展の実績であるがその一部を紹介する。

46年12月の**『防犯展覧会』**［銀座三越］は、政府が12月1日から10日までを〝防犯旬間〟と定めたことにあわせての企画と思われる。初日から2万人を集め会期を延長するほどの盛況をみせた(21)。48年12月の労働省主催の**『第2回労働展』**［銀座三越］については、GHQ東京軍政部はこれを有意義な展覧会と認め、「本展覧会は労資双方および一般民衆の労働問題に関する理解を深めることを目的としたもので多くの出版物や写真などが展示され、面白く、ためになる催しであるから都民が一人でも多く参観されることを希望する」とした(22)。また、アメリカ政府が日本政府に司令した経済安定のための政策をわかりやすく示すために、49年6月に読売などの主催、経済安定本部、大蔵省などの後援により日本橋髙島屋で**『経済九原則早わかり展』**が開催された(23)。

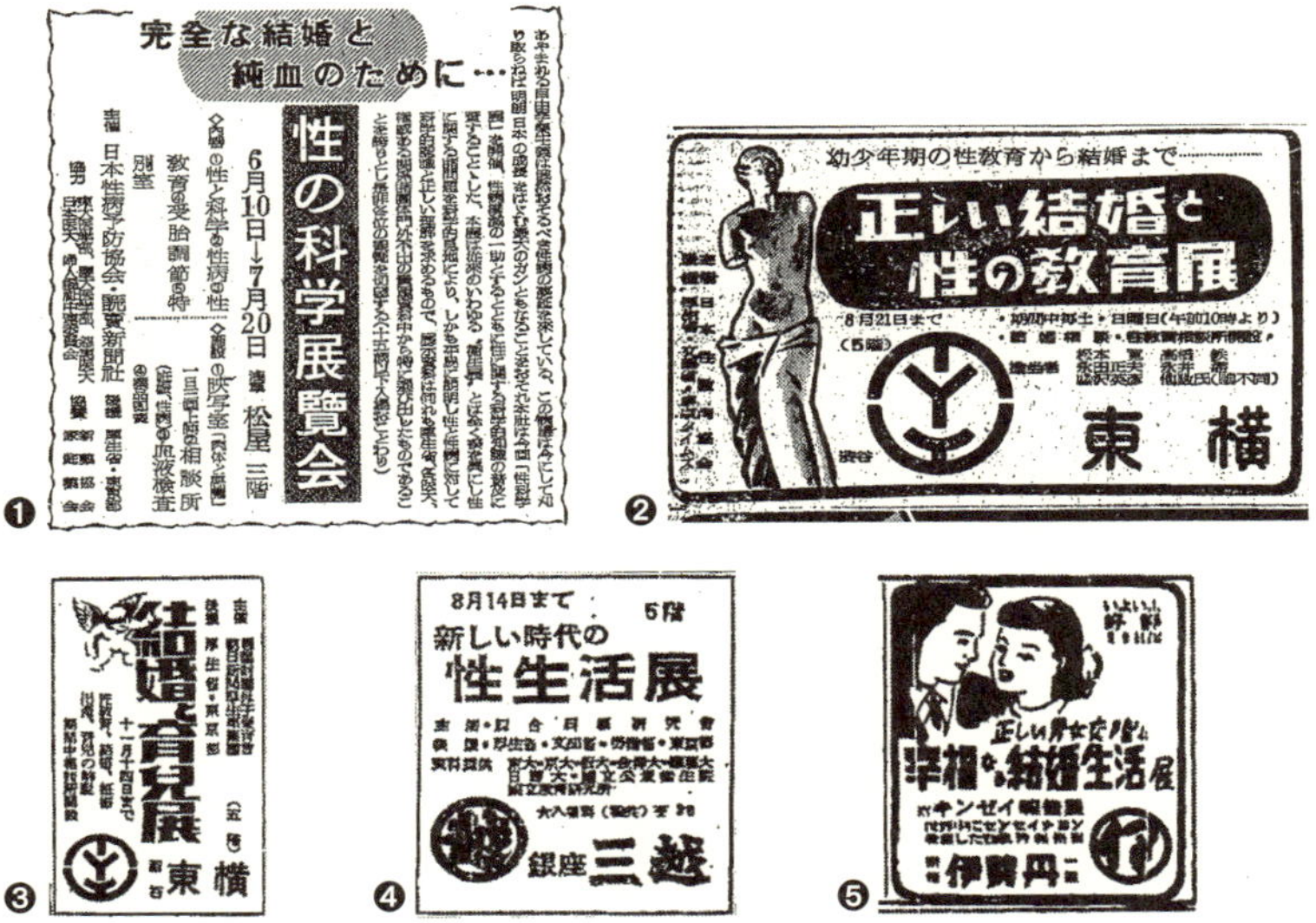

図 1-2　「正しい性」を啓蒙する様々な展覧会。厚生省、文部省、労働省などが後援として名を連ね、性の“正しい”知識の啓蒙につとめている。
❶読売新聞 1948 年 6 月 2 日　❷読売新聞 1949 年 7 月 30 日朝刊　❸読売新聞 1948 年 11 月 9 日　❹朝日新聞 1949 年 8 月 2 日　❺朝日新聞 1950 年 1 月 15 日朝刊

教導的な展覧会として性教育に関わる展覧会もあった。

この時期、後に〝団塊の世代〟と言われるようになる新生児が次々に生まれ、過剰人口が懸念されたことなどを背景に優生保護法（母体保護法）が成立して48年7月に施行されたことや、性に開放的になった世情のもとでの〝性の乱れ〟に対する憂慮などから、〝正しい性〟の一般への啓蒙、結婚、育児などについての展覧会が行政の後援などを得て開催されていた［図1-2］。百貨店を会場として、どのような内容であったのか興味の湧くところであるが、残念ながらいずれも具体的な展示資料や陳列方法は不明である。こうした〝正しい性〟を教導する展覧会も含め、行政が施策・方針などを広くPRをする必要に迫られたときに百貨店は会場を提供していた。

◉戦時下の国策展覧会

行政による公共的・教導的な展覧会が百貨店の

催し物の中で一定のジャンルを占めていたことは、戦時中の百貨店展覧会のあり方が、戦後になってもなお部分的にせよ続いていたためと考えられる。ここでその流れを確認するために戦時中の状況に触れておきたい。

戦時中の百貨店の展覧会については、「昭和10年代の東京朝日新聞〔朝日新聞東京版〕に掲載された百貨店の広告から、「国威発揚」「戦意昂揚」や「戦時生活の啓蒙」など、国策プロパガンダに関係すると思われるイベントを抜粋」して論考した論文〈百貨店の国策展覧会をめぐって〉（以下、同論文）がある。[24]

同論文でまとめられた東京都内の百貨店を対象とした国策イベントの表を参考に百貨店の新聞広告をあたっていくと、多くは陸軍省・海軍省・内閣情報局、東京都、植民地・占領地などの政府・行政機関、それらの外郭組織・団体、新聞社などのマスコミ、報国会や婦人会などが主催、後援、協力、指導するもので、内容は戦果のアピール、軍隊・兵士の称揚、植民地・占領地の紹介や国民の一体感の醸成、銃後の守りなどであった。

こうした国策展覧会がどのようなものであったか、二例ほど紹介する。

『大東亜戦争展覧会』〔42年1月13日〜30日〕

41年12月8日の真珠湾攻撃、マレー半島上陸開始、その後の香港・マニラの占領など、日本軍の緒戦の大勝利を受け、「未曾有の雄渾壮絶なる大東亜戦争の全貌を解明すると共に一億国民熱鉄の決意を昂揚する」ため、東京の新聞通信8社の共同主催で、陸軍省、海軍省、情報局の後援により都内の7百貨店を会場として開催された。内容は米英の非道・横暴を描くパノラマ、ジオラマ、写真、絵画や、無敵皇軍の威容、米英の軍備と経済力を示すグラフ、写真などで、会場ごとに分担して各方面の紹介を行った[25]〔図1-3〕。

『撃墜B29残骸第二次公開』〔銀座松屋／44年7月5日〜14日／毎日新聞社／後援　東京師団〕

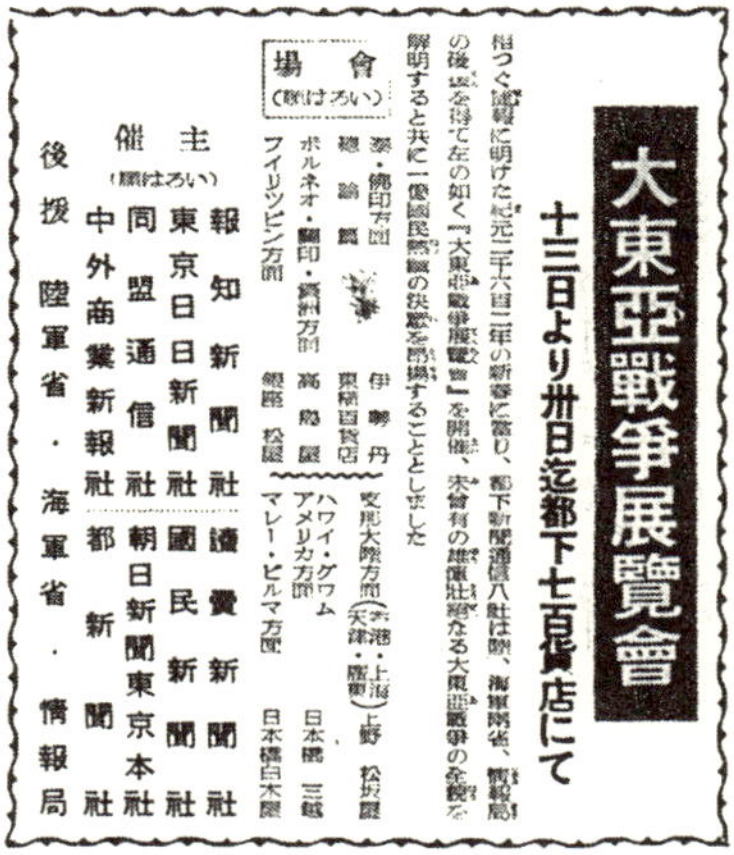

大東亞戰爭展覽會
十三日より卅日迄都下七百貨店にて

相つぐ捷報に明けた紀元二千六百二年の新春に當り、都下新聞通信八社は陸、海軍兩省、情報局の後援を得て左の如く『大東亞戰爭展覽會』を開催、未曾有の雄渾壯絶なる大東亞戰爭の全貌を解明すると共に一億國民總蹶起の決意を固くすることとしました

會場（順はいろは）
泰・佛印方面　伊勢丹
總論篇　東横百貨店
ボルネオ・蘭印・濠洲方面　高島屋
フイリツピン方面　銀座　松屋
支那大陸方面（香港・上海 天津・廣東）　上野　松坂屋
ハワイ・グワム アメリカ方面　日本橋　三越
マレー・ビルマ方面　日本橋白木屋

主催（順はいろは）
報知新聞社　讀賣新聞社
東京日日新聞社　國民新聞社
同盟通信社　朝日新聞東京本社
中外商業新報社　都新聞社

後援　陸軍省・海軍省・情報局

図1-3　朝日新聞1942年1月11日朝刊

44年6月16日、中国大陸方面から北九州方面にはじめて来襲した約20機のアメリカ軍機のうちＢ29を含む10機を制空部隊が撃墜破した。新聞各紙はこれを大きく報道し、アメリカが「超空の要塞」と誇る新鋭機Ｂ29の部品や構造、装備を調査・分析した結果をとりあげ、部品は「代用品で遣り繰り」などの報道もなされた(26)。ニュース映画『日本ニュース』も、弾痕生々しい墜落機やパイロットの所持品などをビジュアルに伝え、その終わりに本土空襲が続くことが予想されるので、「ますます警戒を厳にし、瞬時も怠るなき覚悟を決めなければならぬ」とナレーションを入れている(27)。

『Ｂ29公開』の毎日の社告(28)には、翼、プロペラ、装備品などの展示品目が記されているだけだが、『日本ニュース』などから判断すると、公開の目的は民間における防空意識の涵養が主であったと思われる。さらに、普段は文字情報や写真・映像などで部分的にしか伝えられない〝戦果〟を、具体的に実物で見せることで軍の威信を示す狙いもあったのではないかと推察される。

同論文がまとめた国策展覧会の表によると、その開催本数は、1935年は12本、それが40〜43年になると、各年年間80数本とその数は格段に増加した。平均すると週当たり1・5本以上の国策プロパガンダが都内百貨店から発信されていることになり、物資が乏しくなった44年でも30本余りが数えられる。

この時期国策展覧会が百貨店において多数開催された理由について、同論文では百貨店は大正から昭和にかけての発展とともに「ビジュアルなメディアとして大きな地位を占め(29)」と指摘し次の点を挙げている。

①百貨店には文化的なイベントを制作・実施するノウハウや人材が蓄積されており、情報の発信や娯楽の場としても巨大な存在であった
②戦争中は丙種産業と目され軍需工場に転換されるおそれがあるゆえに、国策遂行の展覧会場とかの題目を唱えて自ら存在理由を示さざるを得なかった
③、④略
⑤以上のような理由から、内閣情報局をはじめとするプロパガンダ機関や新聞社・通信社がメディアとしての百貨店や展覧会を積極的に利用した[30]

この見解をさらに敷衍すると、百貨店には見る人を集める力と見せるものをより効果的に作り上げていく力、いわば情報発信力の強さがある（①の理由）一方、百貨店は公共性（当時の状況から言えば公共＝国策に沿うこと）を掲げ、それを形としていかなければ生き残りも覚束ない立場にあり（②の理由）、政府機関にとっても紙面の多くを戦争報道にあてながら部数を拡大する新聞社にとっても、百貨店はプロパガンダ装置として非常に魅力的な存在であるとともに、利用しやすい存在でもあった（⑤の理由）。すなわち、政府機関・新聞社と百貨店の利害の一致が、百貨店における多数の国策展覧会の開催をもたらしたと考えられる。

百貨店は自らがもつメディアとしての機能をフルに使いながら自身の存在理由をかけて開催を続けていたわけだが、そこに観客の視点はなく顧客不在であっても開催する構造にあった。

国民的娯楽であった映画も、戦時中は政府の意向・関与のもと大衆へのプロパガンダを意図して制作されるものが数多くあった。いわゆる国策映画であるが、これに対する人々の反応については、この時期の文化と政治・社会とのかかわりを考察した古川隆久の『戦時下の日本映画――人々は国策映画をみたか』に詳しい。古川は表題の問題提起に対して、「結局、全体として昭和戦時期の人々は国策映画を観ようとはしなかった」とし、「［こ

の時期〕人気を集めた娯楽映画は、他愛のないお笑い、〔……〕、夢のようなロマンチックな恋愛〔……〕、など、それなりに様々な魅力を備えていた。それらは観客の獲得にしのぎを削る各映画会社が試行錯誤の中から生み出したものであった。映画興行の主導権は政府でも業界でもなく、仮説の通り観客が握っていたのである」と結論づけている。(31)

戦時中の映画に関する資料は興行成績も含めてある程度残っているが、展覧会については乏しく入場者数を示す資料はない。先述の『大東亜戦争展』を伝える新聞記事中には「9時の開店とともに観衆は各会場に溢れる盛況(32)」とあり、緒戦の大勝利で人々の意識が高揚しているときであればこれも頷けるが、国策展覧会全体が人々に支持されたのか否かを判断することはむずかしい。ただ、指摘できることは、映画とは異なり展覧会開催の主導権は観客にはなかったということである。映画は観客が払う入場料によって事業が成り立つが、無料で公開される展覧会の入場者数の多寡は営業成績に直接影響するわけではない。平時であれば、展覧会による集客が店の賑やかしや売上にも関係してくるので、観客の数が期待できなければ開催をしないだけだが、集客をしようにも購買人口が減っている、集客をしても売るものも乏しい状況の中で、44年になっても、なお繰り返し百貨店で国策展覧会が開催されているのも、開催の動機が顧客とは別のところにあったからこそと言えよう。

百貨店が明治期に新しい誘客方法として考案し、売ることを直接の目的とせずに都市生活者に娯楽を提供することを意図した百貨店の展覧会のあり方は戦時中に変質し、敗戦後は国・軍部に顔を向けていたところから、再度顧客に向き合っていくことになる。ただ、それは一気になされたわけではなく、戦時中の流れはしばらくの間、引き継がれていた。訴求する内容が〝国威発揚〟から〝新しい社会の建設や周知〟に変わっても、政府機関などが関係する行政PRを百貨店で行うことは、戦時中の経験からすれば企画する側にも会場を提供する側にも、とりあえずは違和感なく受け止められて開催に及んでいたと思われる。しかし、お客様の支持がなければ立ちいかない百貨店としては、集客が期待できればまた別であるが、〝行政〟の看板に頼る啓蒙的、一方的な内容のものは徐々に淘汰されていった。

表1-1に記載以降の50年代も行政関係の展覧会は頻繁に行われていたが、60年代になると次第に行政へのお付き合い的なものが主となり、開催数は大幅に減っていった。

(1)いずれも朝日新聞掲載の松坂屋広告
(2)政府・行政の取組みは毎日新聞1945年9月24日、朝日新聞同年10月2日による
(3)『伊勢丹百年史』[1990年3月/伊勢丹広報担当社史編纂事務局　編/伊勢丹]、『松屋百年史』[1969年/社史編纂委員会　編/松屋]による
(4)『日本百貨店協会10年史』[1959年5月/日本百貨店協会]69頁
(5)展覧会の開催経緯、報道記事は毎日新聞1945年10月2日、6日による
(6)『「戦場」としての美術館』朴昭炫[2012年10月/ブリュッケ]310頁
安倍能成(文部大臣、後に帝国博物館・国立博物館長)、田中耕太郎(文部省学校教区局長、後に文部大臣)、谷川徹三(帝室博物館次長)、〝同心会〟は岩波書店創始者岩波茂雄との関係を中心とした集まりで、1945年11月創刊の岩波書店の総合雑誌『世界』の同人でもある。同人は他に志賀直哉、武者小路実篤など。
(7)朝日新聞1947年4月1日
(8)〈戦後絵画の展開〉高階秀爾[『近代日本絵画史』河北倫明、高階秀爾/1978年4月/中央公論社]333〜335頁
(9)朝日新聞1945年11月21日
(10)〈国立博物館について〉安倍能成[『博物館研究復興第1巻第3号』/1947年5月/日本博物館協会]2頁
(11)『東京国立博物館百年史』[1973年3月/東京国立博物館]613頁
(12)『国立博物館ニュース創刊号』[1947年9月/国立博物館]

(13)『国立博物館ニュース創刊号』(前掲)、『同第5号』[1948年1月] による
(14)〈地方と文化について――九州巡回展を終え〉奥平英雄 [『国立博物館ニュース第7号』/1948年3月]
(15)読売新聞1948年3月4日
(16)朝日新聞1948年4月30日
国立博物館の初めての街頭進出については、朝日と読売の間で相違がある。
(17)『国立博物館ニュース第22号』[1949年4月]
(18)読売新聞1948年9月5日
(19)『東京国立博物館百年史』(前掲) 613~617頁
(20)〈児童と博物館〉奥平英雄 [『国立博物館ニュース第10号』/1948年6月]
(21)読売新聞1946年12月3日、6日、20日
(22)読売新聞1948年12月4日
(23)読売新聞1949年5月30日
(24)〈百貨店の国策展覧会をめぐって〉難波功士 [『関西学院大学社会学部紀要81巻』/1998年10月/関西学院大学社会学部研究会]
(25)朝日新聞1942年1月11日、1月14日
(26)朝日新聞1944年6月23日、毎日新聞同年7月5日
(27)『日本ニュース第212』[1944年6月22日/日本映画社]
[NHK戦争証言アーカイブス/www2.nhk.or.jp/archives/shogenarchives/jpnews/list.cgi]
日本ニュース:戦時中は映画館で本編の前に上映が義務付けられていた国策ニュース映画。内務省や軍の検閲を受け、国民の戦意昂揚や戦争遂行の教導に用いられた。
(28)毎日新聞1944年7月4日
(29)〈百貨店の国策展覧会をめぐって〉難波功士(前掲) 196頁
(30)〈百貨店の国策展覧会をめぐって〉難波功士(前掲) 199頁による
(31)『戦時下の日本映画――人々は国策映画をみたか』古川隆久 [2003年/吉川弘文館] 229~230頁による
(32)朝日新聞1942年1月14日

第2章

経済復興とともに

——1950～54年(昭和25～29年)

◉百貨店業界の復活

1950年に勃発した朝鮮戦争の特需により日本経済は息を吹き返した。百貨店業界においても、経済統制の撤廃、占領軍の接収解除などで差し込み始めた「新しい光」[1]は確かな輝きとなり、百貨店全体の実質売上高指数は53年に38年の戦前水準を突破した。[2] また、百貨店業を規制する百貨店法(第一次)は47年に廃止され、中小小売業を保護するための新たな百貨店法(第二次)が成立する56年までの間、「百貨店の営業の新増設そのものを対象とした法的規制はなく」[3]、接収を解除された銀座松屋(52年9月)、新宿伊勢丹(53年6月)はもちろんのこと、日本橋高島屋、渋谷東横など多くの店舗が増床・改装をし、大丸は法的な制約を受けることなく東京駅八重洲口(54年10月開店)に進出を果たした。こうして、百貨店は日本経済の復興とも歩調をあわせて順調に売上を伸ばし、再び日本の小売業を代表し牽引する業態となった。

売上の拡大と業績の改善とともに広告費も増大した。当時の百貨店の広告は新聞広告が主力であるが、百貨店

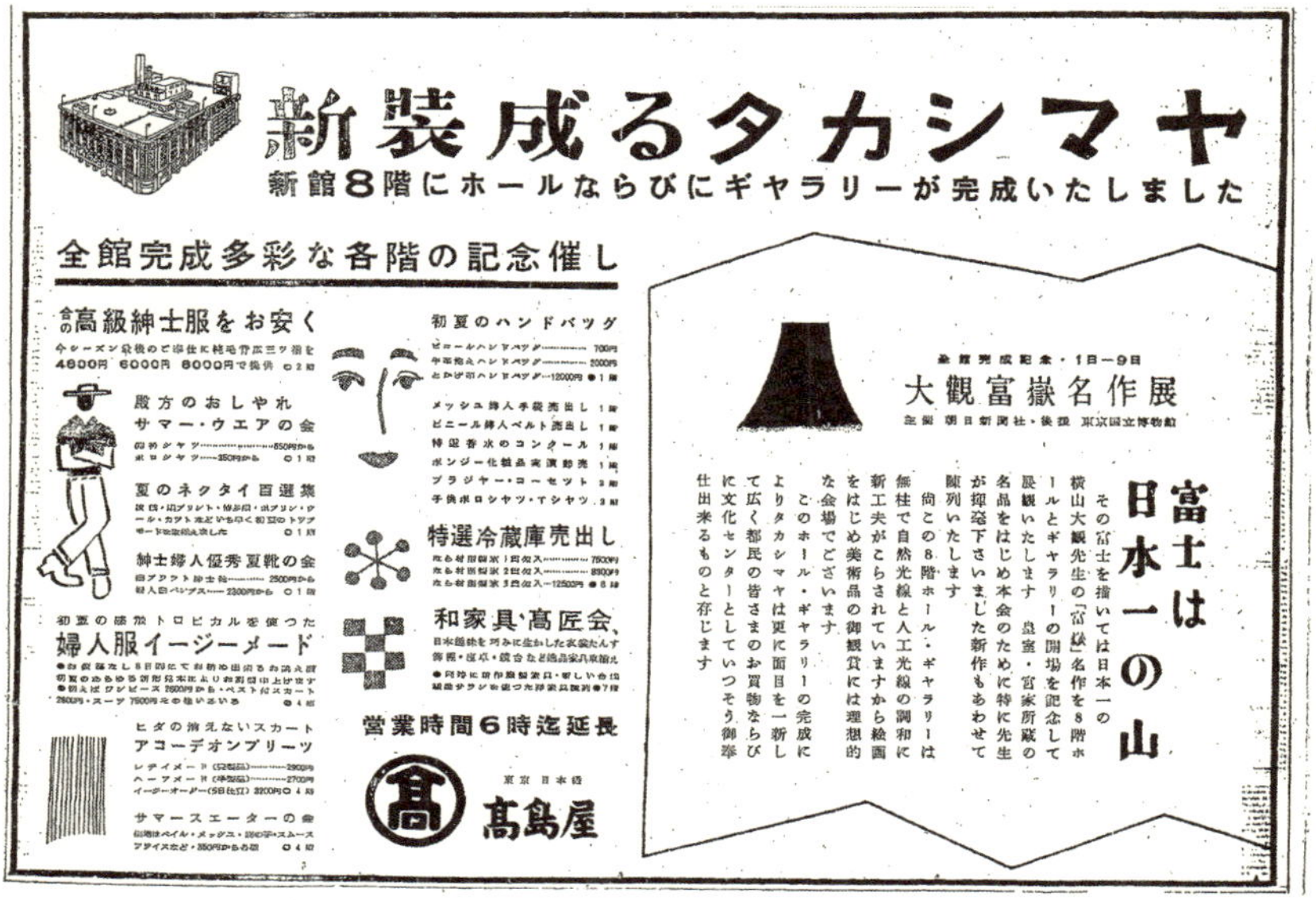

図2–1 新館8階にホールとギャラリーが完成したことを大きく伝え、オープン記念は横山大観「富嶽」の展観を告知している（朝日新聞1954年5月1日朝刊）。

の新聞への広告量は、全国ベースで50年を1とすると、52年は1・98倍、55年には2・85倍にのぼった[4]。当然同じプロモーションの費用としてとらえられる催し物にかける費用も増大したと考えられる。実際に「戦後の百貨店の催物は昭和25年［ころから］急激に盛んと」なって「芸術文化催物は数多く広範囲にわたって開かれ」るようになり[5]、日本橋髙島屋のように増改築にあわせて、文化的な催し物にも十分対応できるように催物場を改装する店も現れた［図2–1］。

54年に行われたその改装は、「天井をできるだけ高くし、陳列品の実体を正しくみせるために自然採光と人工照明を組み合わせ、さらにフランス製強化ガラスによる陳列ケースや絵画等展示物専用の額吊装置を設置する」など「絵画をはじめ美術品の御鑑賞には理想的な会場」として新館8階にホールとギャラリーを新設した。これにより「さらに面目を一新し広く都民の皆さまのお買物ならびに文化センターとしていっそうご奉仕できるもの」と〝文化〟への取組みを宣言している。[6]

40年代から続く美術界の活況を反映して百貨店でも美術展は盛んに行われていた。その中で「美術の大衆化現象」[7]を端的に示す海外展は、[8]戦後5年ほどの間は博物館・美術館で開催のものも含めて国内所蔵品や複製画によるものがほとんどであったが、50年代になると海外からの本物で構成されるようになってきた。しかし、この時期はまだ海外の著名作家あるいは国や国に準ずる機関からの出品による展覧会の会場は国立博物館が主であった。一方、百貨店の海外美術展は表2-1の通りで、中には51年の『**現代フランス美術展　サロン・ド・メェ日本展**』のように日本の画家たちに新鮮な衝撃を与え、美術界に大きな影響を及ぼした展覧会[9]も開催されていたが、まだまだ本格的な展開とは言い難かった。

百貨店における美術の展覧会としてこの頃から主要な柱となって、その後も多くの観客を集めたのは日本の古美術品、文化財の展観であった。

1　古美術展の隆盛

◉著名寺社の出開帳

百貨店の古美術展では、寺社、時代、地域、人物など様々なテーマのもとで、興福寺の〝阿修羅像〟や高山寺の〝鳥獣戯画図〟といった、現在ではそれ1点だけでも十分に観客を集めることができる貴重な国宝も含め、国宝・重要文化財（以下重文）が仮設の会場で頻繁に展示されていた。古美術展では浮世絵も主要なジャンルであったが、ここでは寺社展に焦点をあてて、戦後日本における文化財、特に国宝・重文の公開・保護の問題と百貨店が果たした役割をたどっていきたい。

寺社が秘蔵する仏像や宝物を所在の堂宇から運び出し、繁華な街で一定期間広く庶民に公開することを出開帳というが、近世以降盛んに行われるようになった。大和法隆寺が1694年（元禄7）に江戸本所回向院で行った出開帳はその先駆けとも言われ、そこで得た収益で〝法隆寺の元禄大修理〟を行うことができた[10]。堂塔や什宝の修繕費用を捻出するための出開帳は、魅力的な宝物を多数所蔵する由緒ある寺社でなければなかなかできないことだが、貴重な文化財を守り伝えていくための資金づくりの有効な手段であることは昔も今も同じであろう。

有名寺社が百貨店で出開帳を行うことは戦前にもあったが、展示品は模型や人形などの造り物が主で、指定文化財が多数出品されるようになったのは50年の文化財保護法の成立以降であった。51年9月から53年1月の間、薬師寺を皮切りに奈良の主要寺院の展覧会が立て続けに開催されたが、同時期、いくつかの著名寺社の展覧会もあり、多くの国宝・重文が東京の百貨店で展観されていた［表2-2］。いずれも多くの入場者を集め、中でも〝阿修羅像〟を始めとして興福寺、春日大社所蔵の国宝・重文百余点が出品された『奈良　春日　興福寺国宝展』は、「あの美少年のような乾漆像の容貌に憧れる人々は、まだ寒い季節であるにもかかわらず会場に入りきれなくて順番をまつために、吹きさらしのデパートの屋上にえんえん長蛇の列[11]」で、総入場者数は50万人を突破したという[12]。「［これらの寺院の展覧会は］いつも連日大入満員の盛況を呈し主催者側にとっては大成功だったように伝えられている[13]」。そして「この展覧会［唐招提寺展］をもって［百貨店での］奈良の大寺の展覧会はおしまいであろう[14]」といわれたが、大きな集客力が期待できる著名寺社の宝物の展観というコンテンツを新聞社、百貨店が簡単に手離すわけもなく、その後も奈良・京都をはじめとして他の地域の著名寺社にも対象を広げ、寺社の国宝・重文の展覧会は開催され続けた。

図 2-2　百貨店の寺社展が隆盛となった要因

	文化財保護法の成立・施行による影響	文化財を取りまく経済的、実利的な環境
法と国	①文化財の活用・公開が法的に位置づけられたこと	②文化財の活用・公開を担保するための国の予算がほとんどなかったこと
寺社（文化財の所有者）	③寺社が文化財の管理者から所有者になったこと	④寺社をはじめ文化財の所有者が経済的に困窮していたこと
新聞社・百貨店（展覧会の企画者、会場）	⑤国宝が希少となり価値が高まったこと	⑥国宝・重文の展観は多くの集客が確実に見込めたこと

◉国宝・重文が百貨店に展示されたわけ

50年代から、寺社展を中心に国宝・重文などの文化財による展覧会が百貨店で頻繁に開催されるようになった背景としては、文化財保護法の成立・施行と、当時の文化財を取りまく経済的、実利的な環境があった。それを法と国、寺社（文化財の所有者）、新聞社・百貨店（展覧会の企画者・会場）それぞれの側面から整理し［図2-2］、考察すると以下の理由が挙げられる。

①文化財の活用・公開が法的に位置づけられたこと

文化財保護法は、単に保存だけでなく文化財の「活用・公開」に言及していることが、〝国宝保存法〟などのそれまでの文化財関係の法と大きく異なるところである。

第1章で紹介した国立博物館館長の安倍能成は、「国宝はただ保存するだけではいけない。死蔵しているのでは何もならぬ。ひろく国民のものにして生かさなければならない[15]」と述べている。また文化財保護法成立10年の記念誌である『文化財保護の歩み』では、「文化財保護は保存と活用の両面が車の両輪のように等しく、かつ正しく運営される時はじめて全うされるが、美術工芸品の活用でもっとも大きな比率を占める分野は『公開』である[16]」と記している。先に述べた通り戦前には国宝などの美術品がややもすると所有者、研究者など関係者だけのものとなり、一般国民とはかけはなれた存在となっていたことの反省から、文化財の公開はそれに携わる人々に強く意識されていたと思われる。

②文化財の活用・公開を担保するための国の予算がほとんどなかったこと

『文化財保護の歩み』では、53年当時、国が所有者から国宝・重文を借り受けて国立博物館で行う公開がどのような状況下でなされていたのかを、その時の美術工芸課長の発言を引用して次のように述べている。

〔出品者は〕涙金程度しか出品給与金がもらえない〔……〕輸送費の予算が少ない〔……ために〕年間わずか二、三件の入れ替えができる程度〔……で〕所有者の御期待に添えない、あるいは参観者に御満足を与え得ないのが「国の行う公開」の現状でありまして、最近盛んに行われております「デパート国宝展」は、いわばわれわれの微力がこれを助長しているかとも反省いたす次第であります。(17)

また、この発言の7年後の同誌が発行された時点でも「当時の状態はいまだに十分に改善されていない(18)」としている。

③寺社が文化財の管理者から所有者になったこと

日本の文化財保護の法律は1897年の〝古社寺保存法〟に始まるが、これは古社寺に属する建造物及び宝物類の保護を規定するものであった。1929年には、保護対象をひろげ社寺所有以外のものまでを包摂する〝国宝保存法〟が制定されたが、そこでは旧法の流れを受けて、神社（の神職など）・寺院（の住職など）は所有の国宝の管理者と位置付けられていた。これが文化財保護法に変わったとき、どのようなことになったかを、『国立博物館ニュース』では以下のように述べている。

国宝保存法は宗教法人であるかかる管理者たちに、宝物類をデパートに進出させることを許さなかった。文化財保護法は国宝保存法に厳然として規定されていた鉄のくびきを思いきりよく解除した。［……］貴重な古文化財の所有者である有名な古社寺などは素早く機会を捉え［……］デパートへの出開帳はかかる転身を最も端的にしめしている現象である。[19]

寺社は宝物の管理者から所有者になり、いわばそれを活用する権利を手に入れ、古の法隆寺のように出開帳で稼ぐ自由を得たといえよう。

④寺社をはじめ文化財の所有者が経済的に困窮していたこと

1939年、薬師寺を訪れた亀井勝一郎は寺の様相を〝荒廃〟と表現しているが[20]、それは戦後になってさらに進行していたという[21]。

『文化財保護法五十年史』では、文化財を取り巻く状況が悪化する経済的要因として、戦後の経済全般の疲弊、財閥解体・自作農創設などの経済の再編成、それらに起因する国宝等所有者の経済的安定性の喪失などをあげ、あわせて政府も財政の窮迫により保護に対する十分な措置をとることができなかったと指摘[22]しているが、それは名刹・古刹といえども同様で、戦災などで傷んだ建造物や宝物の修繕などにはとても手がまわるような状況でなかった。

興福寺では南大門、回廊の再建と宝物館の新設資金として、幹部僧侶が「阿修羅像を1億円で国に売っても良い」と発言する事態もあった[23]。売却は極端にしても、修繕・運営の財源確保に文化財保護法が求める〝公開〟をからめれば、出開帳の発想は自然の流れであろう。

『文化財保護の歩み』は、また、所有者自らによる公開、所有者以外の第三者が主催して行う公開、について以下のように述べている。

大きな社寺では宝物館等の施設でこれ〔自らの公開〕を行っているが、管理がなかなか大変で、〔……〕大きな社寺でも財政状況は必ずしも富裕なところばかりではないから、たまたま何かまとまった金が要るような事情がおこって、その財源を宝物に求めようという場合、〔……〕どこか有力なところとのタイアップを考えるのは自然の成行きで〔……〕デパートを会場とする展覧会に公開の場を求めるものがあることも故あることである[24]。

⑤国宝が希少となり価値が高まったこと

国宝保存法により指定されていた国宝は数が多すぎ保存措置も総花的であったので、文化財保護法は方針を転換し、文化財を選別しそれを重点的に保護する体制に改めた。これにより旧国宝は一旦重要文化財に移行・整理し、その上で、特に価値の高いものを選別して新しい国宝に格上げする措置をとった[25]。その結果、国宝は5813件から144件[26]に激減し、逆に〝国宝〟の名称の価値を高めることになった。新たに〝国〟が認定した本当の〝宝〟はどのようなものか、機会があれば見てみたいと思うのは人情であろう。当時の新聞社の社告や百貨店の広告などの展覧会告知では〝新国宝〟という表現がよくあり、強いアピール力があったと思われる。

⑥国宝・重文の展観は多くの集客が確実に見込めたこと

寺社展をはじめ様々なテーマで開催された古美術展の集客力は高く、国宝・重文の価値や魅力は多くの人々に認識されていったと思われる。広告では「国宝〇〇点、重文〇〇点の出品」と強調され、それが客寄せの決め手にもなっていたと思われる。

◉国立博物館、文化財保護委員会の考えとマスコミの反応

では、文化財を保護する立場の国立博物館、文化財保護委員会はこれをどのように考え、また対処していたのだろうか。

奈良の大寺の展覧会が一巡し、百貨店においてはまた別の切り口の古美術展が開催されるようになった53年末、『国立博物館ニュース』では、百貨店の古美術展について肯定的な意見を掲載している。[27]

> 百貨店での展観はとかく施設または文化財保存の立前から論もあったようである。しかし各所蔵家のまた寺院の奥深く蔵され、また遠く関西の地を訪れるよりほかに見ることのできなかった古美術品を、東京の便利な場所と時間的にも労せず一堂に見得る百貨店の会場は、［……］一般大衆にとって気軽に観覧し、始めて日本美術に接し得た喜びと驚きを与えたことは美術普及の効果に多大な業績を残したといえよう。

こうした百貨店の古美術展を評価する論は『国立博物館ニュース』に散見し、もうひとつ例をあげると、先に紹介した〈社寺名宝のデパート進出〉では「［百貨店における］この種の催しが価値ある文化財への関心を喚び起こし、啓蒙的な役割を演じている点は決して過少評価さるべきものではないであろう[28]」と述べている。

一方、53年末の『国立博物館ニュース』では〝デパート展〟について、博物館職員4人の意見を掲載している[29]。肯定的な意見もあるが、博物館（文化財）行政の貧困や、博物館が本来の役割をまっとうすべきこと、野放図な出陳は適切な活用といいがたいこと、そして文化財損傷への危惧などが語られている。その点について、肯定的な意見を述べた〈社寺名宝のデパート進出〉でも「荷解きから陳列までの過程が余りにも切迫した短時間に限られていることは、最も寒心にたえない点である」と危惧を示している。

ただこうした意見があるにしても、百貨店の古美術展のほとんどには文化財保護委員会なり国立博物館が後援につき、また文化財の集荷や展示・撤去に博物館の技官が立ち会っていることを見れば、結局は国宝・重文の公開はするべきだが、博物館にお金がない現実ではこれもやむをえないということに落ち着かざるを得なかったと思われる。

53年6月の『国立博物館ニュース』には、このデパート古美術展を批判する新聞の美術記者5名（新聞社名は記載されていないが、発言から大手新聞社であることが推定される）による匿名座談会が掲載されている[30]。

記者たちの発言をまとめると、古美術品を展示する設備的な条件が十分でなく火災などのおそれもある百貨店に一流の文化財の出品を許すのは文化財保護委員会、国立博物館の大放任であり、所有者任せでなく委員会側でもっと管理を厳しくすべきであるという意見で、「百貨店への出品は二流品で十分である」、「デパート展は変態的現象である」とまで言っているが、新聞社のことに話が及ぶと、「新聞資本主義とデパート資本主義の結託」と他人事のように語り、最後は「他の新聞社のことは批判しにくい」、「新聞も反省しなければならないことが多々ある」と尻すぼみになっている。いかにも新聞記者らしい放談会であるのがなんとも可笑しい。

◉仮設会場への出品規制

文化財保護の関係者が百貨店で古美術展を開催する意義を認めていたとはいえ、そこでの文化財の取扱いには問題が多々あり、損傷のおそれが常につきまとっていたことは事実であった。さらに前の展覧会をしのぐために次には一層の名品の出品を競い、輸送にも陳列にも無理や危険を感じさせる例もあった。そのため54年7月、文化財保護委員会は移動による損傷のおそれが大きいものなど「公開取扱注意品目」226件を指定して、これらの移動や臨時の展観施設への出品を制限し以後その指定は漸増した。[31]これに対して、当初は私権の束縛として寺社側はかなり反発し、国立博物館に寄託している国宝などの返還を求める寺院も現れたが[32]、やがてその動きも落ち着いていった。

その後も百貨店をはじめとする仮設会場での国宝・重文の展覧会は増え続ける一方となり、これに対して文化財保護委員会は、56年7月に、保護をより強化するために、仮設会場での公開は従来の届出制から、所轄消防署による防災検査を義務付けた許可制に切り替えた。国宝と隣り合わせの場所でセンベイ焼の実演などが行われないようにしたわけである[33]。しかし、百貨店での開催は大きな影響を受けることもなかった。国宝・重文を含む古美術展は安定して集客を期待できる展覧会であり、その後も時期によって本数の多少はあるものの開催され続けた。

◉百貨店における国宝・重文展示の禁止措置

1973年11月29日、熊本市の大洋デパートで営業中に発生した火災による被害者は、死者103名、負傷者124名にのぼり、百貨店史上最悪の火災となった。文化庁は、これを契機に、翌年1月、防火施設や管理体制の不備を理由に、百貨店など仮設会場での国宝・重文の展示を事実上禁止する方針を定めた[34]。

戦後、都内の百貨店の火災で大きなものは、63年8月の池袋西武（7、8階、焼失面積1万2000㎡余り、死者6名、負傷者23名、定休日）、64年2月の銀座松屋（5、6、7階、焼失面積4100㎡、負傷者6名、定休日）などがある。また、大洋デパートの火災2カ月前には、大阪高槻の西武百貨店が新規オープン直前に全焼するということもあった。

池袋西武では、焼失した8階の催物場でその10日前まで、アメリカでは国宝のように扱われている抽象表現派のアーシル・ゴーキーの展覧会を開催していて、「もしゴーキーの展覧会の開催中であったらと内心、青くなり」と当時店長であった堤清二は後に述べている。[35] また、銀座松屋の火災の時は、翌日から開催予定の『**ギリシャ展**』の展示作業日であったが、展示品（ギリシャから出品された彫刻レプリカ）は搬入前で無事であったという。[36] 高槻西武の時は、オープンの9月29日に開催を予定していたマチス、ピカソ、ムーアなどパリ近代美術館所蔵品を含むフランスから借用の近代彫刻の巨匠たちの作品80余点による『**近代世界彫刻展**』が流れることになった。[37]

文化庁がこうした事例を参考にしたかどうかはわからないが、いずれにしても大洋デパートの火災からわずか1カ月余りでの禁止措置の決定は、お役所仕事に似合わないスピードである。文化財にとってリスクの高い仮設会場での展示をやめたいと考えていた文化庁が、仮設の代表である百貨店に頼らずとも国宝・重文を〝活用・公開〟をできる環境が地方も含めて整備されてきたことを背景に、この火災が大義名分になっての速やかな禁止措置と推察する。

「デパートにおける展覧会が文化財保護思想の普及啓蒙に果たした役割はきわめて大きく、われわれもその意義を十分評価しなければならない」[38]と、文化財保護委員会は百貨店の国宝・重文展の意義を十分に認めていたが、その10年余り後、その役割は終わったと判断したわけである。その後、百貨店において寺社展をはじめとする文化財の展覧会は開催されなくなったわけではないが、出品物のスケールダウンは免れなかった。しばらくは広告でも「国宝・重要文化財級の資料」といった未練がましい表現が散見するが、その開催本数は大幅に減少した。

2　産業展――大衆消費社会の始まり

◉新製品・新技術が見せる明るい未来

商品を通じての生活提案、新しい製品を身につけ、使うことでどれだけ日々の生活が楽しく豊かにあるいは便利になるかを消費者にプレゼンテーションしていくことは、今も昔も百貨店の使命である。この時代であれば新素材である化繊、合繊を使用したファッションの良さを販売に結び付けていくために、素材メーカーやアパレルメーカーと協力して催事展開をすることなどは各百貨店で日常的に行われていた。このようなメーカーや販社とのタイアップによる新商品の売出しはアパレルに限らず百貨店が扱うあらゆる商品ジャンルで現在も行われているが、ここで紹介するのは、それとはまた別の商品の販売を直接の目的としない企業や業界団体などによる産業の展覧会である。

その内容は、新しい技術が生み出す新製品によってもたらされる楽しさや利便性の訴求、企業や団体の社会・経済の進歩や発展に寄与する取組み、一般に対する企業活動の周知と自らの存在のアピールなどで、１９４０年代末から60年代頃までの間、特に50年代には、企業や業界団体のプロモーション活動に百貨店の催物場はよく利用されていた。展覧会は企業や業界団体のほか、業界紙や全国紙などのマスコミ、ある時は行政も加わり開催されていた。新聞広告などから40年代後半〜50年代に開催された産業展は１００件余りが採録できたが、そこから主な展覧会をまとめたのが表2-3である。

　東芝や東京ガスのように、消費者に密着した企業が、次々と生み出される新機能の製品の実演・展示を行うことによって需要を喚起するとともに、それを生み出す技術力や総合力を定期的にアピールするものもあれば、日本写真協会が52年に定めた〝写真の日〟（6月1日）をはさんでの全国で行った記念行事として都内百貨店などで開催した写真展や巡回写真相談室を開設のように業界の振興をねらいとしたものもあった。

　さらにそこに行政が参加・主導する場合もあったが、第1章で述べた行政PRは啓蒙的・教導的な色彩が強かったのに対し、ここでは行政が企業などとともに、技術の革新によってもたらされる明るい未来を描くことに重点を置き、その実現に向けての現在の産業界や行政の取組みを幅広く理解してもらおうというものであった。その代表的なものとして、電気通信省（後に郵政省）が業界の企業や団体とともに毎年開催していた**『伸びゆく電波と電気通信展』**がある。社会に着々と浸透し〝伸びていく〟通信業界の展覧会で新しい技術が次々に紹介されていった。また、56年の**『原子力平和利用　アイソトープ展覧会』**のように、先端の科学と技術、生活への貢献を謳い、行政に産学、そしてマスコミも加わった大規模な展覧会も開催されていた[39]。

　朝鮮戦争による特需景気の後、好不況の波はあったものの経済は大きく成長し、企業側に余裕が生じてきたのも、50年代にこうした展覧会開催がされるようになった理由であろうが、もっと大きな動機は〝大衆消費社会〟の始まりにあると考える。

　一般消費者に向けて新しい技術による新製品が次々に生産されていく中で、新製品によって生活がどれだけ便利に豊かになるかを広く世の中に知らしめようとする時、新聞などの紙媒体では、今までにない機能や使い勝手であるだけに、それを文字・写真だけで伝えるには限界があり、テレビ放送は始まっていたとはいえ一般家庭へは普及しておらずテレビCMも未成熟、企業自前のショールームもまだまだ未整備で告知の手段は限られていた。

そうしたところで、消費者に近く、強い集客力をもち、便利な場所に立地し、加えて効果的な展示・陳列のノウハウを有する百貨店は、企業にとっても極めて魅力的なプロモーションの場であったと思われる。また、製品、サービスを一般消費者に直接販売提供するわけではない川上の企業も、企業そのものの存在意義を広く一般に知ってもらい共感、理解を得ていかなければならないことは、これもまた大衆社会の一側面である。この面でも百貨店を会場とした展覧会は企業としても十分な効果が期待できるものであったと思われる。

行政PRの節でも述べたが、百貨店は戦前から都市の中のビジュアルメディアとして大きな地位を占めていて、50年代もなおその機能は有効であった。

3　子どもの作品展

◉美術教育の発表の場

『こどもの朝』という1957年に出版された児童書がある。(40) ある家族の49年3月から4年間の物語で、日々の生活とそこで起こる様々な出来事を通じて子ども達が成長していく様を描いている。フィクションではあるが、おそらく著者自身の体験なども織り交ぜているのであろう。お金の面では豊かではないが、家族皆で助け合い、いたわりあってつましく暮らす庶民の生活を、穏やかに淡々とした筆致で温かく表現している。その中に50年頃の百貨店にふれた一節がある。

東京四谷に住んでいた3歳のしげると生まれたばかりのはる子の一家は戦災で家と仕事を失い、群馬県藤岡町に引っ越す。それから5年たち、小学校2年生になったしげると5歳のはる子の妹となる赤ちゃんが産まれたところから物語は始まる。薪に火をつけるのにも井戸から水を汲んでくるのにもとても不器用なお父さんや、産まれたばかりの赤ちゃんとお母さんのために彦根から手伝いに来たおじいさんと近所の子ども達との交流、赤ちゃんが産まれたとたんに代用教員を失職し、慣れない商売に手をそめるお父さんとそれを手伝うしげるの苦労などがあった後、お父さんはなんとか東京の出版社に職を得て翌年5月に東京へ移り住む。転居先は世田谷の烏山町、駅から10分ほどだがまわりは畑ばかりで、日が暮れるとカエルが鳴き、藤岡の街中で暮らしていたしげるからすれば、藤岡よりずっと田舎らしいと感じている。

東京で最初の夏休みのある日、しげるとはる子はお母さんに連れられて初めて銀座のデパートに行く。電車、自動車が行きかい、きれいな着物をきた人が大勢通り、「これが本当の東京ね」とはる子が言う。動くはしご段や大きなあみ戸がある動く箱、見たこともないおもちゃや本が並び、たくさんのごちそうがのっているお子様ランチ、屋上遊園のすべり台で何回も何回もあきずに遊び、子どもにとって百貨店がワンダーランドであった様子がいきいきと描かれている。

戦前の日本の百貨店は家族行楽の場としてもあり、子ども達が喜ぶ様々な仕掛けがなされていた。食堂（お子様ランチ）、屋上（遊園地）、そして子どものための展覧会はその重要なファクターであった。[41] そうした展覧会は、三越が「デパートメント・ストア宣言」を発した4年後の１９０９年、「子供を新しいマーケットの対象に組み込む」ことをねらいとして開催した『児童博覧会[42]』を嚆矢に、その後各百貨店で次々と開催されていた。しかし、子どもを対象とした娯楽的な展覧会は、百貨店の広告などで調べていくと、35年あたりから影をひそめ、戦後もしばらくの間は数少なかった。55年頃になると散見するようになり、60年前後から夏休みやゴールデンウィークの期間に定例的に開催されるようになってきた。50年の頃は、子どもたちにとっての百貨店のエンターテイメントは、しげるやはる子と同様に、施設、設備、売場そのものであったようである。この頃の百貨店における子どもの展覧会といえば、子どもたちが描いた絵の発表という、娯楽よりも教育に比重をおいたものであった。

戦前も百貨店を会場として子どもたちの図画工作の作品が発表・展示されることはあったが、総動員体制が敷かれるようになると、百貨店で開催される子どもの絵画展も国家意思にからめとられるようになった。例えば、「興亜事業の促進完成〔に向けて、〕東洋一帯は〔……〕共通の習俗を持っている〔……ことの〕理解が相互の間に成り立ちますと、〔……〕親密な交わりが出来ると信じ〔……〕、後々の東洋人親密の基礎を作ろうと[43]」作品を募集して開催された『**興亜童宝美術展**』〔銀座三越／1940年5月7日〜12日／興亜童宝美術協会、教育美術振興会〕などである。これは東京での展覧会の後、親善融和の使命を実現すべく〝満洲国〟でも展観された[44]。

◉過熱する児童画公募

戦後になると、百貨店を会場とする子どもの作品展は数多く開催されるようになった。内容は図画工作のほかに、手工芸や発明品、デザインなど多岐にわたる。その中で50年代末までで採録できた都内百貨店で行われた子どもの図画の展覧会は、表2-4の通りである。当然、百貨店以外の様々な会場でも頻繁に行われていたと考えられるが、この時期、子どもの図画展がどのような考えで実施されていたかを百貨店の展覧会から見ると、キーワードは国際交流と公募であった。

47年の銀座三越で開催の『**アメリカ児童画展覧会**』は好評を得て会期の日延べをし[45]、その後各地を巡回した。また同じ年には、美術評論家久保貞次郎が収集した海外の子どもたちの絵画234点と公募による日本の児童画2000点による『**世界児童画展覧会**』が開催され、日々児童だけで3000人の見学者があったと伝えられている。なお、入場料の95銭は戦災引揚孤児救護への寄付にあてるものであった(46)。

『アメリカ児童画展覧会』の社告には、アメリカの子どもたちの作品を通じて「アメリカ生活の理解、美術教育の革新、民主主義の徹底を期待する」(47)とあり、『世界児童画展覧会』の告知では「[世界各国の児童画と選ばれた日本の児童画との比較によって、皆さんが]何かを学びとり[……]文化の正しい方向を多少なりとも感受することができれば幸い(48)(強調：筆者)」とあるように、この頃の児童画展には海外の子どもたちの作品を日本の子どもたちに見せる機会をつくり、〝正しい〟西洋の文化を学び、受け入れようという大人たちの熱意が反映していたように思われる。

『アメリカ児童画展覧会』を契機に、49年に全国の小中学校の生徒の作品約400点を展観する『**学童水絵展**』が開催され、これを第1回展として、翌年の『**第2回全国学童水絵展**』は、公募展として小中学生から高校生にまで範囲を広げ応募は1万3000余点であった。東京から全国各地を巡回した後、作品はアメリカをはじめ23カ国の赤十字社青少年部へ送られた(49)。第3回展（1951年）からタイトルを『**国際学童水絵展**』と改称し、応募は日本全国から5万2000余点にのぼり、アメリカ、インド、ブルガリアなど海外からも2000点以上の作品が集まった(50)。以後毎年この形で開催され、会場は第5回展が渋谷東横、また日本橋三越に戻った後、銀座松屋、池袋三越と移り59年が最後と思われる。

海外の子どもの作品展は、東京都美術館（『**日米子供美術展**』(51)50、51年）、ブリヂストン美術館（『**ユネスコ世界学童美術展**』(52)53年）、国立近代美術館（『**世界の児童画**』(53)54年）など美術館でも開催されるほど盛んであったが、戦後間もない頃の、〝欧米の優れた児童画を学ぶ〟熱意は、50年代になると若干様相も変わってきたようである。

教育美術振興会会長の森戸辰男は、ユネスコと協力して児童画の国際交流を進める理由として、子どもたちの国際知識の拡大と相互理解による平和人の育成と、彼我の比較対照による芸術の面における自信と誇り取り戻すことを挙げている。[54] 52年の『**児童画の国際交換に伴う海外児童の作品展**（展覧会の正式タイトル不詳）』は、そうした姿勢を反映したものであった。[55]

この教育美術振興会の海外児童の作品展のように『水絵展』をはじめとするその他の児童画の海外展も欧米以外の国々に対象を広げていき、いずれも一方的な優劣ではなく相互理解のための交流展示というノーマルなところに落ち着いていった。

国際交流であれば、当然海外の子どもたちの作品とあわせて日本の子どもたちの作品も展示することになるが、そのほとんどは公募によって集められた。また、日本の子どもたちだけを対象とした公募による児童画展は、毎日が主催する『**全日本こども美術展**』や教育美術振興会による『**全国児童クレパス・水彩画展（後に全国児童美術展）**』など全国規模で毎年定例で開催されるものをはじめ、マスコミや教育・文化関係団体が主催するものが百貨店で多々開催され、全国各地でも隆盛をみていたものと思われる。

『全日本こども美術展』は、47年に毎日新聞社、毎日小学生新聞が制定した〝毎日こども賞〟の美術部門の展覧会で、全国小中学生から作品を公募し教育関係者や著名洋画家などの審査により入選、入賞を決め、東京だけではなく関西ほかでもそれを公開した。47年の第1回には2万点に近い作品が集まり、東京では48年1月に日本橋三越で入賞・入選508点の作品展が開催された。[56] 以後毎年開催され、多いときは4万点を超える応募があり、会場は日本橋三越から日本橋白木屋、銀座松屋、八重洲口大丸などに移って、都内百貨店での展覧会は60年の池袋丸物が最後であったようである。この時の応募は1万3000点余りであった。

『全国児童生徒クレパス・水彩画展』は、教育美術振興会が戦前から行っていた、小学児童のクレパス画の全国公募（作品審査をして入選・入賞を発表していたが、展覧会を行っていたかどうかは不明）が前身で、戦後最初の募集は50年で応募総数は5万3000点であった。[57] 百貨店での発表展覧会として最初に確認できたのは、53年、新宿三越で開催の**『第13回全国児童生徒クレパス・水彩画展』**である。それからあまり間をおかずに開催された第14回展では園児も対象となって応募総数8万9000余点にのぼり、発表展は銀座松屋で開催され1日平均3000人の参観者であった[58]。第15回からは版画も加えて**『全国児童美術展』**と展覧会タイトルも変え、その時の応募は7万9000余点で発表展は日本橋三越で行われた[59]。

こうした公募による児童画展花盛りの状況に対して、早くも52年にその功罪を論考した文章が『教育美術』に寄稿されている[60]。そこで述べられている公募展が盛んになった要因や〝功〟の部分は省略するが、〝罪〟のひとつを紹介する。

町の展覧会や研究会や、連合会や、中央の催し物等展覧会に参加するときも、教室の壁から出発することが一番望ましい。教育的に自覚した学校美術教育者は恐らくこの形体をとって来ていることと思うが、それが屡々混乱せしめられるのは、上部構造からの無計画な催し物を強いられる場合が多いからであり、校長や、父兄がそれに動かされて、過重な作画労働を美術教員に強い、児童生徒に強いるからである。このために展覧会出品選手制度さえ生れて来る弊害が生ずるのである。

日常の教育の営みの結果としての作画で応募するのが本来であるはずが、公募のための作画、あるいは学校の名誉のための応募に陥っていることを指摘している。この時代の児童画展の過熱が窺える。

◉児童画展隆盛の背景

アメリカのものをもとに47年に出された〝学習指導要領図画工作編（試案）〟は、日本向けとしては未消化な部分が多かったようで、試案であり、参考的なものであったことが強調され、結果的に教師の自主性が尊重される結果となった。51年には試案の形のままこれを改訂したが、やはり地域の事情を尊重した指導目標や自主的な指導計画を期待するもので、これをよりどころに「自由な雰囲気のなかで、［……］図画工作教育が実践され」、敗戦後から58年に学習指導要領が出るまでの間は、「日本の美術教育史上からみて、自由に自主的に美術教育が実施された華やかな時期」と指摘されている。[61]

47年の指導要領では、冒頭に「図画工作教育はなぜ必要か」の第一として「発表力の養成」を掲げている。ここで言う〝発表力〟は「自分の持っている思想や感情を正確に発表する力」のことであるが、そのためには「造形的な発達力・創造力及びそれを理解（鑑賞を含む）する力を養う[62]」ことになる。当然そこには発表をする場所、発表されたものを理解（鑑賞）する場所が求められる。

40年代後半から、特に50年代、児童の絵画・工作の作品展が、盛んに開催された背景として、この「発表力の養成」をはじめとする指針や当時の美術教育界の自由闊達な雰囲気があったとの推定は可能であろう。そこに様々な問題があったにせよ、百貨店は美術教育の成果を示す場としても機能していた。

58年、全国一律の基準性、拘束性を示す学習指導要領が告示された後、60年代以降は百貨店での子どもの作品展の開催本数は激減し、また内容も、多くは定例化した展覧会を繰り返すものであった。

（1）『日本百貨店協会10年史』（前掲）70頁
（2）『日本百貨店協会10年史』（前掲）３３６頁〈第２表　戦前基準指数〉による
（3）〈戦後復興期の日本の百貨店と委託仕入〉高岡美佳［『経営史学第32巻第1号』／１９９７年４月／経営史学会］４頁

（4）『日本百貨店協会10年史』（前掲）２２１〜２２２頁掲載の〈百貨店広告量（電通調べ）〉にもとづき算出

（5）『日本百貨店協会10年史』（前掲）２１６〜２１８頁

（6）『髙島屋美術部五十年史』［１９６０年10月／髙島屋美術部五十年史編纂委員会　編／髙島屋本社］３３２頁、朝日新聞１９５４年5月1日朝刊による

（7）〈戦後絵画の展開〉高階秀爾（前掲）３３５頁

（8）この時代の海外美術展はいずれも数多くの観客を集めているが、代表的なものをいくつか紹介する。
戦後最初の海外美術展となる『泰西名画展覧会』［東京都美術館／１９４７年3月10日〜31日／読売新聞社／10円］は国内の所蔵品で構成されたものだが、戦争で遮断されていた西洋美術に対する人々の熱気は当時の新聞記事からも伝わり、総入場者数は15万人を突破した。（読売新聞１９４７年4月1日）
48年の『フランス絵画複製展』［表2–1］は、複製画による展覧会であったが多くの観客を集め、銀座三越で開催された後、渋谷東横での再公開までの間、全国各地を巡回し全体で36万余人が鑑賞した。（朝日新聞１９５０年4月5日）
すべて海外からの作品で構成される、戦後初めての美術展となる『アンリ・マチス展』は東京会場だけで15万人の入場者を集め、その後大阪、倉敷に巡回した。（『読売新聞百二十年史』［１９９４年11月／読売新聞社］２４７〜２４８頁）
54年の朝日の『フランス美術展』は東京、京都、福岡と巡回して総入場者数１１４万人（朝日新聞１９５５年2月11日朝刊）であった。
58年の『ファン・ゴッホ展』は東京会場で45万人余り（読売新聞１９５８年11月26日朝刊）で、後に「国民的文化イヴェントだった」と評されている。（〈戦後海外美術展うらおもて〉［『芸術新潮１９８６年2月号』／新潮社］39〜41頁）

（9）〈日本美術の国際化〉高階秀爾［『近代日本絵画史』（前掲）］３４１頁、『日本美術の20世紀　美術が語るこの１００年」展　図録』［２０００年　9月／東京都現代美術館］所収の〈事項解説〉乙葉哲２３５〜２３６頁による

（10）〈法隆寺元禄出開帳への道〉高田良信［『法隆寺秘宝展　図録』／１９９６年7月／サントリー美術館］による

（11）『文化財保護の歩み』［１９６０年11月／文化財保護委員会］１７１〜１７２頁

（12）毎日新聞１９５２年3月10日朝刊

（13）〈社寺名宝のデパート進出〉石沢正男［『国立博物館ニュース第67号』／１９５２年12月］

（14）〈奈良唐招提寺展〉蔵田蔵［『国立博物館ニュース第69号』／１９５３年2月］

（15）〈国立博物館について〉安倍能成（前掲）2頁

（16）『文化財保護の歩み』（前掲）１６５頁

(17)『文化財保護の歩み』(前掲) 167〜169頁
(18)『文化財保護の歩み』(前掲) 169頁
(19)〈社寺名宝のデパート進出〉石沢正男 (前掲)
(20)『大和古寺風物誌』亀井勝一郎［1943年4月/養徳社］ 153頁
(21)『薬師寺再興 白鳳伽藍に賭けた人々』寺沢龍［2000年10月/草思社］ 52頁
(22)『文化財保護法五十年史』［2001年3月/文化庁］ 17〜19頁による
(23) 毎日新聞1952年2月23日朝刊
(24)『文化財保護の歩み』(前掲) 171頁
(25)『文化財保護法五十年史』(前掲) 31頁
(26)『文化財保護の歩み』(前掲) 139頁
144件は最初に指定された美術工芸品 (絵画、彫刻、工芸、書跡、考古) の合計
(27)〈1953年をかえりみる 古美術界の歩み〉中村秀男［『国立博物館ニュース第79号』/1953年12月］
(28)〈社寺名宝のデパート進出〉石沢正男 (前掲)
(29)〈デパート展をこう考える〉白畑よし、野間清六、杉村丁、松下隆章［『国立博物館ニュース第79号』(前掲)］
(30)〈美術記者匿名放談会〉［『国立博物館ニュース第73号』/1953年6月］
(31)『文化財保護の歩み』(前掲) 172〜173頁による
(32) 毎日新聞1954年7月12日朝刊
(33) 朝日新聞1956年7月2日朝刊
(34) 朝日新聞1974年1月6日朝刊
(35)『ポスト消費社会のゆくえ』辻井喬・上野千鶴子［2008年5月/文藝春秋］ 59頁
(36)『展覧会の壁の穴』小林敦美［1996年11月/日本エディタースクール出版部］ 69〜75頁
(37)『近代世界彫刻展 図録』［1973年/制作 美術出版デザインセンター］によれば、［西武タカツキショッピングセンター/1973年9月29日〜10月10日/毎日新聞社］とある。同展は同年11月に渋谷西武で開催された。(表5-1参照)
(38)『文化財保護の歩み』(前掲) 173〜174頁
(39) 毎日新聞1956年8月13日、15日、24日各朝刊

(40)『こどもの朝』桜田佐〔1957年7月／緑地社〕
(41) 家族行楽の場の様相は、『百貨店の誕生』初田亨（前掲）の第5章〈遊覧場になった百貨店〉による
(42)『百貨店の誕生』初田亨（前掲）173〜174頁
(43)『教育美術1940年3月号』〔教育美術振興会〕68頁掲載の〈募集要項〉
(44)『教育美術1940年8月号』60頁
(45) 朝日新聞1947年7月20日
(46) 読売新聞1947年7月10日、『月刊少年読売第2巻第5号』〔1947年7月／読売新聞社〕、『同第2巻第9号』〔同年11月〕
(47) 朝日新聞1947年6月21日
(48)『月刊少年読売第2巻第5号』（前掲）
(49) 朝日新聞1950年8月22日朝刊
(50) 朝日新聞1951年9月16日朝刊
(51)『日本美術年鑑　昭和22—26年版』〔1952年2月／美術研究所〕47頁
(52) 毎日新聞1953年9月22日朝刊
(53)『日本の美術展覧会記録　1945—2005』（前掲）
(54)〈平和へのわれらの努力——児童画の国際交流について〉森戸辰男〔『教育美術1952年1月号』〕4〜9頁
(55)『教育美術1952年1月号』12頁、読売新聞1952年1月27日朝刊、朝日新聞同年2月10日朝刊による
(56) 毎日小学生新聞1948年1月1日
(57)『教育美術1950年10月号』5頁
(58)『教育美術1953年11月号』51頁、『同　1954年1月号』1〜7頁
(59)『教育美術1955年2月号』18頁、『同　1954年12月号』30頁
(60)〈児童画展覧会の問題について（一）（二）〉倉田三郎〔『教育美術1952年1月号、2月号』〕
(61)〈戦後の教育改革と新教育制度下の美術教育の時代　昭和20年〜〉中村亨〔『日本美術教育の変遷——教科書・文献にみる体系』倉田三郎、中村亨／1979年3月／日本文教出版〕300頁、324頁
(62)『学習指導要領　図画工作編（試案）』〔昭和22年度／文部省〕

第3章

展覧会の新たな取組み

――1955～59年（昭和30～34年）

◉拡大する百貨店業界

1955年は戦後日本の転換点であった。政治面では自由民主党と日本社会党が成立していわゆる〝55年体制〟となり、自民党の長期安定政権が始まった。経済面では様々な経済指標がこの年の前後には戦前の水準に達し、56年からの神武景気、58年からの岩戸景気は、60年に成立した池田内閣による所得倍増計画につながる日本の高度経済成長の出発点であり、経済は成長するのが当然という思考が普通となるスタート地点でもあった。

この頃より、都市への人口集中が進んだこと、一般の生活様式が西洋風に変化し家電製品をはじめとして今までにない新しい消費財を求める動きが急速に高まったこと、後に〝団塊の世代〟と呼ばれるようになる戦後生まれの子どもたちが小学生に成長したことなど、消費を刺激する要素は重層的にあった。活発な消費意欲に応えるべく、百貨店は店舗の新築、増築に動いた。54年10月の八重洲口大丸の後、有楽町そごう（57年5月）、池袋三越（同年10月）、池袋丸物（同年12月）が新たに出店し、多くの店舗が増改築を行った。この結果、東京都内の各店舗

図 3-1　日本百貨店協会加盟の都内の百貨店
（1958年10月1日）

店名	店舗総面積（平方米）	従業員数（人）
池袋丸物	28,129	658
新宿伊勢丹	58,469	2,375
有楽町そごう	22,391	1,033
八重洲口大丸	31,474	1,641
日本橋髙島屋	54,049	2,392
渋谷東横	58,381	2,426
池袋東横	8,434	448
日本橋白木屋	47,932	1,661
大井町阪急	7,604	165
上野松坂屋	62,746	2,237
銀座松坂屋	35,401	1,267
銀座松屋	35,629	1,496
浅草松屋	38,599	721
日本橋三越	68,114	2,919
新宿三越	15,613	611
銀座三越	11,881	461
池袋三越	25,466	615

（西武百貨店の協会加盟は 1964 年 10 月）
※『日本百貨店協会 10 年史』（前掲）により作表

の百貨店使用面積の総計は、54年には35万3000㎡であったのが59年には58万3000㎡と1・65倍になり、同じく年間売上高の総計は701億5200万円から1361億200万円の1・94倍へと順調に拡大した[1]（58年当時の、日本百貨店協会加盟の東京23区内の百貨店店舗は図3-1にまとめた）。

　こうした拡大基調を背景に、百貨店の展覧会はこれまで以上に活発に開催されるようになったが、それは単なる本数の増加にとどまらず、新しいジャンルや今までにないテーマのものなど多様な展開を示すようになっていった。

1　写真展——写真文化の振興

写真展は戦前から百貨店で開催されていたが、海外のカメラマンも含めて多彩なテーマで行われるようになって開催本数が飛躍的に増加したのは50年代からであった。ここでは50年代を中心に、百貨店で開かれた写真関係の展覧会を紹介し、百貨店が戦後日本の写真文化に果たした役割を考えてみたい。

◉ヒューマン・ドキュメント

『ザ・ファミリー・オブ・マン写真展』［日本橋髙島屋／1956年3月21日〜4月15日／ニューヨーク近代美術館、米国大使館文化交換局、日本経済新聞社／80円］は、ニューヨーク近代美術館写真部長エドワード・スタイケンの企画によるもので、「世界の人々は皆同じひとつの家族（われらみな人間家族）」であることを写真によって人々の心に訴え戦争の悲惨を避けようという念願に立って世界の写真作家に呼びかけ、集まった200万枚から68カ国、503枚の作品を厳選し、人間の誕生、成長、家庭など40部門の組写真で構成された。55年1月にニューヨークで開催された後、ベルリン、パリ、ロンドンなどを巡回し、いずれの地でも非常なセンセーションを巻き起こした。[2]

東京では、最初の土曜日には早くも満員札止めの状態になり［図3-2］、会期23日間で約24万人の入場者を数え、その後全国を巡回して総計で100万人以上の観客を動員した。[3]この展覧会は、「［写真に対して］一般に深い関心を誘う一つの動機となり、［……］写真が、単に写真ファン層だけに止まらず鑑賞対象をひろく大衆に拡大した」ことに結びついたとも指摘されている。[4]

世界中のカメラマンの優れたドキュメント作品1枚1枚を素材として、いわば〝大がかりな組写真〟[5]という手法で強いメッセージを発信し、多くの人々に感動を与えることができたのも、スタイケンの「写真こそ世界の言葉」[6]という信念と、人種、階級、性別、年齢を超えて人類を〝人間家族〟とみなすヒューマニズム的編集視点があってのことと考えられる。こうした構成の写真展は、その後には**『ラブ・フォア・ピース　世界の写真展』**［上

図3-2　日本経済新聞1956年3月25日朝刊

野松坂屋／59年9月1日～6日／社団法人世界友の会／無料／後援　朝日新聞社ほか〕や『世界写真展　人間とはなにか？』〔銀座松屋／65年8月13日～25日／毎日新聞社、カメラ毎日／100円〕といったものがある。

銀座松屋の展覧会は、ヨーロッパ12カ国の美術館が共同企画し、〝人間とは何か？〟をテーマに世界30カ国のカメラマン264人の作品555点を西ドイツの雑誌社シュテルン社が構成して写真集として出版するとともに、それを展覧会としたものである。同年秋以来ヨーロッパ各地の美術館で開催され3カ月間で30余万人の観客を集めたが、その存在を知った同店の文化事業担当である小林敦美の発案で日本への巡回が実現し毎日の主催で開催となった(7)。展覧会は連日満員の盛況で、「〔銀座松屋の〕30年の展覧会を通してこのときのアンケートの回収を上回る記録はない」というほどの反響があった(8)。

◉ニュース写真

人々の営みの一瞬を切り取り、社会に起こる様々な事件や出来事の〝今〟をビジュアルに記録し伝えることは写真がもつ大きな役割であり、『ザ・ファミリー・オブ・マン写真展』はそれを端的に示したと言えよう。中でもニュース写真はその最前線にあり、百貨店は新聞社が撮ったニュース写真の展示にも会場を提供しニュースを伝えるメディアとしてもあった。

新聞社によるニュース写真の展示は、地震・台風といった天災から、社会的な大事件、オリンピック・野球などのスポーツ、皇太子の婚約といった慶事まで、世の中の関心をひく様々な情報を、より多くの人々に提供するために速報や特集の形で行われていた。

速報写真展の開催数は極めて多いが、ニュースの中身の違いだけで形式はほぼ同じであるので、実例をふたつ紹介するにとどめる。

速報では同じ出来事をいくつかの百貨店で並行して展示することもよくあった。例えば58年11月27日、宮内庁から皇太子の婚約が発表され報道が解禁となると、翌28日には婚約の速報写真展が、朝日は銀座松屋、新宿三越で、毎日は日本橋三越、上野松坂屋でそれぞれ同時にスタートした(9)。また、60年5月24日未明に東北、北海道をはじめとする太平洋沿岸地帯に甚大な被害をもたらしたチリ津波の時は、毎日は被害状況を伝えるために、その日の内に速報写真を上野・銀座松坂屋、銀座松屋、池袋西武を会場として公開している(10)。こうした速報写真展は事前にスケジュール化する性格のものではないので、催物場だけでなく店内のエントランスやウィンドウ、通路壁面など融通のきくスペースでも展開していた。

ニュース写真の速報展は、50年代ばかりでなく、テレビの機動的なニュース報道が定着した70年代でも引き続き開催されていて、新聞社にとって百貨店のメディアとしての機能は魅力的な存在であったと考えられる。

ニュース写真によって年間を回顧する展覧会も百貨店でよく行われていた。戦後最初のものとしては、読売が自社の撮影した写真により終戦後1年間を回顧し、〝新生日本国民〟として起き上がる決意を新たにするために開催した、**『〝この1年〟写真展』**(11)［日本橋三越／46年8月19日〜27日／読売新聞社］があるが、こうした年間回顧の写真展は朝日、毎日なども自社の報道写真を使って開催していた。それとは別に、東京写真記者協会加盟の在京の新聞社（スポーツ紙も含む）、通信社などのカメラマンが1年間に撮影したニュース写真を集めてその年を振り返る写真展が59年から始まった。『1959年ニュース写真展』［池袋西武／59年12月23日〜28日／東京写真記者協会／無料］である。

この展覧会は毎年末に開催され、69年までは池袋西武、70年からは新宿小田急に会場を移し（72年から展覧会タイトルは『報道写真展』となる）、そこで2000年まで続いた。展覧会はその後も会場を替えて継続し、現在は日本橋三越と横浜の新聞博物館で開催されている。

筆者が新宿小田急で文化催事を担当していた頃には、年末恒例の展覧会として定着していて多くのお客様を集めていた。無料催事ということもあり、期間中の週末には年末の買物につきあわされたお父さんが息抜きで鑑賞している姿をよく目にしたものである。

◉ドキュメンタリー・フォト

新聞に掲載されるニュース写真は、フォト・ジャーナリズムの世界ではほんの一部のことである。欧米では、第二次世界大戦をはさんで〝ライフ〟をはじめとするグラフ雑誌が全盛で、世界中でおこる事件や出来事を追いかけ、カメラによってその背後に潜む様々な問題までを抉り出そうとする数多くのフォト・ジャーナリストが活躍していた。その中で、47年にカルチエ＝ブレッソン、ロバート・キャパなどによって、フリーランスのカメラマンの集合体としてパリで結成された写真通信社〝マグナム・フォトス〟は、メンバーが独自に取材、制作活動を行いながら、『ライフ』などの有力グラフ誌にマグナムを通じて寄稿するという形をとっていた。

日本では戦後の早い時期にグラフ・ジャーナリズムが復活し、グラフ雑誌も戦前のものの復刊や新たな創刊が相次いでいた。しかし、「日本の報道写真家たちにとってほとんど信仰に近い影響力を持って(12)」いた『ライフ』

のような雑誌が日本にはない状況下、マグナムのあり方は日本の写真家たちに大きな刺激を与えた。そして50年、日本の〝マグナム・フォトス〟を目ざして同人制の〝集団フォト〟が結成され、三木淳が代表となりメンバーは大竹省二、田沼武能など8人、木村伊兵衛と土門拳が顧問に就任した(13)。

また、『決定的瞬間』とは52年に出版されたカルチエ＝ブレッソンの写真集のタイトルであるが、写真集は「ほとんどバイブル視に近い受けとめ方で［……そのタイトルも］一般的にも人口に膾炙する」(14)言葉となった。それは、カルチエ＝ブレッソンが創設に加わったマグナム・フォトスとその仲間たち、カルチエ＝ブレッソンが寄稿する『ライフ』、カルチエ＝ブレッソンが使うカメラ〝ライカ〟に対する一般のカメラ愛好家たちの関心の高まりにもつながり、50年代にはこれに応える展覧会が百貨店でたびたび開催されていた［表3–1］。

そのひとつ、〝集団フォト〟結成の翌年に開催された『**第1回集団フォト写真展　日仏米英連合写真展**』は、カルチエ＝ブレッソンなど『ライフ』で活躍する16人の外国人写真家の作品を招待展示し(15)、以後59年まで8回の展覧会が開催され、マーガレット・バーク＝ホワイト、ロバート・キャパ、シーモアほかマグナム・フォトスのメンバーなど海外のフォト・ジャーナリストの仕事を積極的に日本に紹介し日本の写真界に刺激を与えた(16)。こうした展覧会は大きな反響を呼び、例えば１９６０年の『**マグナム世界写真展**』について、飯沢匡は「会場は満員の盛況で世間の写真熱の異常な高さに驚かされた」と伝えている(17)。

60年代以降もドキュメンタリー・フォトの展覧会は百貨店で引き続き開催されているが、カメラマン個人や集団の写真展ではなく、世界各国で撮影された1年間の報道、ドキュメンタリーを集成した展覧会も、やや時代は下るが百貨店で開催されていた。それは55年にオランダで発足した〝世界報道写真財団〟が、毎年前年に撮影されたプロカメラマンから応募のあった写真のコンテストを行い、入選、入賞、大賞に選定された作品を展観するもので日本では68年から開催されるようになった。『**世界報道写真展**』(18)［新宿小田急／68年9月14日〜24日／毎日新聞社、ハーグ世界報道写真展事務局／無料］である。

以後、新宿小田急で毎日の主催により90年まで毎年開催され、その後日本橋東急に会場を移し、現在は朝日の主催に変わって東京都写真美術館で開催されている。

◉日本人写真家の個展

戦後の早い時期からグラフ誌の復刊、創刊が相次ぎ、プロ、アマを問わず写真専門誌も刊行されるようになったのと並行して、百貨店でも写真の公募展や団体展、グループ展が開催されるようになった。一方で、写真家の個展も一般的になっていくが［表3-2］、百貨店での開催で先行したのは被写体がもつ魅力の最高の瞬間を引き出し作品化することに重きをおく、いわばアート指向の写真家である杉山吉良と入江泰吉であった。

戦後最初の本格的なヌード写真展となる『**裸体群像展**』［銀座松坂屋／48年5月］は、「戦前から大胆な女の写真を撮っていた杉山吉良［……］の作品展で、展覧会は異常な反響を呼び起こし［……］、引き続き地方にも巡回した(19)」。

入江泰吉は戦前から大阪を中心に創作活動を続けていたが、被災のために戻っていた故郷奈良で仏像などの古美術品がアメリカに接収されるとの噂を聞き、奈良の仏像を記録していくことを決意する。こうして撮り始めた大和の古寺仏像の写真作品による展覧会が『**大和古寺仏像写真展**』［日本橋三越／48年～5月29日］で、戦後の混乱期に仏像という時代離れしたテーマの展覧会を見に来てくれる人がいるのかと、入江本人は大きな不安を抱く中、始まってみれば梅原龍三郎や亀井勝一郎などの著名人も来場し思いがけないほどの盛況であった(20)。

50年代になると、百貨店で開催された写真家の個展では、海外のルポルタージュとポートレートが目につくようになる。海外を題材とした展覧会が多いのは、「戦後一方通行的に海外の写真家を受け入れていた時代も、昭和30年代になるとわが国からも次第に海外へ取材に出かけるようになった(21)」ことによるものと思われる。そうした流れの中で異彩を放つのが55年1月に日本橋髙島屋で開催の**『土門拳第1回写真展』**である。以下、雑誌『フォトアート』掲載の〈座談会〉[22]などにより開催の経緯を紹介する。

土門は、「[友人の]勅使河原蒼風が髙島屋との仲に入って個展をやることを熱心に進めてくれたが、最初は乗り気ではなかった。だが結局やらざるを得ない羽目となり、個展をやるからには未発表の新しい作品をと、開催が本決まりになった年末から七草過ぎまでの間、浅草、銀座、佃島、江東、築地などを撮り回り」、テーマは街とそこで生活し働く〝一般小市民〟と子どもたちであった。被写体となった人たちは「貧乏と不安と夢の中に生きている神の子」と土門は言っているが、実際に作品をみると写っている子どもたちとその家族は、まだまだ貧しい世の中を体現していて、「5円の飴を買えない子どもたち」であり、先に述べたしげる君一家と同じく、百貨店を買物で訪れることが日常生活の中にあったとは思われない。しかし、展覧会には「その被写体となった子どもたちやお内儀さん、おじさんがたくさん来て皆喜んで見ていた」という。そうした子どもたちも自分が写っている写真を見にくるためには躊躇なく日本橋髙島屋を訪れ、それがまた「友達や近所の人たちを誘い」と、髙島屋といえども、一般庶民にとってその敷居は決して高いものでなかったことが窺える。また、見にきた子どもたちとその家族、知人が写真に写る喜びと写真を見る楽しさを体感したことは十分に想像できることで、それがまた写真を愛好する人たちを広げることにもなったと思われる。

表3-2の通り、50年代、百貨店で開かれた日本人写真家の個展では、ドキュメンタリー・フォトのものはほとんどないのだが、60年の安保闘争の直後に、時代の貴重な出来事を伝えようとする写真家の作品に共感した百貨店人の思いから始まった展覧会があった。**『怒りと悲しみの記録　濱谷浩展』**[銀座松屋／60年8月5日〜9日]である。

広範な国民運動であった59〜60年の安保阻止闘争の現場をカメラで追い続けたのが、マグナムの準会員であった濱谷浩であった。銀座松屋の文化催事担当の小林敦美は、7月に濱谷のこのルポが写真集となる企画を知る。それから1カ月という短期間で作家と展覧会開催の交渉をし、社内決裁も得て開催にまでこぎつけた。小林は、銀座通りにあふれる安保反対のデモに「戦争で亡くなった人たちの姿が見えるような」思いを持ち、「日本人が戦後はじめて自らの意志で国の将来を守ろうとする日本人の姿」の記録として公開する価値があると考え、「一晩迷い抜いた」結果、「市民あっての百貨店であれば、あの大きな市民意志を無視すべきでない」としてこの展覧会を企画した。軍学徒として終戦を迎え、政治に一度裏切られた思いを持つ小林の熱意によるものであった[23]。

百貨店における日本人写真家の展覧会は、70年代になるとさらに増加してくる。様々な媒体で華々しく活躍する、篠山紀信、立木義浩、白川義員といった30代の写真家たちが百貨店でも旺盛に発表を重ねて話題を呼び、戦前、戦中世代の写真家もあわせて日本人写真家の個展は百貨店の展覧会の主要な柱となっていった。

◉写真ブームとともに

1950年代、写真界は空前のブームにあった。カメラ、フィルムともその生産量は10年間で大幅に増加し[24]、新聞は、「街の写真家百万人」と題してアマチュアカメラマンを中心にカメラ熱が急速に高まっていることを伝えている[25]。一口にアマチュアと言っても、その中身はプロを目指す人、プロ並みの出来栄えの写真をモノにしたい人、家庭や職場でスナップ写真を楽しむ人など様々であるが、この時期、趣味としてのカメラワークを楽しむ人々が飛躍的に増大した。こうした写真愛好家の裾野を広げるのに貢献したのが、写真専門誌の月例コンテスト、写真・美術団体や新聞社などによる公募、大学の部活動としての写真部の作品展、日本光学、キヤノン、富士フイルムといったメーカーによるコンテストなどのアマチュアカメラマンのための発表の場であった。そのひとつとして〝富士フイルムフォトコンテスト〟を紹介する。

富士フイルムは、50年1月、〝あかるく楽しい写真〟をキャッチフレーズに賞金総額100万円にのぼる写真コンテストを始め、応募者数4215名、応募点数8118点と写真コンテスト史上空前の応募数を記録した[26]。この年の入選・入賞作品を発表する展覧会があったのかどうかは定かではないが、翌年の第2回コンテストでは発表展として、**『富士フォトコンテスト　1951年発表展』**〔日本橋三越／51年9月〕が開催された。

3回目も日本橋三越を会場として、この年から入選の作品集も発刊されるようになった。この作品集掲載の富士フイルムの社長挨拶は、コンテストの意義として「写真というものに託して些かでも社会に貢献したい、〔……〕わが国に多少なりとも明るい希望をつなぎとめて」いくことを掲げ、「カメラをお持ちの方には誰方にも気軽に応募して頂き、老壮青少の年齢の面に於いて、地域的にも極めて広範囲から集まった作品を、公平なる厳選を経て入賞を決定し全国の大都市に回覧し、一般の展覧に供してきた」と述べている。この年は6歳から71歳まで3万近くの応募者数があった[27]。以後、銀座松坂屋、日本橋髙島屋と会場を移し、応募数も年々増大して57年には10万点にもなった[28]。コンテストは形を変えて現在も続いている。

カメラ人口は増えていっても、カメラ機器の販売数が景気の動向に左右されるのは他の消費財と同様である。なべ底不況の影響で58年のカメラ生産台数は前年比9％のマイナスとなり、業界団体である日本写真機工業会は内需の振興を目指して**『日本カメラショウ』**〔日本橋髙島屋／60年3月1日〜6日／日本写真機工業会〕を開催した。工業会加盟の34社が出品するカメラとその周辺機器・機材の見本市で、6日間の会期で13万人の入場者という大盛況であった。以後、写真教室や写真展、撮影会などのイベントも併催する毎年恒例の催し物となった。毎年3月に日本橋髙島屋でスタートした後、日本各地の百貨店を巡回し、64年以降は東京会場だけでも20万人を超え、多いときは全国合計で90万人を集めるカメラ業界の一大イベントとなった[29]。現在はカメラと写真映像の総合展示会「CP＋」となって、パシフィコ横浜で開催されている。

戦後、日本の写真文化が興隆し、写真が日常生活に定着したのには様々な要因があろうが、その中で、報道写真、芸術写真を問わず写真に親しみ、写真を作品として鑑賞する層を拡大し、プロからアマチュアまで作品を発表する場を提供し、メーカーの見本市会場としても機能した百貨店の役割は決して小さなものではなかったと思われる。

2 〝美術〟展の広がり——ファインアートばかりでなく

美術界の活況は50年代後半も変わらず続き、その中でも特にフランス画壇の動きは洋画家たちだけではなく美術の評論家や愛好家にとっても注視の的であり、百貨店はそうした関心にも積極的に応えていった。中でも**『世界・今日の美術展』**〔日本橋髙島屋／56年11月13日～25日／朝日新聞社／100円〕や、50年代後半の美術界に旋風を巻き起こした〝アンフォルメル〟の展覧会などはその代表であるが、百貨店はまだ大方の評価も定まっていない〝先進〟的な美術の潮流を多くの人々に紹介する場としても機能していた。この時代の美術界の動きについては多くの論考があるので[30]、詳しくはそれらを参照していただくとして、ここでは百貨店の美術展の新たな動きを紹介する。

◉シリーズとなった美術展

日本美術の展覧会では、古美術展や近現代作家の回顧展などは変わることなく盛んに開催されていたが、50年代後半には、テーマを定めてシリーズ化された展覧会がいくつかの百貨店で始まった。

①銀座松屋［表3－3］

素描、スケッチには本画とはまた別の興趣があると言われるが、本画と比較すれば一般向けとは言い難いところがある。銀座松屋は、53年に清方や春草、古径など明治からの日本画壇の著名作家14人の代表作と目される作品の下絵25点を展観する『**明治・大正・昭和名作下絵展**』[31]［8月1日～12日］を開催している。その後、56年から朝日の企画により、日本画、洋画の第一線で活躍する人気作家、実力作家が描く素描、スケッチを紹介する『**一流画家のスケッチ展**』シリーズが始まり、[32]美術書籍の出版社である芸艸堂が毎回展示作品の画集を発行していた。

第1回展は『**東山魁夷風景写生展**』で、63年6月までの7年の間およそ1～3カ月の間隔で開催されて50回まで続いた。会場は催物場ではなく画廊が使われていて、朝日掲載の各回の展覧会評や各画集をみても規模的には大きなものではないが本画とは異なる素描・デッサンの魅力を改めて印象付けるシリーズ展で、反響を呼んだものと思われる。取り上げられた50人の顔ぶれを見ると、当時の画壇の誰が人気であったかを窺うことができて興味深い。完結記念として64年に『**50人の画家展　スケッチ展シリーズ完結記念**』が開催された。

②渋谷東横［表3－4］

マニア好みの画家や、画壇の主流から外れてはいるが一般には人気の高い画家などを取り上げた展覧会が57年から6年にわたって開催された。まず『**第1回異色作家美術展　竹久夢二作品特集**』[33]があったが、その3カ月後、毎日は社告で、「異才作家画業展を毎月1回開催することになり第1回展を土田麦僊で開く」として、『**第1回異才作家画業展**』を告知している。[34]

会場はいずれも画廊で無料催事として行われ、展示の作品数はそれほど多くはないが各作家とも代表作は出品されている。それなりに見応えのあった展覧会であったと思われ30回まで続いた。
30回展の後、その中から22作家を選んで、それぞれの代表作60余点により、**『異色作家シリーズ30回記念　22人の異色作家展』**が開催された。

③日本橋白木屋［表3－5］

59年から〝やきもの教室〟と名付けて定期的に陶磁器の展覧会を開催し、第1回展は重文も含めて数十点の作品による**『やきもの教室・名陶シリーズ　古九谷展』**であった。[35] 開催の経緯について主催の日本陶磁協会が発行する雑誌『陶説』は次のように記し、白木屋の熱意を伝えている。

「東横」［白木屋のこと］の御希望で、正月から、年四、五回、白木屋の五階の画廊で「やきもの教室」を開くことになり、[36]

当方の計画では、縄文土器から順ぐりに、数年間に渉って日本陶磁を調べて行こうと思いましたが、白木屋の要望で、初めは人の集まる興味のあるものにして欲しい。「やきもの教室」が世間に知れ渡って、常連ができてから研究的なものにしてくれと云うのであります。[37]

白木屋の「古九谷展」は、大変評判よく、入場者も予期以上でした。［……］白木屋でも隔月毎に必ず催してくれと云う要求なので［協会側が他の展覧会で多忙を理由に一回パスを申し出ても］白木屋が頭を竪に振ってくれません。[38]

展覧会は〝教室〟を意識してか、名品の展示だけでなくテーマに沿った研究的な関連の資料も展示し、会期中の土日曜には列品解説も行っていた。シリーズとして確認できた最後は64年12月の『**やきもの教室第34回　茶器を中心としたオランダ陶器展**』で、6年間は続いたことになる。

④新宿伊勢丹 ［表3-6］

59年5月の『**日本美術シリーズ　初期浮世絵美人画展**』を皮切りに、日本の古美術をテーマとしたシリーズ展が始まった。

第1回展の社告には、「日本美術全般にわたって時代、流派別に名品を展示解説する日本美術シリーズを今後毎月1回開催(39)」とあるが、この『初期浮世絵美人画展』の企画構成に関わった東京国立博物館の近藤市太郎は、シリーズの意図について「従来しばしば行われている日本古美術の展観と多少異なるところは、つねに美術史上問題になっていることに焦点をしぼり、小規模ながらその問題点をはっきりと浮び出させ、それをさらに深く掘りさげることによって核心をつこうとするにある(40)」と述べている。

内容は古美術品でも一般にはあまり知られていないニッチなテーマをとりあげていることが注目される。また、会期中に博物館などから専門家を招いて講演会をほぼ毎回開催していた。シリーズは64年の『**五輪東京大会記念近世大和絵展　日本美術シリーズ最終回**』まで51回続いた。

50年代後半から60年代前半にかけて、時を同じくしてこうしたシリーズ展が4百貨店で開催されていることが、たまたまの偶然なのか、百貨店ではよくある〝他店がやっているからうちも〟といった横並び意識の意図的なものなのかは定かではないが、これらのシリーズ展には以下のような共通する傾向が指摘できる。

まず展示内容であるが、比較的狭い範囲でテーマを設定し広く一般に親しまれているとは言い難いがそれらの作品がもつ魅力を、シリーズとして回を重ねることである程度体系的に紹介している。また十分とはいえないが、専門家による列品解説や講演会、あるいは展示作品をコンパクトにまとめた画集を毎回発刊するなど、作品やそのジャンルの理解を促す啓蒙的な措置もとられている。まだ一般には膾炙していない作品の新たな価値と魅力を、展覧会によって広く知らしめていく試みであるのだが、そこで気づかされるのは、それはいわゆる美術館の活動そのものということである。

百貨店の美術品の売場は、他の売場以上に固定客の存在が売上の鍵を握っている。最初は限られた好事家や熱心な愛好家が観客であっても、展示内容が充実していれば、シリーズで続けていくことにより、内容が人を呼ぶ、人が人を呼ぶといった循環で、徐々にファン層を広げ常連客を獲得していこうという考えが百貨店にはあったものと思われる。それを端的に示すのが、白木屋の「初めは人の集まるものにして、教室が世間に知れ渡って常連ができてから研究的なものにしてくれ」という言葉である。白木屋はこの頃日本陶磁協会の主催により、〝やきもの教室〟以外にも大がかりな陶磁器の展覧会を何回も開催するなど、やきものには力をいれていた。やきもの愛好家の固定客を増やしていくことが、営業的に重要な課題であったことは確かである。他の3店も、そこまで明確ではなかったにせよ、こうした展覧会を通じて自店に美術ファンを拡大していくという営業上のメリットをねらっていたと考えられる。

展示された作品が販売に供されていたかどうかは不明であるが、販売が主目的であるならば、わざわざ一般的ではないテーマをシリーズとすることもないわけで、中には借用品の出品もあることから、やはり基本的には見せるための展覧会であったと考えられる。売上が十分に伴うとは考えにくい展覧会を、画廊という営業スペースで、なおかつ無料で実施していることもこれら4つの展覧会に共通するところで、それぞれほぼ5年以上という長期にわたって続いたことは、やはり営業に対する貢献を認められていたからこそであろう。

これらシリーズ展が美術館的な企画であったとは言え、百貨店が意識的に自らのお金を使って美術館のかわりをつとめようとしたとは考えられない。営業的メリットを追求するためにとった手段が、結果的に美術館的な活動になっていたということで、つまり文化的な活動が特別な企業活動としてあったのではなく、営業活動（本業）の一環としてあったと言えよう。しかし、結果的にであるにせよ、当時の貧困な美術館環境からすれば、このような百貨店を会場とした取組みが、美術のもつ新たな魅力を人々に伝え、〝美術の大衆化〟になにがしかの貢献をしたことも確かであり、また、こうした文化的な活動と商売とのリンクを長い目で見ていく環境がこの頃の百貨店にはあったということである。

◉山下清展

「裸の大将」の呼び名で、映画や舞台、テレビにもなり、作品展が現在でも各地で開催される山下清は、没して40余年たった今でも記憶に残る名である。

山下清の人となりと業績について述べた書籍は数多い。最近では、「山下清を日本における西洋美術受容の問題として読み解く」意図から著された『山下清と昭和の美術』(41)が好著である。戦前、その作品が福祉の世界のみならず美術界にもセンセーションを巻き起こし、戦後は〝日本のゴッホ〟〝放浪の特異画家〟として社会的にもブームとなった山下清の生涯とその周辺を、最近のアール・ブリュットとの比較考察まで含めて、様々な資料をもとに論考しているので詳しくはそちらを参照していただくとして、ここではその展覧会について述べていきたい。

山下清の戦後初の百貨店での展覧会出品は、**『全国精神薄弱児作品展』**［渋谷東横／54年3月6日〜14日／厚生省、日本民生文化協会、朝日新聞厚生文化事業団／無料］で、「不遇な精神薄弱児童のかくれた天分を導き育て、その福祉増進に資するため［……］全国の施設と特殊学級児童の絵画、手工芸品など300余点、特別出品として〝日本のゴッホ〟といわれる山下清君の作品10余点」[42]が展示された。

1940年からたびたび放浪を繰り返し、51年夏に居住の八幡学園からまた姿を消して2年余り行方知れずとなっていた山下清を、朝日新聞は「[安井曾太郎、梅原龍三郎も絶賛した]日本のゴッホ　いまいずこ?」という見出しをつけて報じた[43]。掲載4日後に鹿児島で見つかって連れ戻され、それが大きな話題となり、その直後に開催された展覧会であった。同じ年の5月、大阪松坂屋でやはり〝精神薄弱児〟の作品を集めた『**全国忘れられた子らの作品展**』が開かれ、そこでも山下は特別出品者として迎えられたが、〝日本のゴッホ〟〝新たな画家〟という賛辞を得ていながらも発表の場はやはり福祉の世界であった[44]。

その後もメディアへの露出は続き、翌年には画集の出版もあったものの、それでもまだ社会的なブームと言える状態ではなかった。しかし、56年3月、八重洲口大丸で開催された『**放浪の特異画家　山下清作品展**』[3月23日〜4月4日]で〝山下清〟は一気にブレイクした。

展覧会は大きな反響を呼んで4月18日まで会期延長となり、観客動員80万人という数字が伝えられている。展覧会成功の理由の考察については『山下清と昭和の美術[45]』(以下、本項では〝同書〟)にまかせ、ここでは会場となった大丸の取組みについて考えてみたい。

同書では大丸が『山下清展』を開催した理由について、「大丸は美術展では他の百貨店よりは後発で、積極的に美術事業を展開していたわけではない。東京展の開催も、当時の店長が式場の高校時代の同級生という理由から引き受けただけだった[47]」としているが、この点については疑義がある。

大丸が東京に再進出して東京駅八重洲口に開店したのが54年10月、『山下清展』の1年半ほど前のことである。開店以降、同店で開催された主な展覧会は図3-3の通りである。開催頻度は同時期の上野松坂屋、新宿伊勢丹の実績と比較しても遜色なく、大丸が美術展も含めた展覧会に対して消極的であったととらえることはできない。

図3-3　八重洲口大丸開店後の主な展覧会

展覧会名	開催年	会期	主催	入場料
比叡山名宝展	1954	11/19 ～ 11/24	朝日新聞社、比叡山延暦寺	無料
鉄斎展	1955	?/? ～ 1/26	産業経済新聞社	
大原美術館 エジプト古代美術・ 近代日本油絵名作展	1955	2/11 ～ 2/23	大原美術館、読売新聞社	80
民俗を中心としたアジア展覧会	1955	3/18 ～ 3/23	産業経済新聞社	無料
京都祇園祭展	1955	6/10 ～ 6/15	全日本観光連盟、京都市	
清水六和作品展	1955	8/19 ～ 8/24		無料
大江戸情緒展	1955	9/9 ～ 9/21	朝日新聞社	無料
第9回　全日本こども美術展	1955	11/4 ～ 11/8	毎日新聞社	無料
明治大帝写真展	1956	1/20 ～ 1/26	毎日新聞社	

次に、「店長が式場と高校時代の同級であったことだけが展覧会を引き受けた理由であった」と述べていることについて、その典拠として示された『文藝春秋』掲載の式場の文章(48)を読んでも、「店長と同級であった」ことは読み取れないこともないが、「そのことだけが理由」（強調：筆者）とは読み取れないことは指摘しておきたい。そして、話のきっかけは店長と式場との親しい関係であったとしても、その後の展開は、〝店長のお声がかりでやむを得ず〟といった受け身なものではなく、大丸がこの1年半に実施した様々な展覧会には見られない、積極的な取組みであった。

同書はこの『山下清展』は、「純粋な意味での画家の美術展ではなく、福祉的な色彩が濃厚(49)」であり、つまり〝美術展〟ではなく〝福祉〟の展覧会がその企画意図であったと指摘している。しかし、企画する側は〝福祉〟であったかもしれないが、大丸の受け取り方は違ったようである。まず、会期であるが、百貨店における福祉や教育の展覧会は1週間（6日間）の会期が通常で、これに2週間もかけるということはほとんどない。また、会場は1階特別室、4階画廊、6階特設会場の3会場を使用しているが、朝日の展覧会評は、「一つのデパートのなかに、三つの会場を設けたことも異例」と述べている。[50] まさに異例である。そして、開催前日の22日の朝日、毎日、読売3大紙の夕刊1面に広告を出稿した（1面は広告掲載のページとしては最も目立つ場所で、他の面より広告効果が高いとされるが、その分掲載料は他の面より高くなる）。その中で朝日の広告においては、洋画家の向井潤吉、宮田重雄、美術評論家の植村鷹千代の推薦文を掲載し、美術界も認める〝山下清〟を演出して訴求効果を高めている［図3-4］。こうした広告だけでも相当な費用となり、この1年半の間の大丸の新聞広告を見ても、ひとつの催し物にこれだけ力を入れた例は見られない。

〝商売は売れるものを売れ、広告は売れるものを広告しろ〟と筆者は百貨店勤務現役の頃、先達から教えられたが、広告費は売れる（反響が期待できる）催し物、売れる商品にかけるもので、逆に言えば売れないものにはお金はかけない。「展覧会の幕が上がるまで、式場隆三郎ら関係者の誰もがこれほどの人気を集めるとは思っていなかった」[51] とあるが、これだけの会期、スペース、広告費を振り向けているということは、大丸はこの展覧会は〝いける〟と相当の期待をしていたのではないかと考えられる。〝あまりやることのない美術展を店長に言われたので仕方なく〟といった消極的な取組みではなく、むしろ大丸の豊富な展覧会経験に基づいてのお金のかけ方であったと考えられる。

入場者は80万人で多い日は5万人を超えたという。[52] この数字を額面通り受け取

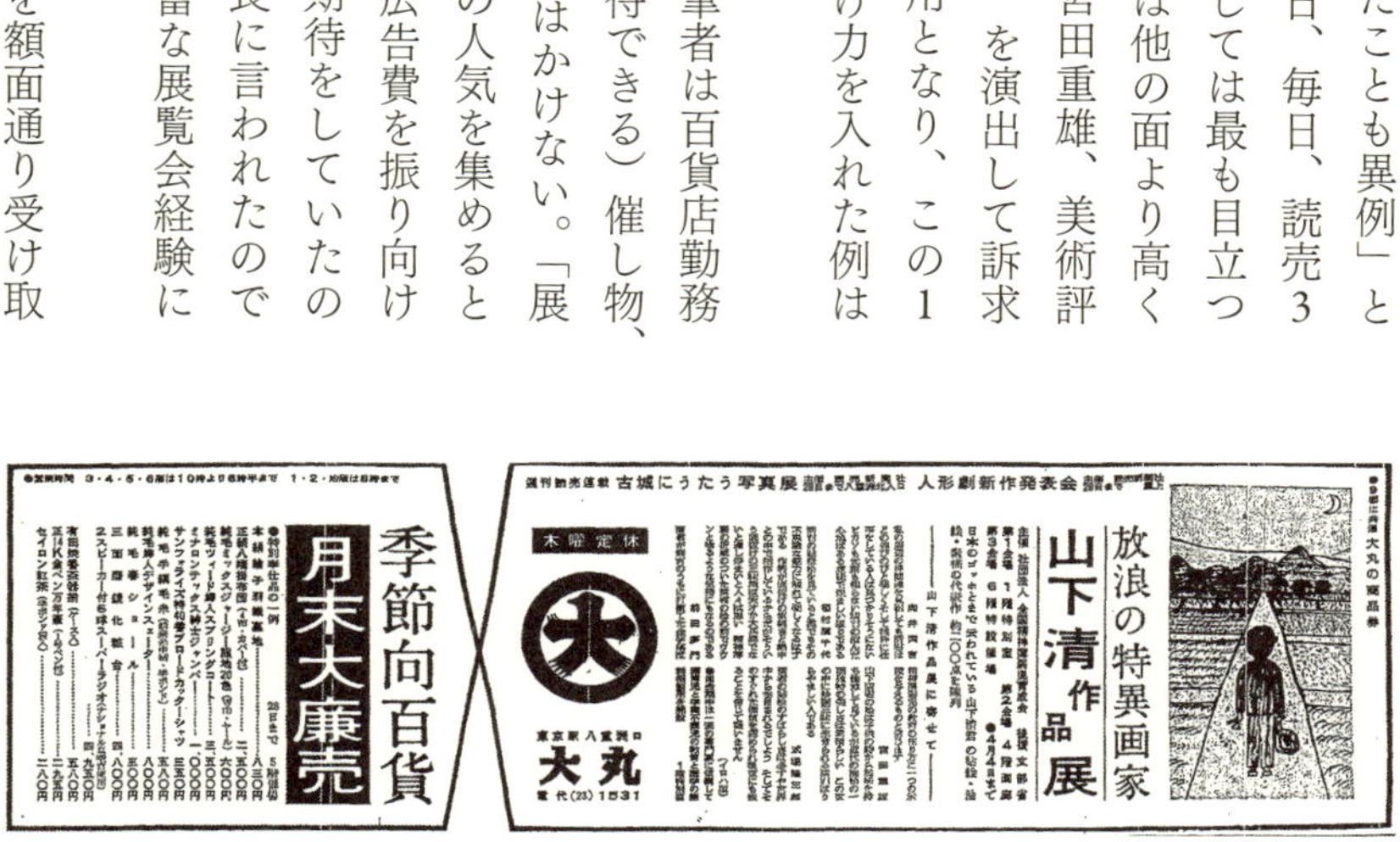

図3-4 80万人を動員したとされる八重洲口大丸の『放浪の特異画家　山下清作品展』の広告（朝日新聞1956年3月22日夕刊）。

図3-5　八重洲口大丸で開催の山下清展

展覧会名	開催年	会期	主催	入場料
放浪の特異画家　山下清作品展	1956	3/23 〜 4/18	全国精神薄弱児育成会	
山下清新作展	1956	10/16 〜 10/31		
山下清全作品展	1958	6/6 〜 6/11		20
山下清滞欧作品展	1961	9/29 〜 ?/?		
永遠の自然児　山下清の世界展	1971	9/10 〜 9/15	毎日新聞社	100

ることはできないが、会場が「3、4月の20日間連日超満員をつづけ[53]」たのは間違いなく、大丸としては予想をはるかに超えたうれしい誤算であったろう。

さて、当たれば柳の下に何匹でもどじょうを捕りにいくのが百貨店である。この後の大丸での『山下清展』は図3-5の通りである。そして、71年7月、山下清は脳出血のため49歳で没し、2カ月後に回顧展として**『永遠の自然児　山下清の世界展』**が開かれた。

その後、『山下清展』はパッケージ化されて、各地の百貨店などで開催されていった。平成20年代になると各地の公立美術館でもとりあげられるようになり、いずれの会場でも多くの観客を集めたが、それは美術館が作品と正面から向き合って、〝美術〟的な評価、研究に基づいての企画ではなかった[54]。

◉漫画の展覧会

現在、日本の漫画・アニメは子ども、若者だけでなく大人にも愛読され世界中の人々からも熱い支持を受けている。漫画・アニメを専門とする美術館がいくつも設立され、展覧会も国公立美術館をはじめとする様々な展示施設で頻繁に開催され多くの観客を集めている。しかし、『少年画報』の「月光仮面」や「赤胴鈴之助」が人気を呼んで映画化されテレビ番組になっても、58年に東映製作の日本初の長編アニメ「白蛇伝」が上映されても、59年に『少年サンデー』、『少年マガジン』が創刊されても、これらの漫画は子どもの娯楽であり、PTAを始めとする大人たちからは〝漫画ばかり読んでいると馬鹿になる〟と言われるものであった。

大人にとっての漫画とは、新聞、雑誌に掲載される政治・社会の風刺や風俗・ユーモアの1コマや4コマのものが中心で、戦前その世界で活躍した岡本一平は文壇、画壇でも存在感を示し、51年には二科会が当時の漫画界の中心的な作家である清水崑と近藤日出造を会員として漫画部を設けるなど[55]、大人のための漫画はそれなりに社会的認知を得ていた。展覧会としては、やはり大人向けのものが多く、50年前後から漫画集団会員の展覧会や漫画家個人の作品展が百貨店で開催されるようになった。

漫画集団の前身は１９３２年結成の杉浦幸雄、横山隆一など20名による新漫画派集団であるが、敗戦後すぐに会名を改め26名で新発足した[56]。団体としての百貨店での展覧会の初見は**『漫画集団展』**[57]［新宿三越／47年9月。10月に大阪松坂屋］である。次いで**『立体漫画展　マンガの国びっくり探険』**［渋谷東横／51年　～5月20日／無料／構成　漫画集団］で「今までと趣向の変った企画に成果を納めた[58]」とあるが、具体的な内容は不明である。その3年余りのち、正月催事として**『初笑い　マンガまつり』**［日本橋白木屋／55年　～1月12日／協賛　漫画集団］が開かれ、新聞広告のコピーでは「お馴染一流漫画家による傑作漫画集！　お子さまも、お年寄りも、お父さんも、お母さんも揃ってお出かけください！[59]」と家族向けの内容であることをうたっている。

次いで本格的な団体展として、**『第1回漫画集団展』**［上野松坂屋／56年　～6月17日］が開催された。人気作家が顔を揃え、朝日の展覧会評は、「漫画集団としての初めての試みで、清水崑、近藤日出造は二科会に脱会届を出し、来年からこの展覧会を新人登竜のための公募展とするとの目論見も[60]」と記している。翌年には**『第2回漫画集団展』**［上野松坂屋／57年9月1日～　］があり、第一線の漫画家38人の作品約１００点の出品であったが[61]、公募はなかったようである。

漫画家個人の展覧会としては、当時の人気漫画家の横山隆一・泰三兄弟の**『横山兄弟展』**［日本橋三越／50年1

月」があり、これは翌年正月にも開催された。次いで、戦前から、新聞、雑誌、ポスターなど女性風俗を中心とした諷刺画に健筆をふるい、また〝佐世男空談〟とも呼ばれるホラまじりの話のおもしろさでラジオや雑誌の座談会でも活躍し広く人気を博していた小野佐世男の**『小野佐世男遺作展』**［日本橋白木屋／54年3月5日〜10日／二科会、チャーチル会、漫画集団ほか／無料／後援　毎日新聞社］があった。

小野は54年2月に心筋梗塞のため48歳で急逝した。没直後のアサヒグラフに掲載された漫画仲間たち16人による追悼の画文が漫画界での人望を示しているが、画壇、文壇、芸能界にも幅広い人脈をもち慕われていた。[62]逝去1カ月余り後でこの展覧会が開催され、あわせて遺族援護のため漫画集団会員などによる色紙即売が行われた。[63]なお、内容は不明だが、57年に**『小野佐世男展』**［池袋西武／10月25日〜30日］が開催されている。

56年には、前年に第1回文藝春秋漫画賞を受賞した谷内六郎の**『抒情と郷愁の画家　谷内六郎展』**［八重洲口大丸／〜5月7日／文藝春秋新社］があった。谷内の作品を〝漫画〟とするのは若干奇異な感もあるが、賞の選評をみると選考委員たちにとってもこれを漫画ととらえてよいのかという思いがある中で、これまでにないユニークな表現への評価とともに、現状の型にはまった漫画を打破し若い漫画家たちに刺激を与える意図が垣間見える。[64]56年2月に創刊された『週刊新潮』の表紙を第1号から手掛け、一般にも注目を集め始めたところでの展覧会であった。

このほか、『サンデー毎日』連載の加藤芳郎の〝おんぼろ人生〟映画化記念の**『「おんぼろ」展』**［有楽町そごう／58年1月23日〜28日／毎日新聞社／無料］や、国際交流の漫画展として、**『国際政治漫画展』**［銀座松屋／59年1月30日〜2月4日／朝日新聞社／無料］があった。

漫画ではないが、やはり今までにないジャンルから、**『藤城清治影絵展』**［有楽町そごう／58年〜4月8日］があった。藤城は、影絵作家として、48年から『美しい暮しの手帖』（後に『暮しの手帖』に改題）にカットを掲載し、[65]

53年からは朝日新聞家庭面で影絵作品を連載しているが、この当時は影絵劇で既に実績を積んでいた。新聞掲載作品を中心に80点を展観した(66)。

少年漫画や少女漫画が大人の世界でも市民権を得ていくのが60年代後半頃からと考えられるが、70年代後半になると、漫画・アニメの展覧会は、キャラクターやストーリーにフォーカスしたものや、美術展と同じように漫画家個人の今の創作活動や回顧をするものが百貨店で開催されるようになった。

3　冒険・探検と学術調査

◉未知なるものを見せる

普通ではとてもいけないところの自然や文物、今まで見たこともないものを目の当たりにする驚き、それをもたらす冒険・探検の物語は人々の感動をよびロマンの心をかきたてる。もともと博覧会はそういったものを展観して人々の興味をひき、喜んでもらうものであるのだから、その末裔である展覧会も、たとえワンテーマであっても同じことを指向する。探査機〝はやぶさ〟や、〝ダイオウイカ〟が展覧会となって多くの人たちを集めるのも人間の旺盛な好奇心のなせるわざであろう。

50年代の日本の人々にとって、地球上に未知の場所は限りなくあり、**『奄美大島自然と文化写真展』**〔日本橋三越／55年10月18日～23日／九学会連合奄美大島共同調査団／無料／後援　毎日新聞社〕や**『華厳の瀧学術調査写真ニュース展』**〔八重洲口大丸／56年　～3月21日／読売新聞社〕のように国内であってもその調査結果が展覧会になりうる時代であり、それが海外となればなおさらであった。学術調査が目的であっても、海外渡航もままならぬ中で訪れるのも困難な地に赴いて成果を求めて行動するといった点で、それは探検的な要素も併せ持ち、探検と同様に人々の未知なるものへの好奇心、冒険心を刺激するものであった。

新聞社は展覧会以外にも様々な事業を行っている。海外に出向いての探検・学術調査の主催や、それを行う団体や研究機関に対する資金援助などのバックアップもそのひとつで、50年代半ば頃から盛んに行われるようになった。それらの戦後最初の取組みといってもよいマナスル登頂や南極観測は、戦争に負けてまだまだ社会に閉塞感のあった50年代にあって、世界にもアピールする明るい話題を日本人に提供した。

戦後ネパールの門戸が開放されたことにより、世界の登山家たちは競ってエベレストをはじめとするヒマラヤの8000メートル級の山を目指した。日本でも51年京都大学生物誌研究会がマナスル〔当時〕8125メートル）登頂を発案し、毎日がこれに全面協力をすることになった。その後プランを全国的規模に拡大するために日本山岳会が事業主体となって計画が進められた[67]。最近ではバラエティ番組でお笑い芸人が登る山になったが、当時は前人未到の巨峰に挑戦する大変な冒険でもあった。

52年8月の、偵察のための踏査隊派遣から、53年の第一次、翌年の第二次のチャレンジを経て56年の第三次登山隊の登頂成功までの間[68]、毎日は節目ごとに展覧会を開催しその事業をアピールした。

また、この頃社会的にも大きな関心を呼んだ学術調査が南極観測である。

56年11月、第一次南極観測隊を乗せた観測船〝宗谷〟は東京港を出港した。翌57年1月南極氷海に侵入、観測隊はオングル島に上陸して昭和基地を設営し第一次越冬隊が成立した。朝日の一記者の思いつきから始まった事業ということだが、紆余曲折を経て日本学術会議が主体となって進める国家的プロジェクトとなり[69]人々の関心と共感を背景に関係する展覧会も開催された。

その後も多くの冒険・探検、学術調査が新聞社の支援で行われ、そうした取組み成果を公表していくことは、多くの人々の期待に沿うものであった。マナスルや南極観測のほかにも、大学などの研究機関、新聞社が行った自然、生物、考古、民俗などの学術調査や探検の成果を見せる展覧会は、50年代後半〜60年代に百貨店でよく開催されていて、主なものは表3-7の通りである（東大によるイラン・イラクやインカの発掘調査をはじめ、古代文明や文化遺産の学術調査は次章）。

こうした学術調査の展覧会は、調査主体である大学や研究機関が、調査の意義や目的を含めてその成果を広く公開することで、自らの活動を学会の中だけでなくより多くの人々に理解してもらおうというねらいがあったようにも思われる。報告書や研究紀要といった紙媒体とはまた別に、展覧会場はその成功と成果を実物や写真などで臨場感をもって具体的に伝える場所としてあり、ここでも百貨店は都市の中のメディアとしての機能を果していた。

（1）数字は、1954年は『昭和29年度百貨店統計年報』［1955年3月／日本デパートメントストア協会］、59年は『昭和34年百貨店統計年報』［1960年3月／日本百貨店協会］所収の〈地区別売上高〉〈地区別面積〉による

（2）『日本経済新聞八十年史』［1956年12月／日本経済新聞社社史編纂室 編／日本経済新聞社］650〜651頁による

（3）日本経済新聞1956年3月25日朝刊、『日本経済新聞八十年史』（前掲）656〜657頁、〈海外写真の影響〉重森弘淹［『日本現代写真史 1945—1970』／1978年10月／日本写真家協会編／平凡社］411頁による

（4）〈日本写真界展望〉金丸重嶺［『日本写真年報——1958年版』／1958年6月／日本写真協会］67頁

（5）朝日新聞1956年3月24日朝刊
（6）日本経済新聞1955年8月24日朝刊
（7）『人間とはなにか？　日本版』［1965年8月／丸善］所収の〈毎日新聞社挨拶〉、『展覧会の壁の穴』小林敦美（前掲）96～101頁による
（8）『展覧会の壁の穴』小林敦美（前掲）102頁
（9）朝日新聞1958年11月28日朝刊、毎日新聞同年11月27日夕刊
（10）毎日新聞1960年5月24日夕刊
（11）読売新聞1946年8月19日
（12）〈海外写真の影響〉重森弘淹（前掲）408頁
（13）〈海外写真の影響〉重森弘淹（前掲）408～409頁
（14）〈海外写真の影響〉重森弘淹（前掲）409頁
（15）『日本写真史概説（日本の写真家別巻）』［1999年11月／岩波書店］所収の〈年表〉［石井亜矢子、飯沢耕太郎　編］
（16）〈海外写真の影響〉重森弘淹（前掲）409頁
（17）朝日新聞1960年3月27日朝刊
（18）毎日新聞1968年9月12日朝刊、18日夕刊
（19）〈戦後写真史展望〉渡辺勉［『日本現代写真史　1945―1970』（前掲）］392頁
（20）『わが青春譜　大和しうるわし』入江泰吉［1984年9月／佼成出版社］第3章による
（21）〈海外写真の影響〉重森弘淹（前掲）413頁
（22）『フォトアート1955年5月号』［1955年5月1日／研光社］所収の〈座談会　土門拳第1回個展をめぐって〉および〈個展プログラム〉（座談会出席者は土門拳とその弟子のアマチュア作家6名）
（23）『展覧会の壁の穴』小林敦美（前掲）50～56頁による
（24）国産カメラの年間生産台数は1951年の11万2000台が60年には95万5000台（いずれも輸出実績を除く）と10年間で8・5倍、白黒フィルム（ロール）の生産は同じく80万4000平米から329万平米で4・1倍となった。国産カメラ生産台数は『昭和期の写真業界』［1971年9月／日本写真興業通信社］掲載の〈附表4　国産カメラ生産実績推移〉（日本写真機工業会統計）にもとづき算出、フィルムの生産量は同書掲載の〈附表2　感材生産実績推移〉による
（25）朝日新聞1952年5月3日朝刊

(26)『富士フイルム50年のあゆみ』［1984年10月／富士写真フイルム］63頁
(27)『1952　富士フォトコンテスト作品集』［1952年10月／富士写真フイルム］
(28)朝日新聞1957年9月9日夕刊
(29)『日本カメラ工業史』［1987年5月／日本写真機工業会］26〜27頁、同書〈資料Ⅲ　日本カメラショー年次別会場及び入場者の推移〉による
(30)『「日本美術の20世紀　美術が語るこの100年」展　図録』［2009年9月／東京都現代美術館］所収の〈事項解説〉乙葉哲、237頁
〈日本美術の国際化〉高階秀爾［『近代日本絵画史』（前掲）］339頁
〈日本におけるアンフォルメルの受容〉加藤瑞穂［『「草月とその時代　1945―1970」展　図録』／1998年10月／草月とその時代展実行委員会］89頁、132頁ほか多数
(31)朝日新聞1953年8月1日朝刊
(32)朝日新聞1956年5月31日朝刊
(33)毎日新聞1957年10月14日夕刊（東横広告）
(34)毎日新聞1958年1月19日夕刊　このようになった理由は不明だが、その後は毎日の主催により〝異色作家シリーズ〟と銘打って開催され、〝第○回〟の回数も、『竹下夢二展』から数えての表記となっている。
(35)読売新聞1959年1月25日朝刊
(36)『陶説　第70号』［1959年1月1日／日本陶磁協会］〈編集後記〉
(37)『陶説　第71号』［1959年2月1日］〈編集後記〉
(38)『陶説　第72号』［1959年3月1日］〈編集後記〉
(39)毎日新聞1959年5月26日夕刊
(40)〈初期浮世絵美人画展〉近藤市太郎［毎日新聞1959年6月3日朝刊］
(41)『山下清と昭和の美術』服部正、藤原貞朗［2014年2月／名古屋大学出版会］
(42)朝日新聞1954年3月5日朝刊
(43)朝日新聞1954年1月6日朝刊
(44)『山下清と昭和の美術』（前掲）217〜219頁による
(45)『山下清と昭和の美術』（前掲）〈第6章「放浪の特異画家」への転生と放浪の制度化〉
(46)式場隆三郎は山下の作品を広く紹介することに尽力した精神科医で、この展覧会の企画者でもある

(47)『山下清と昭和の美術』（前掲）245頁
(48)〈作者行方不明の展覧会〉式場隆三郎『文藝春秋1956年6月号』51～52頁
(49)『山下清と昭和の美術』（前掲）237頁
(50)朝日新聞1956年3月28日朝刊
(51)『山下清と昭和の美術』（前掲）236頁
(52)〈作者行方不明の展覧会〉式場隆三郎（前掲）51頁
(53)『大丸二百五十年史』［1967年10月／大丸二百五十年史編集委員会 編／大丸］525頁
(54)『山下清と昭和の美術』（前掲）395～400頁
(55)朝日新聞1951年5月31日
(56)『漫画昭和史 漫画集団の50年』漫画集団［1982年10月／河出書房新社］所収の〈はじめに〉横山隆一、〈漫画集団てんやわんや〉永井保［『漫画集団I』／1955年12月／四季社］11～12頁による
(57)〈漫画集団てんやわんや〉永井保（前掲）13頁
(58)読売新聞1951年5月15日、〈漫画集団てんやわんや〉永井保（前掲）15頁
(59)読売新聞1955年1月7日夕刊
(60)朝日新聞1956年6月13日朝刊
(61)読売新聞1957年9月2日朝刊
(62)〈特別教授会 あゝ小野佐世男〉［『アサヒグラフ1954年3月3日号』］24～25頁
(63)毎日新聞1954年3月4日夕刊
(64)〈第1回文藝春秋漫画賞決定発表〉［『文藝春秋臨時増刊漫画読本5』／1955年7月／文藝春秋新社］
(65)〈指人形の作り方〉［『美しい暮しの手帖第1号』／1948年9月／衣裳研究所］に始まり、以後も掲載
(66)朝日新聞1958年4月7日朝刊
(67)〈マナスルに挑んだ五年間〉竹節作太［『マナスル登頂記』／1956年8月／槇有恒 編／毎日新聞社］216頁、毎日新聞1952年8月18日による
(68)〈マナスルに挑んだ五年間〉竹節作太（前掲）216～223頁による
(69)『南極観測二十五年史』［1982年1月／文部省］、〈南極観測との出会いの頃〉鳥居鉄也［『南極観測隊』／2006年11月／南極OB会・観測

五十周年記念事業委員会　編／日本極地研究振興会」、〈南極事始〉柴田鉄治［『ニッポン南極観測隊人間ドラマ50年』小野延雄、柴田鉄治／2006年11月／丸善」、朝日新聞1955年9月27日朝刊による

第4章

大衆消費社会の進展
――1960～64年（昭和35～39年）

◉ターミナル百貨店の参入

全国的な反対運動となって激化した安保闘争は条約の自然承認とともに急速に退潮、総資本と総労働の対決とも言われた三井三池争議の労働側の敗北、1960年におこったこれらの出来事は同年の岸首相退陣後に誕生した池田内閣の〝所得倍増計画〟とあわせて、政治の季節から経済の季節への転換を示す象徴的な事象ととらえられている。既に58年後半から景気は上向きはじめていたが、〝所得倍増計画〟はさらに設備投資を刺激し、投資が投資をよぶ循環でいわゆる〝岩戸景気〟は61年末まで続いた[1]。

「1959年以後になると、すべての組合が賃金闘争を春季に行うようになり、ベースアップは必ず実現するようになったし、所得倍増計画が公表されて以後の61年からは、ベースアップ率はほぼ恒常的に二けたとなった[2]」。〝経済は必ず成長する〟に加えて〝労働者の賃金は毎年必ず上昇する〟という神話の誕生であり、消費をすることあるいはローンという名の長期の借金を組むことへの安心感が社会全体に共有化されていった。本格的な大衆消費社会の到来であり、この商機にあわせて62年に池袋東武、新宿小田急、64年に新宿京王と、大手私鉄会社はそれぞれの拠点となる都心のターミナルに百貨店を開業した。

この時期、消費者物価の上昇を背景に安売りを武器としたダイエーをはじめとするスーパーマーケットの躍進が言われはじめた。しかし、全国の百貨店売上は60年を100としたとき、64年は189という指数を示し、百貨店を含む小売業販売指数の180・9を上回っている。店舗数の増加、売場面積の拡大などの要因はあるが、全国平均でみれば百貨店業としてマーケットシェアを落としているわけではなく、消費市場における百貨店のシェアは横這いと百貨店協会は分析している。[3]『年報』では横這いの主な要因として、消費構造全体の中で物品の消費から百貨店とは関係が薄いサービス消費の比重拡大を挙げていて、スーパーに対する危機感はそこにはない。『戦後美術展略史』では60年代に入ると百貨店はスーパーの安売り対応で、美術展の戦線を縮小し開催本数が大幅に減少したと分析している。[4]確かに〝美術〟の展覧会という視点でみれば開催本数が減っている店もあり催物場を特売の強化で使う店もあったが、それは個々の店の方針であって業界全体を一括りにできることではない。美術展に限らず都内百貨店の展覧会全体で見れば、新たに誕生したターミナル百貨店も含め、展覧会は50年代に続いて60年代も活発に開催されていたことを指摘しておきたい。

1　海外の文化遺産、古代文明の展覧会——日本人の果てしなき好奇心

探検、冒険は未知なるものに出会う喜びを求めて空間を飛び越えていくが、空間だけでなく時間も超えてふれ

る古代の遺跡や遺物は、そこに想像、推理という楽しみも与えてくれる。古代文明に好奇心を刺激される人はいつの時代でも沢山いるかと思われるが、自ら海外に出向いて遺跡や文化遺産を目の当たりにすることなど夢のまた夢という時代、新聞社そうした人々の欲求を展覧会という形で叶えていった。

50年代後半頃から、新聞社は主に百貨店を会場に海外の歴史的な古美術品や考古品の展覧会を企画するようになり、各社それぞれ特徴ある取組みを行っていた［表4-1］。

国立の美術館・博物館においては、古代の文化遺産の展覧会として、朝日の主催による『**エジプト美術五千年展**』、『**ミロのビーナス特別公開**』、『**ツタンカーメン展**』があり、それぞれ驚異的な数の入場者を集めた。いずれも戦後の展覧会史を語る上で欠かすことはできないものであるが、美術館・博物館での開催でもあるのでここでは割愛する。(5)

◉新聞社の取組み

まず、50年代の新聞各社の取組みであるが、日経は国内の所蔵品により57年に『**アジア・アフリカ美術展**』を開催した後、58年からやはり国内のものを中心として中国の古美術品の展覧会を連続して開催した。しかし日経としては「『ザ・ファミリー・オブ・マン展』に続く外国展として、諸外国の超一流の美術品の展観が強い念願(6)」であり、そこで手掛けたのがアジアの国々の展覧会で、各国の政府や国立博物館と交渉し、百貨店において『**タイ古代美術展**』、『**アフガニスタン古代美術展**』、東京国立博物館において『**インド古代美術展**』と、美術的にも歴史的にも貴重な一級品を招来し古代美術展を連続して開催した。

毎日も海外の古代美術・文化展に関してはアジアのものが中心で、1957年の『**アジアの仏像と民芸展**』を手始めに、『**中国敦煌芸術展**』、『**トルコ古代美術展**』、『**パキスタン古代文化展**』、『**カンボジア王国秘宝展**』を開催した。

そして、朝日はイラク、イランに、読売はインカに力を入れた。

朝日は、56年から始まる東京大学の〝イラク、イラン発掘調査〟を支援していた。この事業は考古学のみならず、美術史学、人類学ほか周辺科学も含む総合的な調査で、東大だけでなく他大学、博物館も参加し当時の関係学会の総力をあげての取組みであった。東大の江上波夫教授を団長とする調査は56年の派遣を皮切りに65年まで5回にわたって実施され、これを第I期としてその後も継続した[7]。

こうした関係もあったためか、朝日はイラク、イラン関係の展覧会の多くを主催、後援した。まず58年のイランのパーレビ国王の訪日を機に、戦後世界における最大のペルシャ美術展と銘打って東京国立博物館で**『ペルシャ美術展』**を開催した[8]。これにあわせて日本橋白木屋では、**『イラン展』**が、日本橋三越では**『イラク・イラン発掘展』**が開催された。この『発掘展』は、東京大学イラク・イラン調査団が1956年9月から約10カ月間、イラク、イラン、シリア、レバノン、ヨルダンの5カ国で古代遺跡を調査し、発掘・収集したものを初公開するものであった[9]。展示品は学術的にも美術的にも価値あるもので、それらは調査団が現地から持ち帰ったものであるが、当時はまだイラク、イラン両政府とも出土遺物の半分は調査団が自国へ持ち帰ることを認めていた[10]。その後、調査団の報告展を含め、イラン関係の展覧会として、**『ペルシャ遺宝展』**、**『シルクロードの遺跡　古代イラン展』**、**『ペルシャ美術展』**が開催された。

一方、読売は59年、60年に大阪市立美術館との協力により、**『ローマ古代美術展』**、**『ギリシア芸術展』**を開催したが、読売の古代文明展の特徴と言えばやはり〝インカ〟である。

東京大学に文化人類学教室が発足したのは54年であるが、創設者の石田英一郎教授、泉靖一助教授は、江上波夫教授らとともに新旧両大陸における文明起源の比較研究というプロジェクトを発足させた。旧大陸は先に述べたメソポタミア（イラク、イラン）、新大陸はアンデスを手掛けることになった。アンデスの調査事業には読売新聞社が後援につき、第一次調査団は１９５８年に現地に入った[11]。

読売は報告展ではなく調査団が出発する前の58年5月に『**インカ帝国文化展**』を開催した[12]。展覧会について、岡本太郎は「近ごろこんなにうたれた展覧会はなかった。魂の底からゆり動かされ、ぼうぜんとしてしまった[13]」と絶賛した。

翌年、調査報告展として『**アンデス遺跡展**』があった。東大の調査団は次いで60年からプレ・インカの遺跡であるコトシュ神殿の発掘調査に取組み、読売は日本テレビとともに引き続きアンデスの調査を支援した[14]。こうした事業を通じて読売はペルーとの関係を深め、61年のペルーの大統領来日の時にはペルーの貴重な文化財であるインカの黄金古美術品を日本で初公開する『**インカ帝国黄金展**』を開催した。コトシュは60年と63年に発掘調査がなされ、『**コトシュ神殿秘宝展**』でその成果を示した。

◉60年代以降の文化遺産、古代文明の展覧会

新聞各社の企画による海外の文化遺産の展覧会は、60年代になるとますます盛んに開催されるようになる。それは教科書に載るような著名な古代文明ばかりでなく、古代文明以前の先史時代の発掘の成果や、原始・古代からの伝統や生活を今に伝える〝未開〟、〝辺境〟の地も紹介されるようになった。前章で紹介した学術調査に加え、調査以外のものでも、比較的ローカルな地域の文化遺産も次々にとりあげられるようになり、世界各地の多様な文化が百貨店を会場に紹介されるようになった。表4－2は60～70年代の海外の文化、文明展をまとめたものだが、アフリカ、オセアニア、その他の地域への広がりをみると、日本人の貪欲な好奇心には果てしがないとも思われる。

しかし、好奇心の発露も政治環境で滞ることもある。日本に近い外国である東アジア諸国からの出品を得た展覧会は数少なかった。［表4−3］

中国に関しては、65年ころまでは日本中国文化交流協会が関与した展覧会が数本開催されていたが、60年代後半になると文化大革命のためか中国からの出品による展覧会は途絶えた。しかし、72年に日中国交回復がなされると翌年早々から再開され、総合的な文化遺産の展覧会としては国交正常化記念として73年に東京国立博物館で『中華人民共和国出土文物展』が開催された。この後、中国から歴史的な文物を招来しての展覧会は、その長い歴史と広大な国土により題材にはことかかず、新たな展覧会コンテンツとして百貨店に限らず国公立、私立の美術館・博物館などで、また新聞各社も力を入れ、頻繁に行われるようになった。

韓国の展覧会は長らく日本にある高麗・李朝の陶磁器によるものがほとんどで、国交を回復した65年以降も韓国からの出品による展覧会は少なく、国立博物館レベルで貴重な文化財を紹介する展覧会は、国交回復10年後の76年にようやく東博で『韓国美術五千年展』が開催された。

こうした日本人の貪欲な好奇心に応えるべく、海外の古代文明や文化遺産の展覧会は盛んに行われ、それは百貨店展覧会の一つの柱ともなっていた。それらは地域的にも広がりをもち、日本から遠く離れた地のものも取り上げられていたことはここに述べた通りである。国際交流の第一歩は文化かスポーツであると言うが、百貨店の展覧会は様々な国や地域に対する日本人の理解や共感に貢献していた。

またイラク、イランやインカだけでなく、前章で紹介した学術調査の展覧会も含め、百貨店は展覧会の企画料を負担することで金額の多寡は別にしても大学や研究機関に資金的な援助を行っていたわけで、日本の学術の発展にも寄与していたと言えよう。

さて、本節で紹介した展覧会の国や地域を改めて見てみると、アフガニスタン、パキスタン、イラクなど、今、同じような展覧会を日本で開催しようとしてもまず不可能であろう。パレスチナはどうであろうか。ダライ・ラマ秘蔵の品でチベットの展覧会［図4－1］を主催しようとする新聞社はあるだろうか。

国際的な相互理解のためにこうした展覧会も開催されたわけだが、それから半世紀たち、様々な制約のもとで展覧会による交流すらままならなくなっている国や地域もある。当時はのどかな時代であったと言えばそれまでだが、それでも困難な状況にあるとしても国と国との相互理解に文化が果たす役割を信じ、展覧会に携わる人たちがそれを地道に積み上げていくことが必要ではないだろうか。欧米の美術館・博物館の所蔵品をまるごと借用しての展覧会を企画するばかりが能ではなかろう。

図4-1 「秘境チベットのナゾをさぐる…法王ダライ・ラマの愛蔵品を初公開!!」と謳われた上野松坂屋での展覧会広告（読売新聞1967年9月26日朝刊）。

2　いけばな展

◉〝花嫁修業〟が生きていた頃

1960年の『婦人公論2月号』は、〈現代花嫁教の教祖たち〉という特集を組んでいる。[15]〝花嫁修業〟とともに〝結婚適齢期〟という言葉が生きている時代であり、〝適齢期〟の前に〝花嫁〟になるための習い事をする女性たちが爆発的に増えつつある時代だからこその特集であろう。〝花嫁修業〟は日本女性の教養とされていたいけばなや茶の湯、主婦の実技として役に立つ料理や洋裁などが一般的であった。

この頃〝適齢期〟は25歳あたりとされていたが、〝適齢期〟前の20〜24歳とその予備軍である15〜19歳の女性人口の全国の推移をみると、60年は882万4000人であったのが、わずか5年後の65年には994万6000人と100万人以上増加している。[16]また、高度経済成長により中流層にゆとりと厚みができたことも後押しとなり、こうした習い事をする若い女性たちが増え、さらに人口集中が進む大都市圏ではその増加のカーブはもっと急であったことは容易に推察できる。特にいけばなや茶の湯については、若い女性ばかりでなく、戦前に嗜み始めていたが戦争のために中断せざるを得なかった女性たちが、この時期、経済的に余裕を持った家庭の主婦となって改めて習い始めたことも、その隆盛をもたらしたと考えられる。

戦後の百貨店の展覧会の中で、いけばな展は主要なジャンルのひとつである。いけばな展には、大きく分けて家元などの個人展や流派代表の選抜展、競作展、あるいは公募展など芸術性や創造性を前面に出した〝アート〟

としての展覧会と、個々の流派の会員たちの発表展とがあり、そのいずれも百貨店でよく開催されていた。

いけばなを〝アート〟としてとらえた展覧会は、50年前後から百貨店で数多く開催されるようになった。各流派の選抜展では、**『第3回各派名流新春いけばな展』**〔渋谷東横／1950年1月4日～11日／読売新聞社〕があり、この後も読売の主催、渋谷東横が会場で毎年開催され、後に『いけばな美術展』と改称された[17]。**『第7回いけばな美術展』**〔渋谷東横／1954年2月2日～11日／読売新聞社〕の読売の社告では、「この展覧会はわが国現代のいけばなを代表する各流派を網羅した、いけばな界最大かつ最高の行事」と謳っている[18]。また、49年4月には東京都美術館で文部大臣招待の**『第1回日本花道展』**の東日本の部が開催されているが[19]、翌年には〝いけばなの日展〟を目指す公募展として、同じタイトルで**『第1回日本花道展』**〔銀座松坂屋／1950年9月29日～10月18日／文部省、日花展運営委員会／50円〕が開催された。「新人登竜の門が開かれた[20]」と記されているが、これ1回だけであったようである。

さらに、家元たちの競作展としては、**『いけばな三巨匠展』**〔銀座松坂屋／1951年 ～11月7日〕が一例であるが、これは〝前衛〟〝オブジェ〟の小原豊雲、中山文甫、勅使河原蒼風の3家元による競作で共同制作も展観された[21]。2年後にはそこに池坊が加わり**『四大宗家いけばな展』**〔日本橋髙島屋／1953年3月10日～15日／主婦之友社〕が開催された。また、家元の個人展としては作品100点による**『勅使河原蒼風展』**〔日本橋髙島屋／1953年10月15日～25日／草月会本部／100円〕、清家清が会場構成をした作品約20点による**『小原豊雲いけばな展』**〔日本橋髙島屋／1955年3月13日～20日〕などが早い例である。

そのほか百貨店においては、新聞各社の主催、後援による選抜展や公募展とともに、いけばな作家たちの個展や競作展も盛んに開催されているが、アートとしてのいけばな展の考察は別の機会にゆずり、ここでは流派の会員たちの発表展に焦点をあてて述べてみたい。

◉流派会員の発表展

流派の発表展は戦前も百貨店で開催されていたが、戦後の百貨店広告の中で最初に採録できた流派は勅使河原蒼風の草月流で、**『草月流いけばな展』**〔日本橋白木屋／1946年6月3日〜8日〕[22]が開催されている。草月流は以後の5年の間、日本橋三越、銀座松坂屋、日本橋髙島屋などを会場に〝勅使河原蒼風〟を主催者名に掲げて精力的に発表を続けていった。中には**『国際いけ花の会』**〔上野松坂屋／1947年5月14日〜20日〕のように、蒼風の指導のもと日本に駐在するアメリカ人の夫人たちの特別出品を図る[23]といった、蒼風らしい先見の明をもった取組みもなされていた。そして50年代になると小原流、池坊、その他の流派も発表展を百貨店で開催するようになり広がりを見せるようになった。

習えば発表の場がついてまわるのは習い事の理であるが、習い事それぞれの当面の目的は、お茶は〝行儀作法〟、料理は〝味〟、洋裁は〝技術〟であり、いずれもその成果は鑑賞の対象にはなりにくい。それに対して、いけばなは人に鑑賞されることを前提に作品を創りあげていくのだから、研鑽の成果の発表は展覧会として十分に成り立つ。かくして、草月、小原、池坊をはじめとする数多くの流派が膨大ないけばな人口をバックに、それぞれ家元・本部主導で百貨店を会場に会員の発表展を行い、60年代になるとさらに隆盛を迎えることになる。

ただ、ここでひとつひとつの展覧会を紹介しても、〝○○流が○○百貨店でいつ開催した〟の羅列になるだけなので、若干の出入りはあるが、日本橋髙島屋は草月流、銀座松坂屋は小原流、池坊、銀座松屋は古流の発表展をよく開催し、他の百貨店も何らかの形で流派の発表展を開催していたということを指摘するにとどめて、ではなぜいけばなの発表展が百貨店で数多く開催されるのか、そしてその仕組みはどのようなものかを述べてみたい。

いけばな各流派が百貨店で発表展を開催する理由は、百貨店の集客力、交通至便、展示ノウハウなどがあげられるが、あわせて一流の場所で開催することによる会員のモチベーションアップや自流派のイメージの維持・向上に寄与するとも考えられ、百貨店は新たな会員獲得のためのデモンストレーションの場としても有効であった。対して百貨店にとってのメリットは、やはり流派の集客力なのだが、流派が百貨店に期待する集客は会員以外がどれだけ見てくれるかにあったのに対し、百貨店が最も期待する集客の中身は、会員本人とその関係者であった。いけばなを習う層は都市部の中流以上の家庭の〝奥様〟〝お嬢様〟が多く、これは百貨店がターゲットとする顧客層に一致する。さらにそこへの来場者が出品した人だけということはまずなく、家族・親戚から友人たちなど一人の出品者に対して多数の来場は当たり前で、それらの人たちは大体出品者と同じような生活レベルにある。つまり、百貨店としてはねらいとするターゲット顧客を効率よく集客でき、しかも若い女性たちが多数集まればそれだけで百貨店館内が華やいだ雰囲気になる。そうしたことが百貨店にとってのいけばな展の魅力であった。

次に、開催にあたっての百貨店と流派の費用負担についてである（なおこれは筆者の経験や他店の担当者からの知見をもとにまとめているので、すべてに当てはまることではなく、おおよその平均的な事例ということでご理解いただきたい）。まず百貨店は主催者である流派に、通常は1週間（6日間）という会期で会場を貸すわけだが、会場使用料を頂くことはない。つまり会場は無料で貸すことになる。しかし、会場造作費、輸送費、宣伝費などその展覧会のために発生する費用は流派の負担である。新聞広告やポスターなどは、百貨店の名前で掲載・掲出するが、この費用も流派が応分の負担をする。その代わり入場料は流派の収入で、加えて流派は出品の点数や展示スペースに応じて出品する会員から出品料を徴収する。流派はこの入場料と出品料で展覧会にかかる諸々の経費を賄う。

発表展がいつから有料展覧会になったのか明確には示せないが、筆者が新聞広告などで調べた範囲では、1950年の**『草月流生花展観』**［日本橋高島屋／1950年3月／50円］が初見である。草月流は蒼風自身の個展である『勅使河原蒼風展』を有料としているが、**『第31回草月流展』**［銀座松坂屋／1955年～10月12日／勅使河原蒼風／10

0円」あたりから、発表展でも広告上で入場料を常時明示するようになっている。60年代になると草月だけでなく、小原、池坊やその他の流派も入場料を表示し有料が定着したようである。入場料を草月流でみると、55年100円、65年200円、75年500円、80年代になると800円である。この金額はどの流派もほぼ横並びであるが、百貨店の展覧会入場料としては海外美術展の大規模なものに匹敵する最高額の設定となっている。

通常の展覧会では、見に来た人はその場で入場券を買い求めて観覧するが、いけばな展では会員の事前購入がほとんどである。弟子をもつ幹部クラスは流派本部から、一般会員は自身の先生から買うことになる。本部が幹部達に購入枚数を強制的に割り当てているかどうかは詳らかではないが、幹部ともなればそれなりの枚数を引き受けなくてはと思うのは無理からぬことであり、弟子もお世話になっている先生に対しては同じ気持ちとなる。幹部、一般会員ともに購入した入場券は、知人に転売してもあるいはあげてしまっても、それはそれぞれの裁量で本部は関知しない。こうした仕組で入場券は安定的に捌けるので、本部としては高い入場料で構わないし、展覧会としてのステータス及び本部への収入のことを考慮すれば高い方が望ましいということになる。

入場料と出品料による収入を会場造作や宣伝などを派手にしてすべて展覧会のために使うか、あるいは余剰金をだして流派の収入として確保するか、言い換えると、展覧会を（会員の発表の場であることはもちろん基本だが）流派の存在を広く示すプロモーションと考えるか、収入源と考えるかは流派それぞれで一概には言えない。

さて、先に掲げた『婦人公論』の特集では、いけばなの勅使河原蒼風、茶の湯の千宗室、料理の江上トミ、洋裁の杉野芳子を批判的な視点でとりあげ、蒼風については大宅壮一が〈嫁入産業の社長〉と題して以下のように論じている。

活花は、古くから［……］日本女性に欠くべからざる教養部門とされ［……］大量の需要がある［……］需要がある以上、供給がともなわねばならない。いわば一つの産業部門である。言葉をかえていえば、〝嫁入り産業〟中の花形ということになる。その中で、〝前衛活花〟とか、〝オブジェ〟とかいう新製品を売り出して多くのファンをつくり、新しい教祖然とおさまっているのが勅使河原蒼風である。〔……〕それは〔〝ナショナル教〟の教祖である松下幸之助が……〕新型の電気冷蔵庫を市場に出すのと大してかわりはない。〔……〕永続的な搾取制度をつくり〔……〕勅使河原蒼風は、〔……〕新しい〝嫁入り産業〟の社長でもある。〔……〕社長としてとる分け前の大きいことにかけては、他の〔……〕産業のおよぶところではない。[24]

蒼風は戦前から芸術としてのいけばなを指向していたが、戦後になると〝生きた花〟以外の素材を大胆に取り入れた伝統的ないけばなとは全く異なる表現を追求し、さらにオブジェといわれる立体造形を中心に様々な創作を精力的に続けていた。[25]その活動はいけばな界だけにとどまらず、岡本太郎や土門拳、丹下健三など広く前衛と称される芸術家たちとも交流を結び、[26]またアンフォルメルの運動にも参加して、50〜60年代の現代美術界においても存在感を示していた。

ここで紹介した大宅壮一の論評が全面的に正しいとは思わないが、強烈な個性をもって何かと世の中に派手な話題を提供する蒼風の多彩な活動に、批判を招きよせるものがあったのも事実であろう。しかし、弟子や会員は別に強制されてのことではなく様々な満足と引き換えにお金を出しているのだから、一方的な搾取と言うのも首肯しかねる。こうした展覧会のありようも、膨大ないけばな人口があればこそで、草月に限らず流派、会員、百貨店と三方みなハッピーという時代でもあった。

蒼風はアンフォルメルの運動に対しては、単に作品を提供するだけでなくパトロン的な役割も果たしていた。また、58年に始動した草月アートセンターは、武満徹、横尾忠則、谷川俊太郎、勅使河原宏をはじめ絵画、音楽、文学、映画などあらゆる表現様式の先端を走る若き才能たちが集い、ジョン・ケージをはじめ海外の現代芸術家達にも創造と発表の場を提供し、60年代の前衛芸術の震源地であった。[27] ここにも蒼風は多額の資金をふりむけ、「父は会計担当者から責められることがしばしばだったようで、［……］何しろ赤字は膨大だった。しかし蒼風は非常に忍耐強く支援を続けた」[28] と勅使河原宏は記している。

日本の前衛芸術に一時代を画し、また後年日本の様々な芸術分野で優れた作品を生み出した人たちを育てたことを考えれば、草月の会員たちが出したお金も決して無駄ではなかったと言えよう。

（1）『昭和史　下』中村隆英［2012年8月／東洋経済新報社］〈第6章「もはや戦後ではない」〉による
（2）『昭和史　下』（前掲）674頁
（3）『昭和39年百貨店統計年報』［1965年4月／日本百貨店協会］、数値も『同年報』〈統計表〉から抜粋
（4）『戦後美術展略史1945─1990』浅野徹一郎（前掲）99～100頁
（5）これらの展覧会の開催経緯を記したものとして、展覧会の実現に向けて奔走した朝日新聞社企画部の衣奈多喜男が著した『沈黙の使者たち』［1970年10月／新潮社］がある
（6）『日本経済新聞九十年史』［1966年12月／日本経済新聞社社長室社史編集係　編／日本経済新聞社］303頁
（7）『東京大学デジタルミュージアム［第二部コンテンツ］考古美術』松谷敏雄、西秋良宏［1997年1月／www.um.u-tokyo.ac.jp］による
（8）朝日新聞1958年5月2日夕刊、5月15日朝刊
（9）朝日新聞1958年5月18日朝刊
（10）『東京大学デジタルミュージアム［第二部コンテンツ］考古美術』松谷敏雄、西秋良宏（前掲）
（11）〈アンデス調査の歴史〉大貫良夫［『東京大学創立120周年記念　東京大学展──学問の過去・現在・未来　第二部　精神のエクスペディション』／1997年／東京大学／umdb.um.u-tokyo.ac.jp/DKankoub/Publish_db/1997Expedition/］、読売新聞1958年3月29日朝刊による

(12) 読売新聞1958年4月3日朝刊

(13) 読売新聞1958年5月9日夕刊

(14) 読売新聞1960年4月11日夕刊

(15) 『婦人公論1960年2月号』［中央公論社］126〜145頁

(16) 政府統計〈人口推計　全国年齢、男女別人口〉1960年、1965年にもとづき算出

(17) 『戦後美術展略史1945―1990』浅野敏一郎（前掲）18頁、30頁

(18) 読売新聞1954年1月31日朝刊

(19) 朝日新聞1949年3月19日

(20) 毎日新聞1950年10月5日朝刊

(21) 朝日新聞1951年11月2日朝刊

(22) 朝日新聞1946年6月3日

(23) 朝日新聞1947年5月16日

(24) 〈嫁入産業の社長　勅使河原蒼風〉大宅壮一［『婦人公論1960年2月号』（前掲）］126〜129頁

(25) 〈勅使河原蒼風の立体造形〉藁科英也［『「草月とその時代　1945―1970」展　図録』／1998年10月／草月とその時代展実行委員会］22〜31頁による

(26) 〈嫁入産業の社長　勅使河原蒼風〉大宅壮一（前掲）129頁

(27) 『輝け60年代　＊草月アートセンターの全記録＊』［2002年11月／「草月アートセンターの記録」刊行委員会］による

(28) 〈草月と戦後日本の芸術運動〉勅使河原宏［『草月とその時代　1945―1970』（前掲）］8〜9頁

第5章 高度経済成長の波にのり
――1965～69年（昭和40～44年）

◉相次ぐ百貨店の新・増築

東京オリンピック翌年の65年は、山一證券の経営危機に象徴されるように不況が深刻化したが、その年の末から景気は上向き70年まで続く戦後最長の好況である〝イザナギ景気〟が始まった。69年の百貨店統計年報によると、この大型景気を反映して全国百貨店売上高は66年以降4年続けて前年の上昇率を上回り、69年は前年より17・2％（新規加入店分調整後）増加した。また、全国の小売市場、消費市場における百貨店のシェアは、それぞれ62年から66年までの間微減したが、68年以降は再上昇の傾向にあり、これは「百貨店が〝高級化・専門化・ファッション化〟の比重を高めつつある成果」とし、スーパーは両市場での伸び率で百貨店を上回っているもののシェアはまだ百貨店に及んでいないと分析している(1)。

東京都心に目を向けると、オリンピックに向けて高速道路の建設、幹線道路の拡幅、競技場やホテルといった様々な建造物の新築などにより、都心の街並みは大きく変貌を遂げたが、オリンピック後もその動きはとまらなかった。特に人口が膨れ上がる東京西郊、神奈川、埼玉と都心との結節点である新宿、渋谷、池袋は〝イザナギ景気〟の好況のもとで、60年代前半に引き続き百貨店をはじめとする大規模商業ビルが次々に新築、増改築され、また駅周辺では都電路線の廃止・撤去によるロータリーや道路の整備で再開発も進み、駅を基点とした商業集積が拡大した。いずれのターミナルも昼も夜も人があふれかえる街となり、副都心という呼称が定着していった。

62年に小田急百貨店が、64年には京王百貨店がオープンしていた新宿駅西口では、67年に小田急が駅の真上に新たな店舗を増築し、日本最大の面積（営業面積5万4000㎡）を誇る百貨店となった。[2] これに対して東口では、68年に伊勢丹がこれまでの店舗の隣に新たに〝男の新館〟をオープンして小田急にせまる売場面積を確保し、[3] 新宿は三越も加えて4百貨店が競合する百貨店激戦区となった。また、それに先立つ64年には東口の駅真上に専門店ビルである新宿ステーションビルが開業するなど、駅周辺は日本有数の商業集積の地域となった。

渋谷では67年に駅から500mほど離れた小学校跡地に東急百貨店本店が新たにオープンし、従来の東横百貨店は東急百貨店東横店と名称を変え、ふたつの東急百貨店の体制となった。しかし、翌年にはこの東急の牙城に西武百貨店が進出した。西武はさらに渋谷区役所方向に街の再開発を進めて73年には渋谷パルコをオープンさせ、以前はうらさびれていた区役所通りも、〝公園通り〟とお洒落な名称に変わり若者の街渋谷を代表するゾーンとなった。

池袋では、62年に駅西口に東武百貨店が開店した後、面積狭隘で店舗の改装もままならず売上が低迷していた池袋東横が64年に閉店し建物は東武の別館となった。池袋も新宿と同様に、東武、西武、三越、丸物の4百貨店がしのぎを削る百貨店激戦区ではあったが、街全体としては「［駅東側の］拘置所跡地、［西側の］学芸大跡地の再開発がなされないままで、［……］副都心としての新宿の急成長、渋谷の台頭という事態」で地域間競争にも後れをとりはじめていた。しかし、69年に池袋丸物が経営不振に陥って閉店した後、西武百貨店がその建物を引き取り、そこは若い女性客をターゲットとし、〝センスと個性〟をキャッチフレーズに有名専門店170店を集めたこれまでにないファッション専門店ビル〝パルコ〟となってオープンした。また西口の東武は、71年に旧東横を取壊して建設していた地上15階の新館が完成したことにより、従来の4倍弱の4万6000㎡という都内第6位の売場面積をもつ百貨店となった(4)。

その他の地区でも百貨店の増改築は相次ぎ、69年当時はまだ郊外であった世田谷区の二子玉川に玉川髙島屋が新たにオープンした。こうして東京23区内の百貨店は、65年から69年の5年間で店舗数は3店舗増、売場面積は1・28倍、売上高は1・76倍と規模を拡大していった(5)。なお、67年の東急本店のオープンにあわせて、既に東横百貨店と合併していた日本橋白木屋は東急百貨店日本橋店と改称し、300年の伝統をもつ白木屋の名が日本橋から消えることとなった。

1　新たにオープンした百貨店の展覧会

◉百貨店は展覧会をやるのが当たり前

これまで実績のある百貨店に加えて、60年代に新規オープンした店も頻度や規模の違いはあるものの、それぞれ文化的な催し物を積極的に行っていた。

62年開店の池袋東武は、オープン記念で『**根津美術館展**』〔5月29日〜6月17日／根津美術館／無料／後援　朝日新聞社〕を開催した後、年に1〜2回程度の展覧会開催であったが、65年以降は本数も増えて定期的に開催するようになった。

新宿京王は、**『「生誕百年記念　二葉亭四迷展」』**〔64年12月11日〜16日／日本近代文学館、朝日新聞社／無料〕を開店1カ月後に開催した。同店は大規模な展覧会を行うことはそれほど多くはなかったが中〜小規模の展覧会をコンスタントに行っていた。

渋谷東急本店では67年の開店後、**『五島美術館名品展』**〔11月1日〜15日／五島美術館、日本経済新聞社／無料〕、**『岡鹿之助展』**〔11月17日〜29日／毎日新聞社／無料〕、**『エコール・ド・パリを中心とした　フランス近代絵画展』**〔12月1日〜30日／朝日新聞社／２００円〕と2カ月の間に、立て続けに3本の美術展を開催した。翌年から一旦途切れたが、増築が完成した70年10月に、国内所蔵作品とフランス、スイス、アメリカの海外作品を加え約30点を展観する**『クロード・モネ展』**〔70年10月2日〜21日／朝日新聞社／２５０円〕から展覧会を再開し、以後渋谷東急の文化的な催し物は主に本店を会場として定期的に行われるようになった。

渋谷西武の最初の展覧会は、**『モジリアニ名作展』**〔68年5月3日〜6月19日〕で、以後日本で人気の印象派以降のフランスの近現代美術展の開催を特色としていたが、それだけでなく表5−1の通り、様々なジャンルの展覧会を行っていた。

67年11月に全館開業をした新宿小田急は、百貨店では初めて文化的な催し物の常設会場となる〝文化大催物場〟を本館11階に設けた。新宿小田急はそれ以前の62年に現在のハルクで開業した当初から、「地域内〔商圏となる新宿・中野・杉並・世田谷・目黒〕の文化的発展に積極的に貢献するという姿勢を標榜し」、例えば開店の年から翌年にかけて、地域密着、沿線密着となる**『新宿を描く作品展』**、**『神奈川の行楽展』**、**『ＳＮＳ展（新宿・中野・杉並の美術担当教諭の美術展）』**といった催し物を行っていた。[6] 新興のターミナル百貨店が、全国的な知名度や顧客の厚みではるかに勝る老舗百貨店に対抗していくためには、まず鉄道業の強みである地域、沿線に軸足をおいて挑んでいこうという姿勢の現れであろう。その一方で、広く一般を対象にした文化的な催し物も幅広いジャンルで年に何本か開催していた［表5−2］。新店舗の増築では、当時とすれば高層の14階建てで計画されたが、国内外の百貨店において9階以上の高層階を売場として使用している例がなかったことから、百貨店の〝補完機能〟として飲食と文化を中心に構成されることになり、〝文化大催物場〟の誕生となった。[7] オープンの展覧会は**『近代日本の夜明け展』**［67年11月23日〜12月12日／朝日新聞社／100円］で、日本の近代化に大きな役割を果した江戸時代の先覚者たち、渡辺崋山、杉田玄白などの著書原本、遺品、作品を中心に重要文化財を含む歴史的な史料約300点を展観するものであった[8]［図5−1］。この展覧会について大佛次郎は、「近頃にない意義もあり立派に整った展覧会」[9]と新聞紙上でその内容を絶賛した。以降この専用会場で年間10数本の展覧会をジャンルにこだわらず定期的に開催し、73年には会場名を〝小田急グランドギャラリー〟と改称した。

こうして百貨店の展覧会はますます多様な展開を示す

図5−1 百貨店では初めて常設の展示会場を擁した新宿小田急百貨店のオープニング展示『近代日本の夜明け展』広告（朝日新聞 1967年11月25日夕刊）。

ことになるが、ここで百貨店ではないが、同時期に新宿に開業した大規模商業施設である新宿ステーションビル（現在のルミネエスト新宿）で行われていた展覧会にふれておきたい。

新宿ステーションビルは、64年に〝新宿民衆駅ビル〟という名称でテナント250店の専門店ビルとしてオープンし、開業をしてから67年までの間は定期的に展覧会を開催していた。採録できた展覧会は表5-3の通りで、百貨店の展覧会と変わりないものが開催されていた。

専門店ビルはビルのオーナー企業がファッションなどの小売やサービス・飲食業の店舗（テナント）を集めて運営する業態で、そこを管理運営する会社と各テナントは別会社である。したがって、広告・宣伝などのプロモーションについては、テナント独自のものはテナントが自らの責任と費用で行い、ビル全体のプロモーションは管理運営会社が企画立案をする。そこにかかる費用は管理運営会社が自ら負担する場合もあるが、多くは各テナントが管理運営会社に供託しているプロモーション費で賄う。いずれにしても企画を提案するにあたっては各テナントの意向は無視できず、各テナントの了承のもとに進めていくことになる。当然テナントとしては集客や売上で自分のところへの波及効果が期待できるものを求め、管理運営会社がビル全体のプロモーションとして展覧会を企画しても、各テナントが自分のところにもその効果がおよんでいると実感できていないと提案はなかなか受け入れられない。新宿ステーションビルが、開催頻度は少ないながらも展覧会を定期的に続けることができたのも、展覧会が集客に効果ありということにリアリティがあった時代だからこそであろう。

◉展覧会の隆盛と百貨店

戦後の日本の美術の〈大衆化〉現象のひとつとして、内外の美術を対象とした各種展覧会活動の隆盛が指摘されていることは既に紹介した通りである。(10) 本書で紹介してきた展覧会の様相をみても、50〜60年代は、美術展に限らず様々なテーマで行われていた展覧会に対する人々の関心は高く、企画側も会場側も、それなりの企画の展覧会は観衆が集まるのが当然と考えていたと思われる。

67年の朝日に、〈入場者さっぱり　東京タワーの文学展〉という記事がある。[11]内容は、同年4月に目黒区駒場に開館する日本近代文学館が、開館の告知と運営資金の一助のために東京タワーの一画で**『明治百年――社会と文学の歩み展』**を開催したが、1日平均1万人が訪れる東京タワーの中で、内容も悪くないにもかかわらず入場者が1日4～5人という日も珍しくなく、「あてがはずれた　文士の商法」と結んでいる。ここで注目されるのは展覧会の不入りがニュースになっている点で、それが極めて珍しい出来事と捉えられていたことが窺える。

旺盛な展覧会の需要に応え、その隆盛の一翼を担っていたのが百貨店であったことは間違いない。

やや前の記録であるが、57年の『芸術新潮』には、百貨店では様々なジャンルの展覧会が開催され、いずれも多数の観客を集めていて、「すさまじい攻勢をみせるデパートの展覧会、博物館や美術館はたじたじというところ[12]」と朝日の記者が寄稿している。また、61年には美術評論家の河北倫明が〈デパート美術展時代〉という一文を朝日に寄せ、「近来ますます隆盛をきわめるものに、デパートで行われる美術展がある。古美術、新美術を問わず、内外を問わず、小さな個展から大企画展にいたるまで、有力各デパートで行われる美術展の数はおびただしい。［……］先日、某デパートでひらかれた宗達展などは二週間で数万の観衆を数えたというがあんなことは美術館ではあり得ない[13]」と記している。

筆者が新宿小田急で展覧会の仕事に携わったのは80年代であるが、新聞社や他の百貨店の先輩諸氏からは、60年代には展覧会がコンスタントに集客していたことはよく聞かされていた。67年の〝文化大催物場〟オープン以降の新宿小田急の展覧会記録[14]をみても、1日平均3000人以上の展覧会は特に珍しいものではなく、その時期の文化催事の担当者の談では、展覧会の初日を迎える時にまず考えることは入場者のさばきであったという。

展覧会によって一定の集客が確実に見込めたからこそ、百貨店はそれを頻繁に開催し、テナントの集合体である新宿ステーションビルもプロモーションのひとつとして定期的に実施していたと考えられる。

また、当時の展覧会を取り巻く状況を施設・設備やお金の面から見てみると、百貨店が会場となるのも当然であった。まず、展覧会の需要に比してその会場となり得る施設の数は圧倒的に少なかった。最も需要が多い美術展でも、特定の美術分野にこだわらずに企画を持ち込め、なおかつ適切な展示スペースが確保できたのは、都内の博物館・美術館でいえば東京国立博物館（以下東博）ほか数館しかなかった。その他の歴史展・考古展でいえば歴史博物館、科学展でいえば科学博物館、あるいは文学展でいえば文学館であるが、それらの施設数も乏しく、交通便利な場所でそれなりの面積を有しなおかつ様々な分野の企画に柔軟に対応できる会場は百貨店しかなかった。

次にお金の問題である。東博を例にとると、第2章の〝古美術展の隆盛〟でも紹介した通り、その運営費・事業費予算は乏しいものであった。これは設備にかけるお金の面でも同様で、「1961年当時の東博には空調システムがないため温湿度管理ができず、フランス美術展の時はガラスケースの中に調湿剤をいれるという原始的な方法をとった[15]」とあり、また、戦時中からストップしていた陳列室の冷暖房設備がようやく入ったのは東京オリンピックのおかげで、来日する海外の人々を想定して大会期間中に開催された『**日本古美術展**』の時であり[16]、翌年の『**ツタンカーメン展**』の時でも経費の関係で終日等温等湿はむずかしい[17]と記録されている。百貨店では50年代には夏の〝冷房〟が広告アピールになるほど早くに全館の空調を整えていて、展示環境の面ではそれが専門の東博に勝っていた。日本を代表する博物館である東博でこの程度のお金のかけ方であれば、他の国公立の博物館、美術館は推して知るべしであろう。また、先に挙げた〈デパート美術展時代〉では、「デパートは貧弱な日本の諸美術館とは比較にならぬ宣伝用事業費によって、［……］美術館以上に種々の企画を実現し［……］デパートの吸引力をつくる有力な一環として行われる以上、各デパートはあれこれと企画を競い、宣伝にも力をいれる」と指摘している。加えて、百貨店は有力な展覧会であれば、著名デザイナーや建築家などに会場構成を依頼することも多く、ここへのお金のかけ方でも〝諸美術館〟を凌駕していた。

百貨店に限らず商業施設においては、いつの時代でも集客は大命題であるが、百貨店は旺盛な展覧会需要に応えることで集客を図り、また応えることを可能にする資金とスペースとノウハウを有していた。こうして百貨店は、新たに誕生した店も含め展覧会に力を入れて取組み、新聞社など展覧会を企画する側も百貨店に対して積極的に事業提案を行っていった。

2　海外フェア——気がつけば世界第二位の経済大国

◉晴海で開かれた英国博覧会

65年9月17日から17日間、東京・晴海の国際見本市会場で『英国博覧会』が開催された。戦後、西欧の国が日本で開く博覧会としては最大規模のもので、英国政府の強力なバックアップのもと出品総額100億円、「原子力からウイスキーまで」と銘打って500社以上のイギリスの商社が参加し、商務大臣や財界人350人以上が来日してイギリス製品のPRと売り込みに努めた。会場内には、原子力、航空機、自動車、産業機械、毛織物などの展示とともに、英国の歩みを示す展覧会も大々的に開催された(18)。

都内百貨店は英国博協賛として、関連する売場で英国直輸入商品のコーナーを設けたが、中でも力をいれて取り組んだのが日本橋三越と池袋西武であった。

日本橋三越では全館で協賛売出しを展開するほか、催物場では英国製品の販売にあわせて、ザ・タイムズの150年前からの日本関係の記事や16〜19世紀の宮廷貴婦人の衣裳などを展観する**『日英修好100年 英国博覧会協賛 英国展』**〔65年9月14日〜19日／ザ・タイムズ、朝日新聞社／無料〕を開催し、英国博のために来日していたスコットランド軍楽隊の演奏もイベントとして行われた[19]。

池袋西武はやはり各売場で英国製品を展開し、催物場では、小泉八雲（ラフカディオ・ハーン）の父が英国人である、というやや無理筋ともいえる関連付けではあるが、八雲の書斎の復元と遺品、「怪談」などの原稿、書籍、論文などによる**『小泉八雲展』**〔65年9月18日〜29日／日本経済新聞社／無料〕を開催した[20]。あわせて、ロンドン名物の2階建てバスを持ってきて博覧会開催中池袋—晴海会場間を1日2往復走らせ、これは日本で初めての運行ということもあり大人気を博した[21]。

敗戦後、厳しい為替管理により外国製品の輸入・販売など全くできなかった時期を経て、日本が貿易・為替の自由化に踏み切ったのは、東京オリンピックの年であった。その翌年には、こうして各百貨店は博覧会にあわせて英国製品売出しの催事を行い、以後、海外の製品を集中的に販売していくための海外フェアは各店において活発に開催されるようになった。

三越を始めとする百貨店は、明治から大正にかけて比較的早くから輸入品を取り扱っていた[22]。特に意識されたのは西欧のもので、大正に入ると三越は、「モデル・ルーム形式の家具売場という形をとって〔……〕イギリス風、フランス風、ウィーン風、クラシックからモダンにいたるまで」を体験できる場を店を訪れる人に提供するようになった[23]。これは三越に限らず、生活の洋風化を積極的に提案し続ける他の百貨店も同様であった。百貨店業界は、輸入も含む〝諸外国との商品交流の事業〟は〝使命〟と捉えていて[24]、戦争のために諸外国との交流が遮断されていた時期はともかくも、戦後の混乱が収まり諸条件が整っていけば再開に進んでいくのもごく自然の成り行きであった。

◉輸入品も文化で売る

海外製品による総合的な生活提案の展覧会として、**『パリ＝1955年芸術の新しい総合への提案 ル・コルビュジェ、レジェ、ペリアン三人展』**〔日本橋髙島屋／55年4月1日〜10日／産業経済新聞社、髙島屋／100円〕は、戦後最初のものと言ってもよい。

ル・コルビュジェは世界的建築家で、日本では後に世界文化遺産にもなった国立西洋美術館の設計で知られるようになる。レジェは絵画だけでなく舞台装置ほか多彩な創作活動を続けるフランスの芸術家、ペリアンはル・コルビュジェに師事し戦前髙島屋において自身の作品の展覧会を開催したこともあるインテリア・デザイナーである。展覧会はペリアンを中心とした「芸術を生活にとけこますべく相協力した3人展」で、ペリアンがデザインした家具、調度品など百数十点と、コルビジェの油絵、タペストリー10点、レジェの油絵、タペストリー、レリーフ28点などを、300坪の会場に500万円の費用を投じて、当時の日本の建築界の第一人者である坂倉準三が協力し、応接間、食堂、居間、寝室、書斎の5室のモデル・ルームに仕立てて構成された[25]。「パリの近代文化生活を再現する総合展覧会[26]」とはいえ、これがすぐに商品として日本人の住生活に取り入れられるものではなかったと思われるが、「建築家やデザイナーを目指す若い人達に強い刺激を与えた[27]」と指摘されている。

ちなみに、この展覧会の広告と同じ日の朝日に掲載された三菱信託銀行の小住宅販売の不動産広告をみると、「目黒駅15分、土地34坪、平屋建物20坪、日当たり良好、築4年、110万円」とある[28]。現在とは不動産市場の状況は全く異なるとはいえ、髙島屋は戸建ての家を何件か買えるだけのお金を、わずか10日間で消えてしまう展覧会の会場造作に投じていたことになる。展覧会にかける費用が、国公立の美術館・博物館とは桁違いであったことがよくわかる例である。

この『三人展』は見せるための展覧会であったが、厳しい為替管理制度が敷かれていたこの時代、販売を目的として海外から製品を輸入して大規模なフェアを開催することは、まず不可能であった。

そうした状況下、通産省は、「昭和31（1956）年度より海外ニュー・デザインの研究による輸出振興を目的として、わが国百貨店が欧州諸国の百貨店と提携して、双方のデザイン研究に資する商品を等額に交換し、これを当事者の店舗に展示した後販売することができるという外国百貨店との商品交換展示制度を実施した」。目的が輸出振興のために海外の優れたデザインの商品の研究にあるとはいえ、難しい西欧からの輸入品の販売を国からのお墨付きでできる機会となれば、「大都市百貨店を中心として本制度に異常な関心が示され」とある通り、各百貨店がそれに飛びついていくのは当然のことである。56年から58年にかけて、フランス、イタリア、スウェーデン、デンマーク、フィンランド各国の百貨店と、三越、髙島屋、松坂屋、白木屋、大丸とがそれぞれ提携して、家具・調度品、装身具、服飾品など様々な輸入品を展示即売しいずれも好評であった。(29)

地方の名産や名物を販売する物産展は戦前から百貨店の主要な催し物であるが、そこでその地ゆかりの文化財や歴史的な史料・人物、歌舞音曲などを展示、紹介することはよく行われていた。物産展などの催し物を企画するにあたり、ただ販売をするだけでなく何らかのエンターテインメントを行ってお客様に楽しんでいただき、あわせて全店の集客も図ろうと考えるのは百貨店人にとっては当たり前の発想で、〝文化〟をその手段とするのも珍しくはなかった。後年、海外フェアは百貨店の定番催事となるが、それを物産展の海外版ととらえれば、〝文化〟によって賑やかしを図ることはごく自然なことである。

日本橋三越は、この交換販売においてはイタリア直輸入のアクセサリー、ハンドバッグ、ガラス器などを展示即売するとともに、ローマの国立博物館、美術館、寺院から、古代から近現代までの彫刻、絵画、工芸品などで構成された『**日伊交換　ローマ展**』［58年6月17日〜29日／読売新聞社／無料］を開催した。この交換商品のための外貨割当額は1万ドル[31]（当時のレートで360万円）程度であったことから考えると、イタリア商品で稼ごうというよりも、めったにないイタリア直輸入品の取扱いを機に大型の海外展を組んで盛り上げを図り、店全体にも集客をしようという意図もあったと推測される。

海外旅行の自由化は64年、日本橋三越はこれにあわせて初めて海外旅行をする人のためにトラベルコーナーを開設[32]、JALパックの登場は65年1月、日本橋髙島屋も新たにトラベルコーナーを設けて海外旅行コンサルタントを置いたのが同年9月[33]、荒野をめざした青年がシベリア鉄道にのってモスクワに行ったのも65年[34]、農協が月へ行ったのは73年[35]、老いも若きも海外の見聞が珍しいことでなくなるのは瞬く間であった。海外を直接肌で経験してきた日本人が増えてきたことで、伝統や文化に裏打ちされた物語性をもつ商品や優れた技術から生みだされるこだわりの製品、あるいは日本にはない珍しい食品や工芸品などが広く人々に知られるようになった。しかし、それらを身近に誰もが簡単に手に入れられるようになるのはまだ先のことで、舶来品のステータスや新奇なものを持つ喜びを求める人々の欲求に百貨店は積極的に応えていった。

64年に貿易・為替が自由化された直後は催物場での比較的小規模であった海外フェアも、冒頭に述べた英国博協賛を経て、その後各百貨店で開催された主な海外フェアでは、フェアとの相乗効果をねらいとした展覧会の企画、あるいは展覧会にあわせてフェアを組むなど、海外フェアは全店規模の大がかりなものが多くなっていった［表5-4］。取り上げる国々はヨーロッパが主流ではあるが、オーストラリア、イスラエル、南アフリカ、メキシコ、中国など地域の広がりもみせるようになってきた。そして、気がつけば自由主義世界第2位の経済大国となっていた67年頃には、元売場でも欧米をはじめとした世界各地の直輸入商品の取り扱いは日常的なものになって

図 5-2　1969 年の英国フェア関連展覧会

展覧会名	会期	会場	主催	入場料
伝統に輝く世界の名門 オックスフォード・ ケンブリッジ大学展	9/23 ～ 9/28	上野松坂屋	英国政府、 毎日新聞社	無料
現代英国の若い写真家たち展	9/23 ～ 9/28	日本橋高島屋	英国政府 （後援：日本経済新聞社）	
今日の英国展	?/? ～ 10/1	日本橋東急		
人間チャーチル展	9/23 ～ 10/5	新宿伊勢丹	英国政府、毎日新聞社	無料
華麗なる栄光と征服への道 エリザベス女王朝展	9/23 ～ 10/7	池袋西武	英国政府、毎日新聞社	無料
ロンドン展 シティの財宝と伝統	9/? ～ 10/5	日本橋三越	英国政府、読売新聞社	
英国現代絵画展	?/? ～ 10/5	日本橋三越		
ロールスロイス展	9/26 ～ ?/?	八重洲口大丸	英国政府、読売新聞社	
大シェークスピア展	9/26 ～ 10/7	新宿京王	英国政府 （後援：朝日新聞社）	無料
小田急英国フェア '69 これが英国史展	9/26 ～ 10/7	新宿小田急	英国政府、毎日新聞社	無料
伝統と発展の英国展	9/26 ～ 10/5	日本武道館	英国政府、朝日新聞社	200

いった。中元・歳暮の新聞広告にはスコッチ・ウィスキーなどの輸入商品がお勧め商品のひとつとして普通に掲載されるようになり、新宿伊勢丹では、バーバリー、ダンヒル、オースチンリード、フィンテックスなどイギリス製品といえば日本人が必ず思い浮かべる〝ブランド〟に着目した『'68英国ブランド・フェア』[36]も開催されるようにもなった。

69年9月26日から10月5日までの間、日英両国の親善および貿易関係を増進することを目的に、英国商務省と在日英国大使館の主催により東京で『英国フェア』が開催された[37]。

フェアの中心行事として日本武道館で『伝統と発展の英国展』が開催され、日英関係の歴史資料、産業デザイン、発明品などが展観された[38]。一方都内の百貨店では、13の百貨店がフェアの協賛に入り、その取組みは前回をはるかに凌ぐものであった。

時あたかも〝イザナギ景気〟の真っただ中、新聞は「在日英国大使館も飛行機代と滞在費の半額もちで仕入れ渡航を奨励した。これを利用して渡英したデパートマンは〔……〕30数人にのぼった。一店当たりの買入額は二億、五億、八億円……まさに札束仕入の観がある。まさに札束仕入の観があった」と報じ[39]、これを盛り上げるための展覧会も、テーマは様々であるが各店横並びで開催された〔図5–2〕。また、同じ記事中には、「その国の展覧会と商品売出しをいっしょにやると、人がはいって人気が出る」と百貨店業界の消息筋の談ものせているが、この後の70年代以降も海外フェアの賑やかしとしての展覧会は各店で盛んに開催されていた。

3　グラフィックと広告デザインの展覧会

◉グラフィックデザイン界の新たな才能

『グラフィックデザイン展〈ペルソナ〉』〔銀座松屋／65年11月12日〜17日〕は、デザイン関係の展覧会では実績のある銀座松屋が亀倉雄策からの打診を受けて実現した展覧会である。内容は日本宣伝美術会（通称　日宣美）の若手11人（粟津潔、福田繁雄、細谷巖、片山利弘、勝井三雄、木村恒久、永井一正、田中一光、宇野亜喜良、和田誠、横尾忠則）の、いずれも実力を高く評価されている新鋭デザイナーたちによるグループ展であった。それぞれがここ数年間の作品を出品し、亀倉雄策、ポール・デービスなどが協賛出品をした[40]。「11人がそれぞれ独自の試みを示している点、この発表に新鮮な活力が感じられる[41]」と論評する朝日をはじめ新聞各紙に大きく取り上げられ予想をはるかに上回る観客を集めた[42]。展覧会終了後、クリエイティブディレクターの梶祐輔は「エキサイティングな展覧会、［……］これだけの芸術的事件には、そうたびたびめぐりあうことはできないだろう[43]」と称賛している。

グラフィックデザインと広告デザインはイコールではないが、グラフィックデザインの出発点が広告と密接な関係にあったことも事実である。商品や企業の広告が一般的になっていった戦前、広告を含めた商業関係のデザインは〝商業美術〟と分類され、制作者たちは〝図案家〟あるいは〝商業美術家〟と呼ばれていわゆる〝純粋美術〟からは一段低いものとみなされていた。日宣美は、格下とみられていた〝商業美術〟のデザインとデザイナーの社会的地位の確立などを目的として、戦前から広告をはじめとする印刷美術の世界で活動を続けてきた亀倉雄策、山名文夫などにより、東京地区のグラフィックデザイナー約70名が会員となって51年6月に設立され[44]、年を重ねるごとに日本のグラフィックデザインの進展に中心的な役割を果す存在となっていった。

『〈ペルソナ〉展』の11人はいずれも日宣美を舞台に世に出たグラフィックデザイナーで、最も若い和田、横尾は29歳、他はいずれも30代であった。そこに名を連ねた人たちをみれば、日宣美設立から15年というわずかな期間に、いかに日本のグラフィックデザイン界に豊かな才能が集まっていたかを見ることができる。彼らの創作活動は、やがてグラフィックデザイナーという枠ではとらえきれない広がりも示し、作品は多くの人々に親しまれ、支持されるものとなり後に続く創作者たちにも影響を与えた。そして広告表現を含むグラフィックデザインは、日本のアートの中でひとつのジャンルとして確立し〝市民権〟を得ていった。『〈ペルソナ〉展』は、後に「戦後デザインの歴史の中で評価は高く、［……］1960年代のデザイン界に大きなインパクトを与えた[45]」展覧会と位置づけられているが、グラフィックデザインが〝市民権〟を得ていく中での象徴的な出来事とも言えよう。

では、戦後のグラフィックデザイン界が、どのようなプロセスを経て優れた才能を輩出するようになったのかを、簡略にたどってみたい。

◉グラフィックデザインへの胎動

戦後になっても広告の担い手たちに対する一般の認知はまだまだ低かったが、そうした状況が変化し始めたのが50年代であったと指摘されている。

1950年代、それはグラフィックデザインという職能を社会が認識するための10年でした。「図案家」や「商業美術家」「宣伝美術家」が「デザイナー」となり、最初は単なる呼び名の変化だったものが、次第に内容を伴うものへと変わっていきます。割り当てられたスペースを課題にふさわしい絵と字で埋めることが中心であった付属的な仕事から、発注者と受容者を媒介するために、論理性と感性により最良の視覚表現による印刷物（＝作品）をつくるという仕事内容の変化です。(46)

敗戦後、戦時中に停滞を余儀なくされた広告の復興やその担い手たちの地位や制作レベルの向上などを目的に数々の団体が組織された。これに新聞社や広告代理店も加わり、自らの仕事のアピールや新たな才能の発掘、さらに広告全体の質の向上を目指して、47年頃から団体展、グループ展、公募展、海外の商業美術の紹介展などが多数開催され、その多くは百貨店を会場とした。

47年2月に創立された日本広告会は、「吉田秀雄（日本電報通信社）をはじめとする企業の広告人の呼びかけによって、広告の啓発を目的として結成され(47)」た。〝企業の広告人〟とは、メーカーや小売りなどの広告主、新聞社などの媒体社、それに広告代理店の実務者たちで、同会は「広告文化向上運動の一環として企画し［……］

商業美術家を鼓舞し、かつ新人の登場を促して商業美術の復興をはかり、日本広告界の技術的立遅れの克服に寄与しようとする」[48]ために、『**ニッポン・ルネサンス広告展覧会**』〔日本橋三越／1947年9月16日〜23日／日本広告会〕を開催した。

作品の募集は関東地方限定であったにもかかわらず600余点の応募があり、入場者も会期を通じて3万人を記録し、戦後三越で開かれた催し物では記録破りの動員数であったという。[49]この成功により翌年以降、日本橋三越を会場に『**日本広告会展（後、日本広告展あるいは商業ポスター展）**』のタイトルで毎年開催され地方にも巡回した。展覧会は53年の第7回展をもって「〔その〕歴史的役割は終了した」として終わりとなった。その理由のひとつとして日宣美の発足と日宣美展の開催を挙げている。[50]

その日宣美は、「宣伝美術の社会的文化的意義を啓発し宣伝美術家の職能地位を確立擁護し、生活の互助並びに親睦をはかることを目的とする」と会則にあるように、当初は〝職能団体〟として設立され、すぐに大阪ほか各地区で同様の団体が結成されて、日宣美は宣伝美術家の全国団体の母体となった。[51]

設立から3カ月後早くも日宣美として展覧会を開催する。これは、二科会が同時期に商業美術部を新設したことを意識して、二科商業美術部が標榜する「美術の立場からのデザイン」（美術に付随したデザイン）という価値観に対抗する必然性[52]とともに、「〔デザイン運動に対する〕社会の関心をより高めることになり、気運を濃厚にすることにもなる」[53]というねらいもあった。

『**第1回宣伝美術展**』〔銀座松坂屋／51年9月10日〜17日／日本宣伝美術会〕は、会員作品88点（大阪からの招待作品9点を含む）で、出品作品のほとんどがポスターであった。[54]展覧会の反響について10年後の回顧の座談会では、「われわれが思っている以上に成功」（原弘）「それまでジャーナリズムは、デザインに冷たく、問題にもしない。それが展覧会をジャーナリズムが取り上げるようになった」（亀倉雄策）と述べられている。[55]それまで全国紙に注目されることの少なかったデザイン関係者を勇気づけることになった。[56]

この後、『PR広告展』〔上野松坂屋／51年 ～11月10日／PR研究所〕や、53年にカメラマンと商業デザイナーが共同で立ち上げたグループによる『第1回グラフィック集団展』[57]〔銀座松屋／53年10月13日～18日〕、さらに「東京商業美術家協会」の『現代日本商業美術展』〔日本橋三越／54年8月10日～16日／東京商業美術家協会／無料／後援 毎日新聞社〕といったグループ展があり、新聞社による公募展として、『商業美術展』〔日本橋三越／50年8月18日～24日／毎日新聞社〕、『朝日広告賞展』〔日本橋三越／53年3月3日～8日／朝日新聞社〕も始まった。

◉日宣美の興隆と終焉

日宣美も第3回展から「広く新人を求めて世に送るために」[58]一般公募を開始した。『1953 日宣美展』〔銀座松坂屋／53年6月14日～20日／日本宣伝美術会〕では、総数677点の応募から入選121点の作品が会員作品311点とともに展観され、以後展覧会は応募入選作品と会員作品の2本立てとなった。[59]展覧会に対する批評では、「素晴らしく野心的な意気込は、会場に溢れていた〔……〕これは市民と街頭とデパートから生れる美術で」とある一方、「技術面からみると会員諸君の作品には安易な気分がありすぎる」と、後年批判の対象となる会員作品の水準の問題が既に指摘されていた。[60]

翌年には、応募点数は1000点を超え、以後年を追うごとに増加し、日宣美の公募は「デザイナーを目指す若い人たちの登竜門として不動の地位を築き、企業からも注目されるものとなり」[61]多くの優れた才能がここから巣立っていったことは先に紹介した通りである。

本来グラフィックデザインの作品は〝印刷〟という過程を経て人々の目に触れるものだが、「〔当時、新聞評で勝見勝が指摘[62]したように〕第1回展では展示された作品の多くが原画＝オリジナル作品で、〔……〕印刷されていないデザイン作品、すなわち原画が、デザインの本質を示しているのかという〔日宣美がその後抱え続けることになる〕問題が表出した」[63]。クライアントの存在や印刷技術の限界など、デザインの仕事は多くの制約を前提として成り立つ。作品からそうした制約をとりはずし、いわば自由に描いた原画による出品を認めていくことは、「デザインを装った美術作品の産出」[64]につながることになる。この問題については、岡本太郎も第4回展（54年）の新聞評で、「最も痛切に感じられた疑問は、どうして宣伝美術家が絵画作品をつくろうとするのか、〔……〕宣伝美術が「絵」であってはならない。もっと先鋭な役割があるはずである」[65]と指摘していた。

日宣美の主要メンバーである原弘、河野鷹思、亀倉雄策、伊藤憲治、早川良雄、大橋正、山城隆一の7人に、アメリカから招待作家ポール・ランドを加え、こうした批判を真摯に受け止めた展覧会が開催された。**『今日の商業デザイン展　グラフィック'55』**〔日本橋高島屋／55年10月25日〜30日〕である。[66]

この展覧会では、クライアントからの発注で制作・印刷され実際に使用された作品、つまり印刷物が展示され、しかもポスターだけでなく、雑誌広告、書籍装幀、商品パッケージなど多様なグラフィックデザインが示され、展覧会のための原画展示を続ける日宣美批判の実践でもあり、55年における日本の最高レベルのグラフィックデザインが展観された[67]。日本のグラフィックデザイン界の中心的な存在でもある7人が、それぞれの持ち味を発揮した高いレベルの作品群により、グラフィックデザインの展覧会はかくあるべきを具体的に示して、「来場者の眼と頭と心に強い衝撃を与え」[68]、「大きなセンセイションを起こし」[69]、永井一正、田中一光、中村誠など若手デザイナーにも大きな刺激を与えた[70]。

主要メンバーによる「自己批判から企図された」[71]『グラフィック'55』であったが、これも含めて、日宣美は「内省を繰り返しつつ試行錯誤を続け」[72]ながらもその公募展は次々に新たな才能を世に送り出し、50年代後半から60年代にかけて日本のグラフィックデザイン界に確固たる地位を占めるようになっていった。広くデザイン界からも注目を集めるようになった50年代後半の第7回展から、会場は銀座松坂屋から日本橋髙島屋に変わった。〈（座談会）日本宣伝美術会創立のころ〉[73]には、「［最初の頃の松坂屋は］夏がいちばん客がこないから、場所があくから貸す［といったスタンスだったが］、髙島屋の好意で、広いスペースを貸してもらえるようになり、その好意が日宣美を成功させた」という亀倉雄策の発言があり、一方、山名文夫は「最初の頃は、百貨店がいまよりデザインの展覧会に対する認識が非常に浅かったから、とても苦労した」とも述べている。この7年の間に、日宣美の存在感が格段に増したことが窺える。

日宣美10周年の60年には応募作品は４０００点を超え[74]、62年の第12回展は「髙島屋の会場へは1日平均1万人以上もはいる」[75]盛況で、日宣美は「新人の登竜門としての地位を確立し、［……］社会的影響力およびデザイン界における権威を増していった」[76]。その一方で、以下『ＪＡＡＣ１９５１→70　日宣美20年』にピックアップされた各回の展評によると、「今年も昨年同様、驚くべき作品が見当たらず、［……］審査会場が興奮に包まれるような作品は遂に出現しなかった」[77]（亀倉雄策）、「『今年は低調だった』このコトバが、期せずして全審査員の口から洩れた感想であった」[78]（山城隆一）と審査員自らが応募作品の低調ぶりをなげき、14回展では「デザイン不在の日宣美展」[79]、「独創性に欠け沈滞」[80]（小川正隆）、「伝達内容の無神経さ」[81]（栗田勇）とマスコミから批判されていた。そして65年の15回展は、「あらゆる批評家によって、精神の衰弱が指摘され」[82]とまで言われ、そうしたところで開催されたのが冒頭紹介した『〈ペルソナ〉展』であった。

『〈ペルソナ〉展』が喝采をもって迎えられたのは紹介した通りである。しかし、こと日宣美との関わりで言えば、50年代の『グラフィック'55』とは異なり、『〈ペルソナ〉展』で示されたものは、その後の日宣美展のあり方に何ら影響を及ぼさなかったと言ってよい。

『〈ペルソナ〉展』の翌年の66年から日宣美展の会場は新宿京王に移った。しかし、「近年の不振を取り戻そうと、

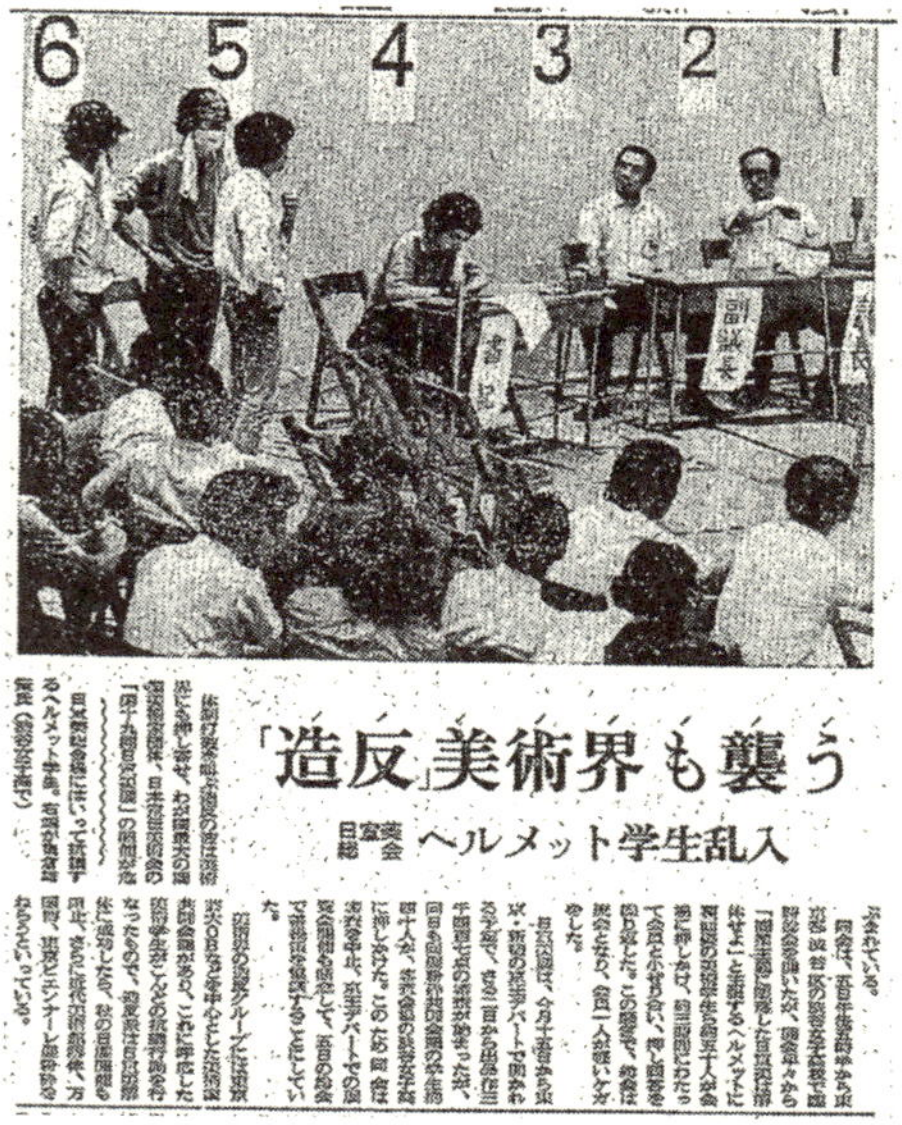
「造反」美術界も襲う
日宣美総会 ヘルメット学生乱入

図5-3　読売新聞1969年8月6日朝刊

［……］心機一転より広い会場を求めて新宿に移ったが、そのきき目は少しもあらわれない[83]」（小川正隆）と評された。果たして「心機一転」という気持ちが本当なのかどうか。髙島屋から会場が移る際には銀座松屋に声をかけたが松屋は丁重に断ったとある[84]。日宣美の展覧会としての魅力が薄れてきたのではないかと思わせる。結果的にせよ髙島屋は日宣美展の一番いい時期に会場を提供していたことになる。68年の第18回展でも「絵画模倣の横行　真空地帯におちた日宣美展[85]」と指摘された。そして69年、開催予定の第19回展は、〃日宣美は商業主義に堕し、大きな害毒を流す〃と主張する美大生や若手デザイナーたちの〃日宣美粉砕共闘会議〃の造反により［図5-3］、混乱をおそれた京王側からの申し入れもあって中止となり、翌年には日本宣伝美術会そのものも解散となった[86]。

◉アートの世界の一翼に

50〜60年代、百貨店で開催された広告関係の展覧会は、国内、海外とも〃今〃の広告・グラフィックをみせるのが主流であった。〃買ってくれ、見てくれ、来てくれ、知ってくれ、覚えてくれ〃と見る人を先の行動に誘うのが広告の重要な機能であれば、それと密接な関係にあるグラフィックが〃今〃をどのように表現しているのか

図 5-4　グラフィックの回顧的な展覧会（1967 ～ 71）

展覧会名	開催年	会期	会場	主催	入場料
商業デザインの先駆者 杉浦非水展	1967	8/15 ～ 8/20	日本橋三越	杉浦非水遺作展委員会（後援：朝日新聞社）	無料
	明治、大正、昭和を通じて商業美術の確立、普及に指導的役割を果たした非水の制作したポスター、雑誌表紙などグラフィック・デザインの代表作 160 余点				
日本のポスター 100 年展	1968	1/5 ～ 1/16	銀座松屋		
	東京アートディレクターズクラブ編集のポスター画集掲載の江戸末から今日までの 250 点				
横尾忠則全集展	1970	5/15 ～ 5/20	銀座松屋		
	会場構成　粟津潔				
伊坂芳太良遺作展	1971	?/? ～ 4/7	渋谷西武		
	イラストレーターとして活躍し、前年秋に他界した作家の原画、習作、デッサンなど				
情報の芸術家＝ 20 年の偉大な軌跡 亀倉雄策展	1971	9/10 ～ 9/15	銀座松屋	毎日新聞社	無料
	ポスター 59 点、シンボル・マーク 44 点、雑誌の表紙、デザイン・ポリシーの四部にわけ約 200 点				

に関心が向けられるのももっともで、これまでどうであったかという過去の回顧よりも、現在の動きを紹介することに主眼が置かれるのも当然である。

しかし、日本のグラフィックが〝美術〟の世界でも大きな存在となっていけば、展覧会のありようも変わってくる。60年代後半頃からいわゆる美術作品の展覧会と同じように、作家個人やその分野についての回顧的な展覧会も百貨店で開催されるようになってきた。［図5-4］

日宣美は解散したが、グラフィックデザインに対する社会的な関心が薄れていったわけではない。70年以降もグラフィックの展覧会は百貨店においても、グループ展、個展あるいは内外の作家を問わず様々なテーマで開催されていた。また、大衆消費社会の進展とともに広告の重要性が高まる中で広告とは密接な関係にあるグラフィックデザイナーの制作の場はますます拡大し、それとともに日宣美などから登場してきた作家たちの多彩な活動もあいまって、グラフィック、イラストの世界は仕事も創作意欲の充足も期待できる、若者たちにとって極めて魅力的な場となっていた。その人気は70年代はもとより80年代も続く。日宣美解散の後10年余りなかった全国規模のグラフィックの公募展が、１９８０年パルコを会場に開催されるようになった。『**第１回　日本グラフィック展**』〔吉祥寺パルコ／9月30日〜10月13日／３００円〕は、イラスト雑誌の出版元であるエンジンルームとパルコの共同企画で、イラストレーションとフォトグラフの公募で大賞に50万円、審査員は粟津潔、浅葉克己、高梨豊、永井一正、山口はるみ、横須賀功光であった。応募はイラスト７７２点、写真１５３点で、[87] イラストの方が圧倒的に多くこの傾向は以後も変わらなかった。

第２回展から会場は渋谷パルコに移り応募総数１８００点、[88] 第３回展は２３００点と急増し「イラストレーター、カメラマンを目ざす若者の〝登竜門〟になろうとしている」[89] と報じられ、ここで日比野克彦が大賞を得て売れっ子イラストレーターに成長したこともあって、第４回展は５０００点とさらに拡大し、[90] グラフィック、イラストの変らぬ人気を示していた。

（１）〈昭和44年の百貨店業界の動向〉〔『昭和44年百貨店統計年報』／１９７０年４月／日本百貨店協会〕
（２）『小田急百貨店25年のあゆみ』〔１９８８年９月／小田急百貨店〕55頁
（３）『伊勢丹百年史』（前掲）２３９頁
（４）池袋地区については、『豊島区史　通史編四』〔１９９２年３月／豊島区史編纂委員会　編／豊島区〕90頁、94〜99頁による
（５）『昭和44年百貨店統計年報』（前掲）所収の〈地区別の店舗数、売場面積、年間売上高〉にもとづき算出
（６）『小田急百貨店25年のあゆみ』（前掲）32〜33頁、〈催事年表〉２４６頁による
（７）『小田急百貨店25年のあゆみ』（前掲）53頁、60頁による
（８）朝日新聞１９６７年11月18日朝刊

（9）朝日新聞１９６７年11月29日夕刊
（10）〈戦後絵画の展開〉高階秀爾『日本近代絵画史』（前掲）３３３～３３４頁
（11）朝日新聞１９６７年２月９日夕刊
（12）〈デパート展繁昌記〉牧田茂［『芸術新潮１９５７年６月号』／新潮社］１６６～１６８頁
（13）〈デパート美術展時代〉河北倫明［朝日新聞１９６１年７月１日朝刊］
（14）資料は小田急百貨店から提供。本項および第６章〈昆虫展〉、終章〈百貨店はなぜ展覧会を行うのか〉に記載の入場者数はそれによる。
（15）『沈黙の使者たち』衣奈多喜男（前掲）10頁
（16）『国立博物館ニュース第２１２号』［１９６５年１月］、〈暖房と花〉野間清六［『国立博物館ニュース２１３号』／１９６５年２月］による
（17）『国立博物館ニュース第２２０号』［１９６５年９月］
（18）朝日新聞１９６５年９月９日朝刊、15日夕刊による
（19）朝日新聞１９６５年９月12日朝刊、14日朝刊による
（20）日本経済新聞１９６５年９月13日朝刊による
（21）朝日新聞１９６５年９月15日夕刊による
（22）『百貨店の誕生』初田亨（前掲）１２０頁
（23）『趣味の誕生』神野由紀［１９９４年４月／勁草書房］89～90頁
（24）『日本百貨店協会10年史』（前掲）３１６～３１７頁
（25）産経新聞１９５５年３月19日、３月25日、３月31日、朝日新聞４月６日、『絵とき　百貨店「文化誌」』宮野力哉［２００２年10月／日本経済新聞社］１７５頁による
（26）産経新聞１９５５年３月19日
（27）『絵とき　百貨店「文化誌」』宮野力哉（前掲）１７５頁
（28）朝日新聞１９５５年３月31日朝刊
（29）『日本百貨店協会10年史』（前掲）３１８～３１９頁による
（30）読売新聞１９５８年６月16日夕刊
（31）『日本百貨店協会10年史』（前掲）３１８頁
（32）日本経済新聞１９６４年５月19日朝刊

(33)朝日新聞1965年9月29日
(34)「さらばモスクワ愚連隊」五木寛之［『小説現代1966年6月号』／講談社］
(35)「農協　月へ行く」筒井康隆［『オール讀物1973年5月号』／文藝春秋］
(36)日本経済新聞1968年11月2日
(37)『わが外交の近況　昭和44年度第14号』［外務省］
(38)朝日新聞1969年8月25日朝刊
(39)朝日新聞1969年9月18日朝刊
(40)『展覧会の壁の穴』小林敦美（前掲）106〜107頁
(41)朝日新聞1965年11月15日夕刊
(42)『展覧会の壁の穴』小林敦美（前掲）106〜107頁
(43)〈ペルソナ展と11人のグラフィック・デザイナーたち〉梶祐輔［『デザイン1966年1月号』／美術出版社］
(44)〈日宣美の1950年代とグラフィック'55〉肴倉睦子［『「デザイナー誕生：1950年代日本のグラフィック」展　図録』（以下『デザイナー誕生』と略称）／2008年4月／印刷博物館］118頁による
(45)〈現代デザインの変換期――1960年代（3）〉君島昌之［『東京純心女子大学紀要第5号』／2001年3月／東京純心女子大学］57頁
(46)〈1950年代の日本のグラフィックデザイン界概況・東京を中心に〉寺本美奈子［『デザイナー誕生』（前掲）］72頁
(47)〈1950年代の日本のグラフィックデザイン界概況・東京を中心に〉寺本美奈子（前掲）73頁
(48)『日本広告会十年史』［1957年3月／日本広告会］66〜67頁
(49)『日本広告会十年史』（前掲）67〜68頁
(50)『日本広告会十年史』（前掲）67頁
(51)〈日宣美の1950年代とグラフィック'55展〉肴倉睦子（前掲）118頁による
(52)〈日宣美の1950年代とグラフィック'55展〉肴倉睦子（前掲）118〜119頁による
(53)〈デザインの立場　第一回宣伝美術展開催に当って〉山名文夫［『新聞・ラジオ・広告第6巻10号』／1951年9月／日本電報通信社］
(54)『デザイナー誕生』（前掲）88頁
(55)〈（座談会）日本宣伝美術会創立のころ〉山名文夫、原弘、亀倉雄策、板橋義夫［『デザイン1962年9月号』／美術出版社］
(56)〈日宣美の1950年代とグラフィック'55展〉肴倉睦子（前掲）119頁

（57）『日本写真史概説』所収の〈年表〉（前掲）
（58）『ＪＡＡＣ１９５１↓70　日宣美20年』［１９７１年12月／瀬木慎一編／日宣美20年刊行委員会、日宣美解散委員会］32頁
（59）『デザイナー誕生』（前掲）90頁
（60）〈第１回公募　日本宣伝美術会に関して〉深水正策［『美術批評』／１９５３年７月／美術出版社］53頁
（61）〈１９５０年代の日本のグラフィックデザイン界概況・東京を中心に〉寺本美奈子（前掲）73～74頁
（62）〈原子時代の壁画　二科と宣伝美術展〉勝見勝［毎日新聞１９５１年９月12日朝刊］
（63）〈日宣美の１９５０年代とグラフィック'55展〉肴倉睦子（前掲）１１９～１２０頁
（64）〈日宣美の１９５０年代とグラフィック'55展〉肴倉睦子（前掲）１２０頁
（65）毎日新聞１９５４年８月11日朝刊
（66）『デザイナー誕生』（前掲）１０２頁
（67）〈日宣美の１９５０年代とグラフィック'55展〉肴倉睦子（前掲）１２１～１２２頁による
（68）〈１９５０年代の日本のグラフィックデザイン界概況・東京を中心に〉寺本美奈子（前掲）74頁
（69）『日本の広告美術――明治・大正・昭和１　ポスター』山名文夫［１９６７年４月／東京アートディレクターズクラブ／美術出版社］36頁
（70）〈１９５０年代の日本のグラフィックデザイン界概況・東京を中心に〉寺本美奈子（前掲）74～75頁、『デザイナー誕生』１０１頁による
（71）〈日宣美の１９５０年代とグラフィック'55展〉肴倉睦子（前掲）１２５頁
（72）〈日宣美の１９５０年代とグラフィック'55展〉肴倉睦子（前掲）１２５頁
（73）〈〈座談会〉日本宣伝美術会創立のころ〉山名文夫、原弘、亀倉雄策、板橋義夫（前掲）
（74）〈日宣美公募及び会員作品記録〉『ＪＡＡＣ１９５１↓70　日宣美20年』（前掲）
（75）〈座談会　戦後デザイン界の歩み〉［『朝日ジャーナル１９６２年９月２日号』／朝日新聞社］
（76）『デザイナー誕生』（前掲）86頁
（77）『電通報１９６２年８月17日』［電通］
（78）『デザインＮＯ52』［１９６３年10月／美術出版社］
（79）〈文化ジャーナル　美術・デザイン〉［『朝日ジャーナル１９６４年８月30日号』／朝日新聞社］
（80）朝日新聞１９６４年８月14日朝刊
（81）読売新聞１９６４年８月15日夕刊

(82)〈ペルソナ展と11人のグラフィック・デザイナーたち〉梶祐輔（前掲）
(83) 朝日新聞1966年8月20日夕刊
(84)『展覧会の壁の穴』小林敦美（前掲）108頁
(85)〈文化ジャーナル　美術・デザイン〉[『朝日ジャーナル1968年9月1日号』／朝日新聞社]
(86)『JAAC1951→70　日宣美20年』（前掲）306〜320頁、366〜367頁
(87) 読売新聞1980年7月14日夕刊、9月20日夕刊
(88) 読売新聞1981年9月14日朝刊
(89) 朝日新聞1982年9月10日朝刊
(90) 朝日新聞1983年9月25日朝刊

第6章

転換する時代

——1970年～（昭和45年～）

◉百貨店の変容

〝1972年〟を、「はじまりのおわり」と「おわりのはじまり」の年という表現で、60年代の高度成長期の大きな文化変動がここで完了し時代の転換を象徴する年と提起したのは坪内祐三[1]であるが、もう少しアカデミックな言を借りれば、45年から70年代前半までが〝戦後社会〟、70年代後半以降が〝ポスト戦後社会〟と時代区分されることになる。[2] いずれにしても、70年代前半は60年代に日本の底流で起こっていた「日本社会の決定的な変容[3]」が様々な面で表出した時期とも言えよう。それは、例えば5年近くの長きにわたったイザナギ景気からの後退局面、その後の円の変動相場制移行やオイルショック、狂乱物価などを経て陥った74年の戦後混乱期以来のマイナス成長などなどで痛感された〝高度経済成長の終焉〟もそのひとつであろう。

百貨店業界の〝変容〟の表出はスーパーの成長でもたらされる。57年に大阪で開業したダイエーをはじめとする大型総合スーパーが小売業界の中での売上高シェアを着々と拡大して百貨店に追いついたのが70年前後、その後着実に百貨店を引き離していった。72年にはダイエーが小売企業トップの座を三越から奪い取り小売業界の盟主が交代した。こうした〝流通革命〟の動きの中で、百貨店はそれまで持っていた比較的安価な日用品や〝いいものを安く〟のお値打ち品を売る機能はスーパーに太刀打ちできず、高級化、専門店化の道を歩むことになる。また売るのも仕入れるのも取引先まかせという、売場の実質的なテナント化が徐々に進み始め、〝どのような商品を仕入れて売るのか〟ということよりも〝どのような取引先（ショップ）を導入するか〟が重視されるようになった。百貨店の〝商人としての力〟が失われ始めたわけで、これも「おわりのはじまり」と言ってよいかもしれない。

　都心の百貨店は程度の差こそあれ同様の路線をとったことで、同じようなショップ・商品が並ぶ同質化がおこり、そのことが逆に他店との違いを鮮明にする必要に迫られた。この頃から西武百貨店を先頭に各百貨店が手掛ける〝イメージ戦略〟は、この他店との〝差別化〟に有効な手段と考えられていた。

　経済環境の激変があり売上高シェアでスーパーに抜かれても、日本百貨店協会は、業界全体としては74年の実質的な売上高マイナスの年を除けば「昭和40年代（65〜74）の10年間は売場面積の拡大に応じて売上高も順調に推移した[4]」と総括している。そして75年以降も、それまでの高い伸び率は望むべくもなかったが、高級化、差別化の路線は時代の流れにも合致し、業界全体として売上高は着実に拡大していった。都内百貨店だけをとりあげてみても、70—79年比較で、店舗数は24→25店と1店舗増、売場面積は75万7000→81万5000㎡で1・08倍と微増だが、売上高は6564億→1兆5923億円の2・42倍と大きく拡大した[5]。

　売上の拡大に伴い百貨店が広告や催事などプロモーションにかける費用の絶対額も増大し、各店において展覧会はさらに頻繁に開催されるようになった。スケールや質の面でもレベルアップし、国公立の博物館・美術館と比べても遜色ないものを数多く実施していた。その象徴が75年開館の西武美術館となる。そして、主要各店の展覧会はさらに多様になり、時代を反映する展覧会も数多く開催されていた。

70年代前半におこった三島由紀夫の自決、元日本兵のジャングルからの生還も時代の転換を象徴する出来事であるが、こうした〝転換〟をすくいとった展覧会の開催も、都市空間における文化的なインフラとしての百貨店の存在感をますます強めていくことになった。

1　文学展

◉自死直前の三島由紀夫展

『三島由紀夫展』［池袋東武／70年11月12日〜17日／無料］が終わって一週間余り後の11月25日、三島は市ヶ谷の自衛隊駐屯地で割腹自殺をした。

展覧会開催の経緯について、当時東武百貨店の販売促進部長であった飯田知雄は次のように回顧している。(6)

　われわれが三島由紀夫の展覧会をやろうと考えたのは、三島由紀夫の人間的な、また社会的な存在としての多面性に目をつけたからである。一方百貨店の文化催事の一つに文学者を登場させることもよいのではないかという流れも生まれつつあったし、美術中心の行き方から脱皮したいという私の思いもあった。［……］当時の政治情勢、学生運動、それにノーベル文学賞の候補等で話題性に富む三島由紀夫を取り上げることとした。昭和45年7月に宣伝課長が「三島由紀夫展」をやりたいと言ってきたので、［……］すぐ動くように指示をした。〔……〕7月30日に〔……〕直接三島由紀夫に電話し〔……〕8月25日に〔再び〕電話をして、翌日それなりの企画書を用意して、目黒のお宅に伺った。三島由紀夫の考えとわれわれの考えは大筋で一致していたので、大変やりやすかった〔……〕。

また、三島本人からの依頼でこの展覧会の構成に深く関わった山口基は次のように記している。(7)

主催元の東武百貨店宣伝課が、三島氏に個展の企画を提示したのは、その年、昭和45年の7月下旬であったとのことである。本来、プランが意図していたのは「〔これから始まる〕1970年代を代表する日本人」というものであった。宣伝課としては当初、この企画は三島氏からおそらく拒絶されるであろう、と危惧しつつ持ち込んだものであったそうだ。それが、予期に反し三島氏から快諾され、却って驚いたという。

以上の証言から企画は東武のものであり、話が動き始めたのが70年の7月、三島から開催の了承を得たのも同じ夏であったことがわかる。

この三島展では、図録や展覧会の広告などに主催者の表記はない。百貨店が自ら展覧会を企画することは珍しくはないが、その場合、所蔵家など関係者への折衝のためや広報上の配慮から新聞社を名義的な主催とすることが多く、百貨店は自らたてた企画であっても主催者として表面には出ないのが通例である。飯田によれば、三島は企画を受ける時に「主催者はいらない」と強く主張したというが、(8)それは三島が新聞社の形式的な主催を拒否したということであった。

池袋東武は62年の開業以来、隣の池袋西武に比較すると本数は少ないが、展覧会は定期的に開催していた。根津美術館の協力による自主企画はあり、[9] 文学展では『若松賤子生誕百年記念　小公子展』［1964年10月20日〜25日］といった実績はあるが、「美術中心の行き方から脱皮」するための自主企画で文学展をやろうというのは新たなチャレンジと考えられる。

一般的に文学展を形にするためには非常に手間がかかり、それを3カ月程度で仕上げていくのはかなりハードなスケジュールといってよい。時間的に厳しいところで、新たなチャレンジを初対面と思われる三島に提案するというのも相当思い切った行動と推察される。

ともあれ三島は東武からの申し出を了承した。展覧会は三島の発案により、「書物」「舞台」「肉体」「行動」の四つの河にわけて構成され、黒一面の壁面を背負ってこれまでの創作、活動を、小学校時代の作文から自身の裸体写真までを含めて全人格的に示すもので、「この文化催事は終日満員で多方面から、また遠方から多数の来館者を集めることが出来［……］大成功裡に[10]」終わった。［図6−1］。

三島の〝衝撃の死〟を報じる当日の朝日夕刊は、「警

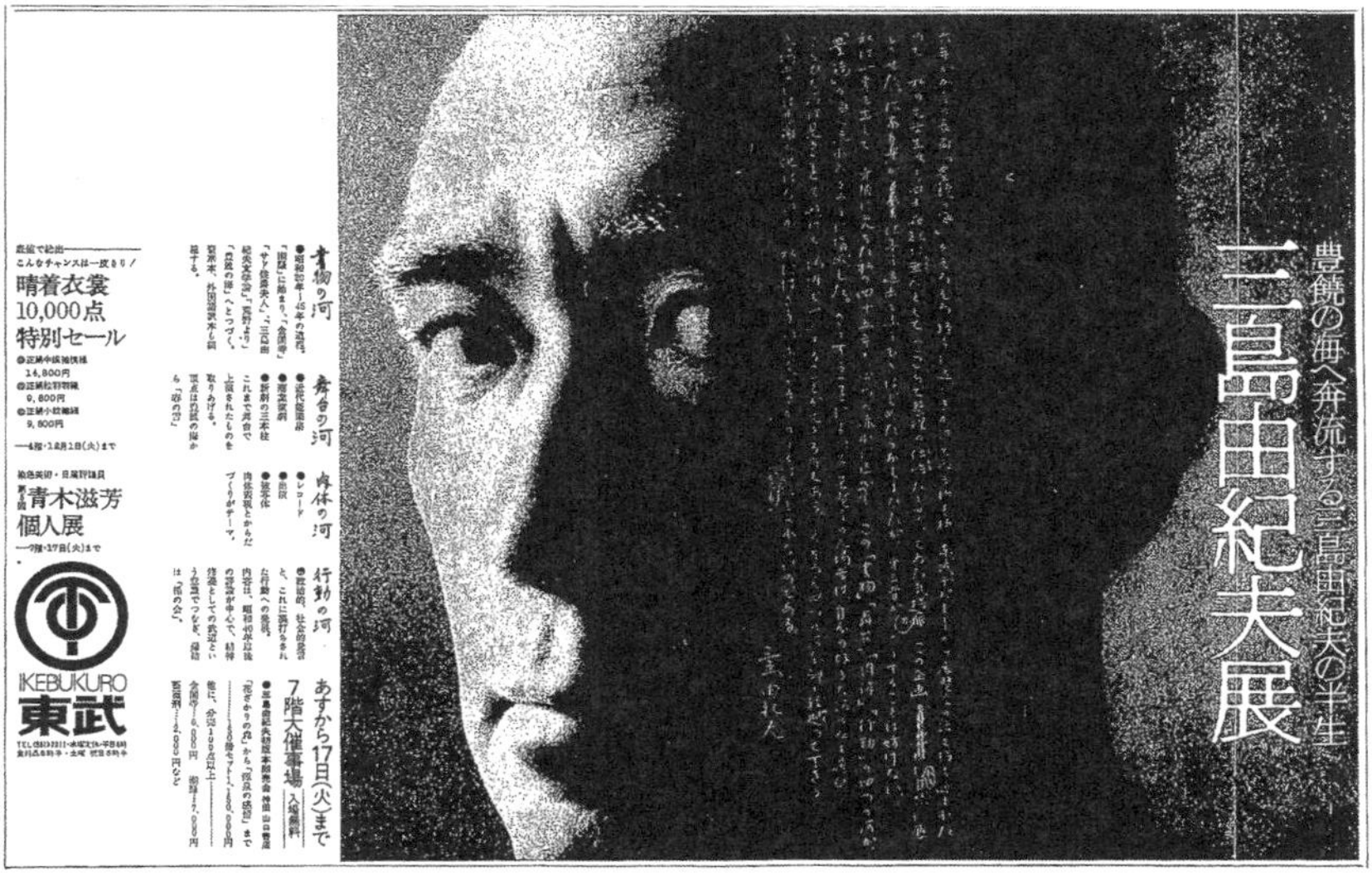

図6−1　「豊饒の海へ奔流する三島由紀夫の半生」と謳われた『三島由紀夫展』の告知広告（朝日新聞1970年11月11日夕刊）。

視庁はこの展覧会を三島の〝遺言〟と捉え、その頃から決意を固めていたと推定している[11]」と報じている。確かに展覧会の会場構成、カタログなど印刷物の色調やそこに寄せられた短文に自決を予感させる兆候があった[12]という点で遺言という見方もできるかもしれない。「主催者はいらない」と同時に、三島は「展示物の背景を白黒で統一すること[13]」も強く主張し、また、「会場は、銀座松屋でやった横尾忠則展[14]のような形にしたい、という強い要請が三島さんからあった[15]」という。

展覧会の話が最初に三島のところにあったのが7月下旬。『横尾展』の開催はその2カ月前の5月、三島は会場受付け脇に座りこんで絶え間ない観客の流れに鋭い視線を向けていた[16]。この時、自身の展覧会の話はまだ東武からなかったはずで、三島はそこで『横尾展』の何を見据え、何を思っていたのであろうか。横尾の証言によれば、既に前年の8月、三島が出演した映画〝人斬り〟の試写会の席で自身の切腹のイメージを漏らし、また別の時には〝自衛隊に入るのか〟という横尾の問いに一瞬言葉をなくしたという[17]。前々から決起と自死のイメージあるいは決意があり、そこに東武からの展覧会の提案があった。いわば渡りに舟のような形で自身の遺言を視覚的に伝える場が提供され、東武の熱意と三島の思いがここで偶然にも交差したということなのだろうか。

事件から一年後、朝日は〈三島事件　一周忌を迎える人びと〉という特集を組んだ。そこに飯田知雄へのインタビューが掲載されている。「一年過ぎた。第二弾を放たねばならない。三島回顧展はどうか、の意見が出た。「やれば受けるだろう」。が、あえてやらなかった。政治的な意味合いが強くなっているし、商業主義をそこまで徹底させることのためらいもあった[18]」と語り、第二弾として**『萩原朔太郎展』**［71年11月18日〜23日／無料］を開催した。単なる客受けねらいで展覧会の企画をするわけではない、という矜持を示す百貨店人がそこにいた。

◉文学展の条件

文学展も百貨店の展覧会の中でひとつのジャンルを形成していた。戦後開催の近代文学の展覧会で採録できたのが表6-1である。47年の『幸田露伴展』以後、文学展はコンスタントに毎年どこかの百貨店で開催されていて数はそれほど多くはないが根強い人気があったことが窺える。

表をもとに展覧会となりうる文学者の条件を考察してみる。

①人気作家である

物故・現存、純文学・大衆文学を問わず、人口に膾炙する作家であることはやはり必要である。美術と異なり作品のインパクトを視覚的に示すことができないので、知られざる作家をとりあげることはそれほど容易ではない。

②生涯がドラマチックである

生きざまに物語性があると言い換えても良いが、常人とは異なる生涯は展覧会のストーリーとして組み立てやすい。

③人的な交流が豊かである

本人を取り巻く家族関係や交友関係が広く華やかである、あるいは意外性があるなど、文学以外の分野も含めて著名人との関係は展覧会構成のポイントとなる。

④視覚的にアピールするものがある

本人自筆の絵画、書などの作品や作家の趣味を示す美術品のコレクション、あるいは映画、舞台、テレビで劇化された時の写真、ポスター、映像などは展示効果を高める。

これらの条件をすべて満たさなければならないということではないが、重複すればアピール度は高くなる。70年当時これらの条件のかなりの部分を兼ね備えていた、つまり展覧会を開催して多くの人にアピールする文学者の一人が三島由紀夫であったことは間違いなく、客観的にみて文学展を企画したとき三島を選択することは十分に頷けるものであった。

事件から8年余りの後、再び三島の〝回顧展〟である『**三島由紀夫展**』［新宿伊勢丹／79年1月18日〜23日／毎日新聞社、三島由紀夫展企画委員会／500円］が開催された。

展覧会図録[19]は三島の生涯を幼少時代から文壇に登場するまでをひとつの括りとして写真や関係資料でそれを紹介し、その後は「仮面の告白」から「豊饒の海」までの代表作によって時代をわけ、それぞれの時期の著作本、掲載雑誌、原稿、書簡、写真、映画ポスター、遺品、その他各種資料を展示する構成となっている。しかし、そこには三島の〝衝撃の死〟に関する資料はなく、掲載の年譜に「11月25日「天人五衰」最終回原稿を新潮社に渡す。午後零時15分自衛隊市ヶ谷駐屯地東部方面総監室にて自決。翌日、自宅にて密葬」とあるだけである。事件についての報道や写真、楯の会や自衛隊への関わりなどの記載は一切ない。図録と展覧会の構成はリンクするのが通常であるので、展覧会の内容も同様と判断してよかろう。また図録では、展覧会の趣旨を述べる主催者挨拶では三島の自決に全く触れず、企画委員会のメンバーである山本健吉、中村光夫の一文は文学的視点からその死にわずかに触れているに過ぎない。新聞社告[20]でもそれについての記述はない。

文学展は、作品の鑑賞そのものではなく、作品理解をより深めるために創作のバックグラウンドを示すことがその意義となる。文学展の多くが作家の誕生から始めて生涯をたどり、作家の人格を立体的に構成するのはそのためで、そこにおいて作家の自ら選んだ異常な死に方の考察は欠かすことはできないはずである。それを一切スルーしては何のための展覧会なのか、企画者のモラルの低下を思わざるを得ない。

◉テレビCM界の寵児・杉山登志と三島由紀夫

79年の三島の回顧展をさかのぼることの1年半ほど前、三島と同じくあふれる才能を開花させて次々と問題作、話題作を世に送りながらも突然に自ら死を選んだテレビCMのクリエイター杉山登志の作品を中心とした回顧展が、会場も同じ新宿伊勢丹で開催された。

『TVCM　20年　熱い4日間展』［新宿伊勢丹／77年8月18日〜21日／日本天然色映画／200円］がそれで、日本天然色映画株式会社創立20周年に際し、所蔵するCMフィルムの映写とCMのできる過程や作り方を展観した。(21)

主催の日本天然色映画、通称〝日天〟は60〜70年代にテレビCM業界をリードしてきたCM制作会社である。日本映画が最盛期を迎える57年に設立され、当初は映画館用のコマーシャルフィルムの制作会社であった。明治製菓、資生堂、帝人などをクライアントとして実績を積み、60年から同じフィルムによる広告ということでテレビCMを手掛けるようになった。ちょうどその頃からテレビCMは生コマーシャルからフィルムCMに移行しつつあった。劇場CMで経験を積んだ日天の作品は評判もよく、制作依頼の声が次々とかかるようになって制作の軸足は映画館からテレビへと移っていった。その日天のディレクターの第一人者として話題となるCMを次々につくり出していったのが杉山登志であった。(22)

60年代前半はテレビが一般家庭に爆発的に普及していた時代、テレビ番組が茶の間の一番の関心となるのに歩調をあわせ、テレビCMも人々に多くの刺激と影響を与える存在となっていった。

この時代のテレビ界を身をもって体験している小林信彦は、テレビの黄金時代を「『若い季節』『夢であいましょう』『シャボン玉ホリデー』が始まった61年、あるいは、これらに『てなもんや三度笠』などが加わった62年あたりを始まりとするのが妥当」と述べる。「きびしくいえば71年、甘くみて73年が、〈黄金時代〉の終りだった。［……］あらゆる実験、エンターテインメントは、［テレビ放送開始以来の］20年間で試み終えられた感が深い[23]」と記している。

今までにない全く新しい表現手段を手にしてから、何が効果的か、効率的かのセオリーなりマニュアル、管理がつくられていくのに20年かかったと言ってもよかろう。その間は制作サイドもスポンサーもテレビ局も手探り状態で、何をやれば正解なのか誰もよくわからない、逆に言えば何をやってもおもしろければ許される状態であったのではないかと思われる。後年のネットの世界も同様であるが、何かよくわからないがおもしろそう、とりあえずやってみようという混沌の中から多様性と個性が生まれてきたともいえよう。そしてテレビCM業界も、「CF制作者たちは、この全く新しい広告メディアの特性をつかむ為に様々なチャレンジを行い［……］いわゆるテレビ黄金時代のお茶の間は、企業と、そのCF制作者にとって華やかな戦場であった[24]」と証言があるように番組制作と同じ状況にあった。

高度経済成長と消費革命により、日本の広告費は61年―75年対比で5・8倍に膨らみ、中でもテレビは同年対比で7・8倍と媒体別シェアを大きくのばし75年には新聞のシェアを超えてトップにたった[25]。お金の集まるところには野心と才能が集まるが、野心はなくても自分の才能にピタリとあえば、試行錯誤が許される発展途上のカオスの世界は自らの才能を発揮できる恰好のステージとなる。杉山登志はまさにそうしたステージで才能を花開かせそして散って行った。

当初は画家を志していたが22歳のときに成行きで設立半年の日天に入社、日天がテレビCMに進出して以後は、資生堂のCMをはじめとして斬新なアイディアと映像美で強いインパクトをもつ作品を世に送り出して内外の広告賞を次々に獲得し、日天を業界トップに押し上げるとともにCM業界を代表するスターディレクターとなっていった。しかし頂点にあった73年12月、「リッチでないのに リッチな世界はわかりません ハッピーでないのに ハッピーな世界などえがけません……」と一文を残し自殺、CM界の寵児の謎のような死は大きな衝撃をもって受け止められた。その4年後に開催されたこの展覧会では、杉山登志作品集が上映され、「〔わずか4日間にもかかわらず〕2万人もの若者が押しかけ、下の売場まで行列をつくるほどの盛況ぶりであった」という。[26]

広告は、より多くの人に消費を促し、ある時には消費を煽る役割を担い、大衆消費社会においては不可欠なものである。商品がもつ様々な機能や他者との差異を1枚のポスター、わずか15～30秒の映像に凝縮し消費者に伝えようとするが、そこで商品スペックの全てを細かく正確に語ることは不可能で、問われるのはコンセプトに基づいた表現（ビジュアル）のインパクトであり、消費者がそれをとらえた時の一瞬の印象が勝負となる。その時ビジュアルはもとの商品を超えイメージとして増幅していこうとする。作品としての完成度を追求していけばコンセプトとの乖離すら起こってくる。

花形CMディレクターであった杉山が最後に遺した言葉には、実体としてあるモノを現実からかけ離れたイメージとしてビジュアル化していかなければならないジレンマが現れている。リアルにあるモノを虚構の世界に変換していくことが、当たり前のように受け入れられ、称賛される世の中のおかしさを鋭く感じとっていたとも考えられる。

三島の自決が「〔昭和元禄の〕経済大国日本の精神的頽廃と怠惰に警鐘を鳴らした」[27]ものであれば、その警鐘は経済大国を支える日本の大衆消費社会が内包するそうしたリアルの世界を直視しようとしない胡散臭さに対しても発せられていたのかもしれない。杉山の死と三島の死には直接的な関連はないが、いずれも鋭敏な才能が、社会的に〝リアリティ〟が変容していく時代の始まりを感じ取ったことを象徴する出来事であったと言えよう。

2　戦争の展覧会――明るく楽しいことばかりではなく

◉横井庄一、小塚金七、小野田寛郎の〝帰還〟(28)

72年1月、戦争が終わったことを知りながら「生きて捕虜のはずかしめを受けるのがいや」でグアム島のジャングルに逼塞していた元日本兵横井庄一が見つかったことは、20数年前には戦争をしていた事実を改めて思い起こさせ、社会的に大きな反響をよぶ出来事であった(29)。

報道各社が現地に派遣した記者は外信部、社会部からであった中、朝日だけは展覧会事業を担当する企画部員の立石亥三美も現地にとんだ。こうして一歩先んじた利により、横井の展覧会を開催することへの全面的な協力を、所持品を保管することになる厚生省援護局の局長からとりつけた。しかし朝日主催がひっくり返ったのはそれからすぐのことで、立石は具体的な社名はあげていないが、朝日にだけは負けたくないある社が、一社単独で逆転は難しいとみて他の新聞社、通信社を巻き込み、連名で大臣あてに展覧会開催の要請を出し、結局、朝日も含めての各社共同主催となった。

太平洋戦争開戦直後の展覧会を思い起こさせるような連名主催であるが、会場は開催希望の百貨店から抽選で八重洲口大丸となり、**『孤独に生きた28年　横井庄一さんグアム生活展』**［72年2月19日～27日］が開催され、その後全国に巡回した。

横井庄一生還の驚きもさめやらぬ9カ月後の10月19日、フィリピンのルバング島でジャングルに潜んでいた小野田寛郎元少尉と小塚金七元一等兵がフィリピン警察軍と銃撃戦となり小塚元一等兵が〝戦死〟するという事件がおきた。戦後27年たってもなお軍務を忠実に実行する軍人の存在は横井庄一発見の時以上に社会に衝撃を与えた。このときは展覧会に取り組んだのは朝日だけで、戦争の悲劇が今なお続くことを人々に訴えるために企画された。会場の確保は「亡くなった方の展覧会だけは」と敬遠されて難航したが、東京は日本橋東急が、その他大阪髙島屋、小倉玉屋、八王子大丸が開催趣旨を了解し、**『元日本兵の生と死――「ルバング島の27年」展』**［日本橋東急／72年11月10日〜15日］が、事件から1カ月もたたないうちに開催された。翌年2月には小塚の出身地である八王子の大丸で同展が開催されたが、そのときの朝日の社告[30]が伝えるところによると、東京、大阪、名古屋、北九州の巡回で12万人の入場者があったとしている。

小塚元一等兵の〝戦死〟から1年半後の74年3月、ルバング島に配属されてから30年、一人戦争を続けていた小野田元少尉が〝復員〟し日本の土を踏んだ。この時も朝日は一歩リードしていたが、結局『横井展』の時と同様に朝日も含めた各社共同主催で開催されることになった。会場は抽選で渋谷東急本店となり、**『小野田寛郎さん生還記念「ルバング島の30年」展』**［渋谷東急本店／74年5月17日〜22日］が開催され、やはり全国を巡回した。

横井庄一の帰還は、戦争が原因で28年間の逼塞という立場に置かれた兵士がいたという点で、改めて先の戦争の不条理を思い起させる出来事であった。しかし、展覧会のテーマは、各紙の社告[31]でも明らかなように28年ぶりの奇跡の生還であり、伝えるのはその不条理をもたらした28年前の出来事ではなく、今現在起きている大事件であった。小野田の展覧会も同様である。何年か前に話題になった小惑星から奇跡の帰還をした〝はやぶさ〟の展覧会にも通じるところであるが、現物資料によって話題となっている事件そのものを再確認するというのも展覧会のありようのひとつである。これらは戦争がもたらす愚かしさを伝えながらも、人々の関心が高い重大ニュースを展覧会とすることでその衝撃や驚きを広く共有しようというものであった。このように〝戦争〟が時を経て〝事件〟となったことを伝える展覧会もあったが、〝戦争〟という重たいテーマを正面からとりあげた展覧会も百貨店ではたびたび開催されていた。百貨店は明るく華やかに夢を売る場所であるが、展覧会に関しては明るく華やかなものばかりではなかった。

◉太平洋戦争の記憶と海外の戦争

47年から戦後20年前年の64年までの間、都心の百貨店で開かれた〝戦争展〟は表6-2の通りである。55年ころまでは何本かあったが、戦後復興が本格化する期間である55〜64年（昭和30年代）にはほとんどなかった。この中から、原爆の被害を伝えようとした展覧会と、戦没青年を取り上げたものを紹介する。

占領下、GHQによる報道規制により公表を禁じられていた原爆被害の生々しい写真が初めてメディアに掲載されたのは、占領が終った後の52年の『アサヒグラフ』8月6日号と言われているが、そのGHQの検閲がまだあった時期にあっても、原爆の記録が百貨店を会場として公開されたことがあった。よく知られているのは、京都大学の学生たちが中心となって企画し、3万人の入場者を集めた『**綜合原爆展**』〔京都丸物／51年7月14日〜23日／京大同学会／30円〕[32]であるが、東京の百貨店においても原爆を伝える展示があった。

物産展会場の一画で、〝原爆広島の記録を初公開〟した49年の『**広島県観光と物産展**』[33]、丸木位里、赤松俊子共作の〝原爆の図〟を特別出品した50年の『**原爆・水爆展**』[34]、展覧会サブタイトルを〝原爆より講和まで〟として第1部を〝ノーモア・ヒロシマ〟で構成した51年の『**第2回日本写真家協会展**』[35]などである。いずれも詳しい内容は不明であるが、原爆による悲惨な実態を東京の人々にできるだけ広く伝えたいという想いがあったと推察される。

東京オリンピックの年に、銀座松屋の小林敦美は、この若者の祭典が開かれる前に戦争で散っていった青年たちを追悼する展覧会を企画した。

『戦没青年をしのぶ　平和への遺書展』［銀座松屋／64年8月14日～19日／日本戦没学生記念会、岩手県農村文化懇談会］である。内容は心ならずも学びの途中で出陣していった学徒たちと、軍隊の下辺を支えさせられた農家出自の若者たちの二本だてで構成し、〝きけ、わだつみの声〟など戦没者の遺稿集を中心に、千人針や鉄カブトなどの遺品約800点、当時の新聞や写真を展観した。満州事変勃発当時の大学生の日記から始め、兵士たちの手紙、遺書の間に資料をおき、戦犯となってしまった人物の遺書でしめくくった。(36) 会期中、「一日中陳列ケースの前は隙間なく人で埋まり、声もなく流れていた」という。(37)

戦後20年の年である65年にはそれを記念した展覧会がいくつか開催された。その後、戦争の展覧会の開催実績は、それ以前の10年間に比して格段に増えてくる。内容は、太平洋戦争を歴史の一コマとして回顧的に捉えたものもあるが、原爆、大空襲など銃後の守りにあった一般市民が蒙った惨禍を伝えるもの、さらにはベトナムやカンボジアなど海外で今現在起こっている過酷な戦闘とそれによる民衆の被害や、ナチスが起こした戦争犯罪の記録など海外の戦争に関する展覧会も百貨店で開催されていた［表6-3］。

生活で手いっぱいの時期を経て、60年代後半頃から人々はようやく苦しかったあの時代を振り返る余裕をもつようになり、また、その苦しさをどのような形にせよ実体験した人々の多くが社会の第一線で活動していたのもこの時代である。展覧会を企画する人、会場を提供する人、そしてそれを見に来る人たちが、それぞれの体験をリアリティをもって共有していこうという気分が共通してあったと思われる。特に70年前後は、高度経済成長によって社会にもたらされた矛盾が露わになり、また公害、沖縄返還、ベトナム戦争があり、それらに対する市民運動、学生運動の高揚などの時期でもあった。政治や社会問題に関心を持つ意識が国民の多くにあったことも戦争関係の展覧会開催の背景にあったと考えられる。

その中で原爆関係の展覧会についてふれておきたい。67年、原爆ドームの保存工事が完成したのを記念して開催された『**ヒロシマ原爆展**』は、会期6日間で5万人以上、連日1万人近い入場者があり、学生や若い人が多く50歳過ぎの年配者、外国人も目立つと朝日は伝えている[38]。この後、札幌、北九州などを巡回して20万人を超える入場者を集め、再度開催を望む声も多かったため、翌年には長崎の原爆資料室から初めて出品される資料も加え、東京では長崎に投下された日をはさんで『**長崎原爆展**』として開催された（東京展以外は『**原爆展**』のタイトルで、九州各地、名古屋、京都などを巡回した）[39]。

これらの『原爆展』は全国16都市で開催されて入場者は50万人を超えたが、未公開の地からの強い要望に応え、70年には内容を再構成して『**25周年記念　ヒロシマ・ナガサキ原爆展**』が東京をはじめ7都市で開催された[40]。

このほかにもいくつかの原爆関係の展覧会が開催されているが、百貨店がこうした展覧会をどのように位置づけていたかを示す新聞広告があるので、それを紹介しておきたい。

75年の夏、日本橋三越は子ども、ファミリー向けに〝三越サマースクール〟というタイトルの催事を行っていて、その新聞広告では、『**被爆30年　ヒロシマ原爆の記録展**』を〝サマースクール〟の歴史コーナーの〝ありのままの歴史を学ぶ時間〟として告知し、広告コピーには〝ぜひお子様連れでご覧ください〟とある[41]［図6-2］。

また82年の東急百貨店の首都圏各店の夏休みの催事特集広告では、「親と子の夏休み、見て、知って、いろいろな体験ゾーンが広がる東急です」というキャッチのもとで、『松本零士とアルカディア展』『サンリオフェスティバル』と並べて『**原爆展**』も告知した[42]。ちなみにこの『原爆展』の入場者は最終日だけで８７００人の入場者があり、会期６日間合計は２万６０００人余りであった[43]。

このように日本本土や前線あるいは海外で起きた戦争の愚かしさの様々が百貨店を会場に伝えられていたわけ

だが、最後に沖縄戦の伝え方についてふれておきたい。

45年のアメリカによる占領、統治が始まってから日本への返還の動きが具体的になる67年までの間に、都心の百貨店の沖縄をテーマとした展覧会で採録できたのは表6-4にある通り3本である。この3本の展覧会の内、太平洋戦争末期、日本における唯一の地上戦で県民に膨大な被害をもたらした沖縄戦のことを紹介したのは、**『「沖縄」写真展』**だけである（他に、アメリカ側の記録による52年の**『「太平洋戦争史」記録写真展』**、太平洋戦争全体を回顧する65年の**『終戦20周年記念　太平洋戦史展』**でとりあげられているが、いずれも全体の中での一局面としての紹介であった）。都心の百貨店での沖縄の紹介は、戦争についてもだが、その文化、歴史も地理的にはずっと遠い中東や中南米地域と比べてはるかに少なかった。

67年11月、佐藤首相とジョンソン大統領の共同声明で沖縄返還が〝両三年以内にメド〟とされ、それから返還の時までの間、沖縄への関心が高まったためか沖縄の展覧会がいくつか開催されたが、基本は沖縄の自然、歴史、文化などを示すもので沖縄戦の紹介は限られていた。

そして、沖縄戦35年を機に**『あれから35年——鉄の暴風・沖縄戦の全容「ひめゆりの乙女たち」展』**〔上野松坂屋／80年7月16日〜22日／朝日新聞社、沖縄タイムス社／400円〕が開催された。巡回最後の横浜松坂屋の開催社

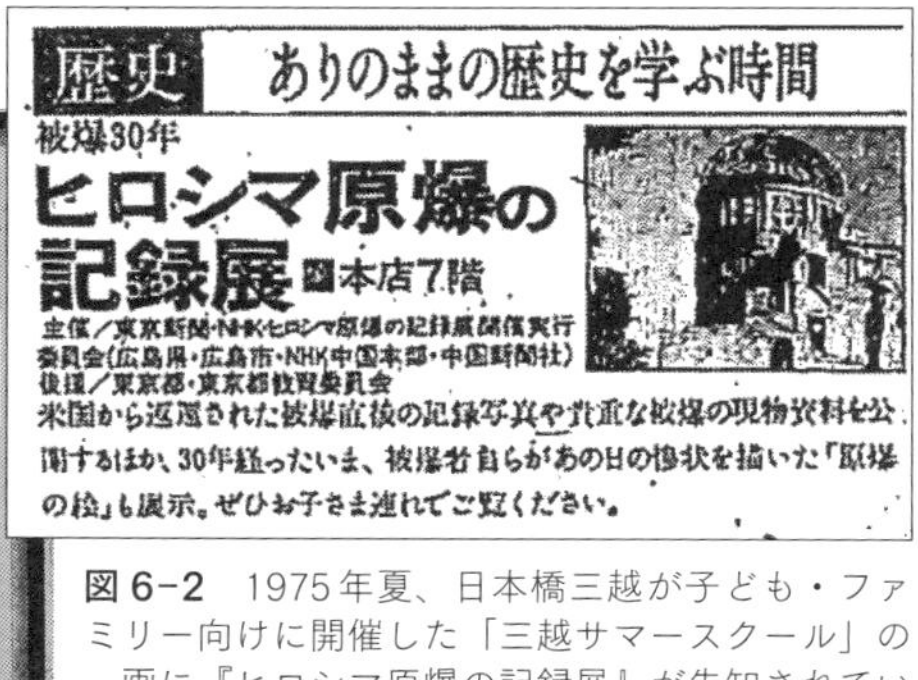

図6-2　1975年夏、日本橋三越が子ども・ファミリー向けに開催した「三越サマースクール」の一画に『ヒロシマ原爆の記録展』が告知されている。右図は告知部分を拡大したもの（読売新聞1975年8月4日夕刊）。

告は、ここまで全国7都市を巡回し14万人を超える入場者があったと記している。(44)
今井正監督の映画〝ひめゆりの塔〟が製作されたのは53年、多くの観客を集め興行的にも大成功した(45)ように、沖縄戦の悲劇が本土に全く知られていないということはなかったはずであるが、展覧会に関して言えば、原爆や空襲といった本土の惨禍を伝える取組みとは歴然とした差があった。

◉戦争の記憶を伝える場

日本の百貨店はその誕生の時から単に商品を陳列販売するだけでなく、都市生活者に〝夢〟売る場であり続け、夢と楽しさを演出するために趣向をこらした様々な催事やイベントを開催していた。そこで、戦争をテーマとした展覧会が開催されていたのはなぜなのだろうか。

新聞社など企画する側にとっての理由としては、他に適当な会場がなかったということがあげられる。それなりの規模の展示が可能な面積が確保でき、開催のための費用負担をしてくれて、しかも多くの人がアクセスしやすい場所にある会場といえば、まず百貨店しかなかったと言ってもよい。

一方で、会場となる百貨店の理由はどうだったのだろうか。〝集客〟ということがあったのは確かであろう。紹介してきた通りいくつかの展覧会はかなりの入場者を数えていて、その実績は次に同種の展覧会を受ける時の有力な判断材料となる。だが、ただ集客だけを目的とするのであれば、百貨店本来のありようからはずれた重たいテーマをわざわざ選ばなくとも明るく楽しい文化的な素材はいくらでもあるわけで、やはりそこには他の理由があったと思われる。

ここからは筆者の仮説となるが、そこにはあの戦争の取り返しのつかない惨禍、そして今起きている戦争も含め、戦争の愚かしさを伝えていこうという社会的なコンセンサスが広くあったためと考える。

社内的に論議はあったものの最終的には担当者間の共感のもとで開催された[46]『**平和への遺書展**』のように、百貨店においても企画を立案し、あるいは外部からの企画を取り上げる是非を最初に判断する実務担当者から、最終的に実施を決済する役員まで、それぞれに戦争の実体験があったからこそ〝戦争展〟の開催が違和感なく受け入れられ、実現に向かわせる原動力になっていたと思われる。67年からの何回かの『**原爆展**』や85年の『**大空襲展**』などは、他都市の多くの百貨店へ巡回していて、そこには通常の巡回先としてはあまり実績のない地方百貨店も含まれていることも仮説の傍証となろう。集客だけではない展覧会の中身への思いや開催の意義を認めていたからこその〝戦争展〟ではなかっただろうか。

当然それは見に来る人がいてのことで、多くの人の関心をよぶという確信があっての企画であり会場提供である。60〜80年代の日本においては、戦争についての思いは、人それぞれの立場の違いはあっても、まだまだ社会で共有されうるものであった。

ただ、ここで指摘しておきたいことは、〝戦争を扱った展覧会〟ではあるが、被害を語るにしても歴史の記録を展示するにしても、それは〝戦争の一部分を切り取ったもの〟でしかないということである。もちろん、戦争の惨禍や愚かしさを伝えていくことが、たとえ部分であったとしても無意味なわけはなく、その役割を百貨店が担ったことは記憶にとどめてよいと思う。だが、戦後の東京都心では、戦争を考える展示は期間限定の仮設会場での展開がほとんどで、「日本には国立の戦史博物館は存在しないし、それどころか、国立博物館などでの本格的な戦争展示さえ実現したことがない[47]」ことも忘れてはならない。

3　西武美術館の開館——西武が仕掛けたイメージ戦略

◉美術館開設まで

75年9月、5年にわたる増改築工事を経て、5万4000余㎡という全国一の売場面積をもつ店となった池袋西武の12階に西武美術館がオープンした。床面積713㎡の展示室ほかロビーなど、増築なった12階のフロアのほとんどを占有し[48]、新たに11階に設けたブックセンターとともに、流通と文化を結びつけた展開を図ろうとする西武百貨店（以下西武）の文化戦略の要となるものであった。

百貨店には婦人服売場など固定された売場（元売場）とは別に、週替わりで様々な催し物を開催するスペース、いわゆる催物場が設けられている。そこは特売会場としても使われるが、物販催事であっても物産展や海外フェアのような話題性やPR効果、集客など店の賑やかしを図る催事も行われ、百貨店のエンターテイメント性を表現する場でもあり、文化催事も多くはここで開催されていた。催物場は文化催事と物販催事との併用であるのが通常であったが、その中で、文化催事の専用施設を最初にもったのは新宿小田急で、その専用施設に〝美術館〟という名称を使ったのは池袋西武が初めてであった。

70年代後半から90年代にかけて、百貨店業だけでなく広く流通業の経営と日本の文化シーンに多大な影響を及ぼした西武流通グループの文化戦略は堤清二あってのことである。「赤字でどうにもならない、間もなくつぶれるだろう」という三流百貨店とも目されていた西武[49]に、西武鉄道創業者の息子である堤が入社したのは54年で翌年には店長に就任した。この頃、堤が展覧会に対してどこまで関与していたかは不明だが、池袋西武は50年代後半頃から、他店と同様に、内外の美術展、写真展ほか様々なジャンルの展覧会を開催していた。

堤が後に、この頃まだ日本では一般的ではない美術家であったが、自らの意志で企画し大変な苦労をして開催にこぎつけたと語る展覧会が、**『パウル・クレー展』**〔61年10月14日～11月14日／読売新聞社、ベルン美術館／150円〕である[50]。堤はこの展覧会を西武美術館の原点と考えていたのかこれを様々な場面で語り、当時を回顧して「これからの西武の文化催事は〔都内の百貨店が手をつけていない〕現代絵画と抽象絵画を中心に企画していこうという方針を立てた[51]」と述べている。その言の通り、『クレー展』以降63年にかけて、クレー同様日本ではなじみの薄い現代美術の展覧会を次々に開催したが、実際にはその間にもこれら海外の現代美術展をはるかに上回る本数の様々なジャンルの展覧会を開催していた〔表6-5〕。

63年8月、**『ゴーキー素描展』**が終了して10日後、7、8階のほとんどを焼失する火災にみまわれた。堤は、「8階での展覧会はやめなければ[52]」、「百貨店の上のほうで展覧会をやるのは怖くなってきた。やらなくなった[53]」と述懐している。そしてこの火災は堤が「美術館をつくろうと思い立った（ひとつの）きっかけ[54]」となったという。しかし実際は翌年1月に売場に隣接という条件はさほど変わっていないまま『ゴーキー素描展』と同じ会場である8階SSSホールにおいて、**『画壇の鬼才　岡本太郎展』**〔64年1月18日～28日／読売新聞社／100円〕で展覧会は再開され、次いで重要文化財も陳列する**『元興寺展』**〔64年1月31日～2月11日／毎日新聞社／無料〕が開催された。その後も国宝の展示はあり、海外の美術館などから著名な美術品を借用しての展覧会もありで、引き続き幅広いジャンルの展覧会を恒常的に開催していた。堤にとっての〝失ってはならない貴重な美術品〟は何なのか興味の湧くところではあるが、いずれにしても西武としては、文化的な発信は百貨店のプロモーションのなかで欠くべからざるものという判断があったと思われる。

◉美術館という名称

西武が〝美術館〟という表現を使い始めたのは、71年元旦の年頭挨拶の新聞広告からである〔図6−3〕。〝街の美術館〟というキャッチで、その年開催予定のいくつかの美術展とともに、『「アレキサンダー大王の道」展』〔71年7月30日〜8月11日／毎日新聞社／無料〕や夏休み催事の『世界の生きたカエル展』も紹介し、〝街の美術館〟は展覧会をくくる言葉として使われている。この〝街の美術館〟で年頭にその年の主な展覧会のスケジュールを紹介する広告は、73年を除いて開館の年の75年まで続いた(55)。

初代館長でもあった堤は、開館にあたっての宣言文で「美術館であって美術館でない存在、それを私達は〝街の美術館〟と呼んだり、〝時代精神の運動の根拠地〟と主張したり、また〝創造的美意識の収蔵庫〟等々と呼んだりしているのです(56)」と述べている。この「美術館であって美術館でない」を後年の堤の言説(57)からひも解けば、前段の〝美術館〟は「美術というジャンルにこだわらず、時代のアクチュアルな表現、創作活動をどんどん紹介していく場所」であり、後段の〝美術館〟は「選ばれた価

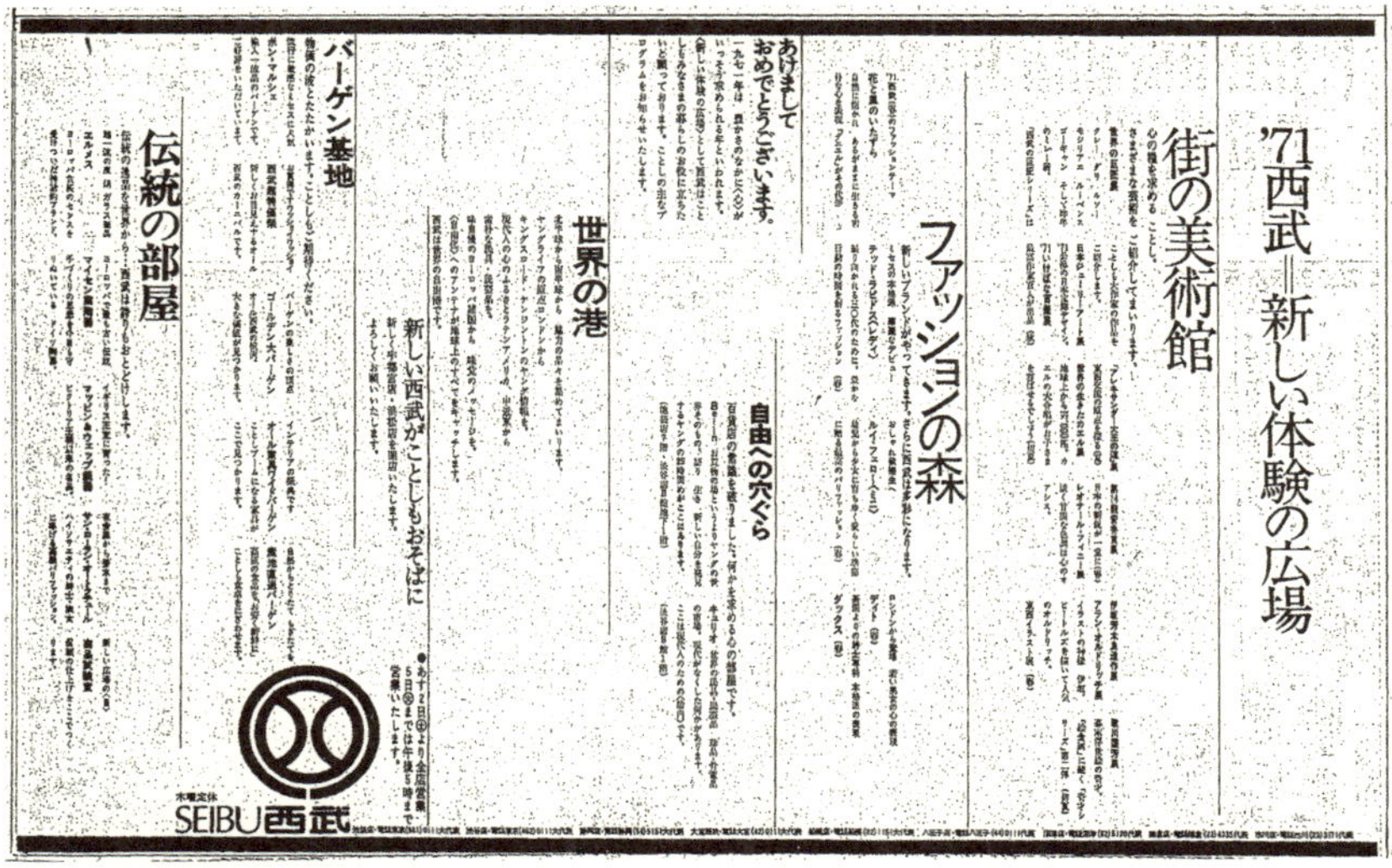

図6−3　西武百貨店1971年年頭の広告。「街の美術館」と銘打ち「心の糧を求めることし。さまざまな芸術をご紹介してまいります」との口上が付されている（朝日新聞1971年1月1日朝刊）。

値の定まった美術品を壁に掛けおく」だけの否定されるべき美術館と解することができる。この堤の美術館観は、90年代以降に日本各地に開設されるようになった現代美術館のコンセプトに先駆けるもので、その先見性は明らかである。では時代に先駆けた美術館観を持ち、「美術というジャンルにこだわらず」幅広いジャンルのものを扱う場所を、例えばミュージアムやギャラリーといったもっと多様性を感じさせる名称ではなく、なぜ〝美術館〟と名付けたのだろうか。

71年からの〝街の美術館〟の広告をみても、そのラインナップは〝時代精神の運動の根拠地〟たりうるとは言い難く、先に述べた通り実際はその年開催予定の展覧会をくくる言葉として〝美術館〟が使われていた。また、63年の火災の際に堤がつくらねばと思った〝美術館〟も、作品を安全に展示できる隔離された場所というニュアンスで語られているもので、開館に至るまでの間、堤には〝美術館〟という名称自体にそれほど重きをおいていなかったのではないかと思われる。

名称を〝美術館〟とした経緯について、80年から西武美術館に勤務した難波英夫は、「独創的な〈現代美術〉を長い時間かけて社会に位置付けてゆくためには、生まれたばかりの力の弱い美術であるがゆえに、〈美術館〉という社会的に認知された歴史的装置を命名する必要があった[58]」と語っている。〝社会的に認知された歴史的装置〟としての〝美術館〟に対するこの当時の一般的なイメージを考えてみると、優れた美術品を紹介する場であるとともに、それを知的に享受する場、格式と権威のある場、そして文化的な施設の名称として誰もが知っている場といったところで、そのイメージに依拠した命名と解することができる。

〝美術館〟という名称には、〝大学〟や〝病院〟のように一定の要件を満たさなければ名乗ってはいけないなどいう法的な規制があるわけでなく、〝美術館〟は誰にでも簡単に名乗ることができる。とは言え名称だけで〝美術館〟になるわけではなく、活動に内実が伴い鑑賞者に認められて初めて〝美術館〟たり得ることはもちろんである。西武美術館（およびセゾン美術館）の活動については多くの資料が存在するのでここでは詳細を省くが、70〜80年代に次々に開館した公立美術館も含めて既存の美術館を超える質の高い活動を続けたことは衆目の一致するところである。また事業活動とは別に、自らも〝美術館〟であることをしっかりと主張し美術館イメージを増幅していた。例を挙げると、開館の時から展覧会の主催には必ず〝西武美術館〟と入れていた。それまで百貨店を会場とする展覧会では、百貨店が主催に名を連ねることはほとんどなかった。それは新聞社が企画した展覧会はもちろんだが、百貨店自らの企画の場合や新聞社の名義主催の場合も同様である。一方、国公立の美術館、博物館の場合は、新聞社からの持ち込み企画の場合でも館として主催に名を連ねるのが通例である。つまりこの面では美術館と名乗ることにより、東京国立博物館や東京国立近代美術館と同じ立場を手にいれたわけで、後に開館した伊勢丹美術館やそごう美術館もこれに追随している。また、日本博物館協会の編集による全国の博物館を網羅した『博物館総覧』にも掲載[59]するなど、様々な機会をとらえて〝美術館〟をアピールしていた。

西武の美術館としての活動は、美術界やマスコミばかりでなく社会的にも高い関心を得るようになり、西武美術館を核とした文化戦略は西武に対する良好なイメージの形成に大きく寄与し、それは全国に広がる西武流通グループの店舗にも及んだ。その代表が、船橋・西武美術館、渋谷西武、有楽町西武、そして百貨店ではないが渋谷と池袋のパルコであった。そのうち、渋谷西武、パルコについて簡単にふれておきたい。

68年にオープンしていた渋谷西武が、ほぼ毎年、印象派やエコール・ド・パリなどの近代のフランス美術を開催するほか、池袋西武と同様に様々なジャンルの展覧会を開催していたことは既に紹介したが、西武美術館が開館して2年後の77年以降は、主に若者を対象としたサブカル系のものにシフトした［表5−1］。

渋谷と池袋のパルコの展覧会で採録できたものは表6−6の通りで、内容はパルコの主要ターゲットである若者対象の展覧会が中心となっている。渋谷西武の展覧会実績とあわせると渋谷に対する西武の戦略が垣間見える。

パルコは先に紹介した新宿ステーションビルと同様専門店ビルであるが、特に渋谷パルコは展覧会による集客力が確実とは言い難くなってきた80年代に入ってもそれを積極的に行っていた。テナントにとって渋谷パルコに出店することはステータスであり、実際に若者に支持されるプロモーションを連発する西武の文化戦略に対する信頼があったからこそ、パルコ主導の展覧会企画が可能であったと思われる。

◉西武美術館の企画

西武の文化事業部長であった紀国憲一は、西武美術館の展覧会の方針について次のように述べている。

「展覧会の方針は三つ。一番目は現代美術。いまの時代はこういう時代であると紹介できる力を持った20世紀美術の巨匠の展覧会です。そうはいっても一日の入場者数が百人なんていうことが続くのでは美術館運営はできない。そこで、たくさんの動員が期待できる印象派的なものも必要です。これが第二番目の柱」［……］ただし、この二番目の柱についてオーナーである堤清二は必ずしも快く思っていなかったようだ。「そんなものをやるために美術館をつくったんじゃない！」という気持ちが顔に出る。［……］「柱の三番目は西武のオリジナルな企画です。［……］ヴィジュアル・アートだけに限定するのではなく、［……］前衛劇や現代音楽のコンサート［……］写真展［……］ファッションショーをやってもいい。［……］」(60)

この内二番目の柱について、堤はストップをかけるわけではなく認めていた。

それは美術館としてのバランス感覚というよりも、「限界」だったのだと辻井［堤］は話す。百貨店に対す

図 6-4　西武美術館で開催のパフォーマンス（1975 ～ 77）

展覧会名	開催年	会期	入場料
西武クリスマスチャリティコンサート	1975	12/23 ～ 12/24	300
	バロック・ロココの調べ、入場料は朝日厚生文化事業団に寄託		
山下洋輔のジャズクリスマス	1976	12/24 ～ 12/25	700
	同時開催　アメリカ抽象画家マン・レイ展		
三宅一生、一枚の布	1977	2/19 ～ 2/20	2000
	三宅一生のデザイン思想を 20 人のモデルによるファッションショーで特別展観、美術館初の試み		
安部公房のイメージ展	1977	6/3 ～ 6/8	
	文芸と音楽と演劇の 2 週間の中の展覧会、安部スタジオの俳優を駆使しての“音＋映像＋言葉＋肉体＝イメージの詩”		
エリック・サティを聴く J・J・バルビエ　ピアノコンサート	1977	12/22 ～ 12/25	2200

る貢献、とりわけ動員などでの貢献は、ある程度しなくてはならなかった[61]。

三番目の柱である西武オリジナル企画の例は、図6-4にあるようなパフォーマンスであった。当時は、〝美術〟以外の創作活動を取り上げることは日本の美術館ではまずなかったことで、新聞評では、「欧米の美術館では詩の朗読や演奏会なども美術館の活動に含まれ、そこに目をつけ日本でもやっていこうという試みが西武美術館で始まる[62]」、「現代に生き、動いている今日の創造行為を積極的に発掘していこうという西武美術館が、美術館の展観としては極めてユニークなファッションショーをとりあげた[63]」、「美術館のイメージそのものを変えてしまう試み[64]」など、新鮮な驚きをもって紹介されている。

78年、栃木県立美術館で開催された**『「空間の美＝美は生きている」展』**［9月30日～11月23日］では、福田繁雄、堀内正和、三尾公三、山口勝弘など分野の異なる作家たちが出品した展示空間を含め美術館全体を取り込んで、ファッションショー、現代音楽、モダンバレエの実演を行ったが、その展覧会評では「西武美術館が「美術展」という形式でファッションショーや前衛劇を〝展示〟し話題となっているが」と記し、西武美術館の試みに続くものとして紹介している。[65]

日本の美術館がこうしたパフォーマンスを館の活動として行うことは確かに珍しいことであったが、「美術というジャンルにこだわらず、時代のアクチュアルな表現、創作活動をどんどん紹介していく場所」と自らを規定する西武美術館であれば、このような試みを積極的に展開していくことは当然のことであろう。だが視点を変えてそこが百貨店の一部と考えると、例えば催物場の中でファッションショーや音楽の演奏、芸能人の出演などはごく普通に行われるイベントであり、それほど驚くことでもなくなってくる。レベルが全く違うと言われればそれまでだが、そうした発想を新鮮な試みと伝えるのも〝美術館〟という名称に幻惑されていたように思われる。

西武の文化事業というと、どうしても西武美術館と堤清二のキャラクターに目がいくが、美術館開館後、文化催事をすべて美術館に集約し従来のものは切り捨てたというわけではない。美術館においては現代美術を中心に時代の先端をいく展覧会やパフォーマンス、さらに海外の大型企画を開催して西武の文化への取組みを強く印象付けていたが、一方で7階の催物場などでは、寺山修司、植村直己、森繁久彌、ファーブル昆虫記、手塚治虫、篠山紀信など様々なジャンルの催し物が開催されていた。池袋西武全体でみれば文化事業により厚みがましたと言える。〝美術館〟という名称にこだわっていては、西武の文化事業の全体像とともに、百貨店の文化事業の実体を見誤るのではないかと考える。

◉〝文化戦略〟の成功

75年9月の大増築完成以降の池袋西武の営業成績を見ると、9月の売上高は対前年32・1%増で日本橋三越を抜いてはじめて月間売上高日本一の店となった。10月も29・5%増で1位、以後単店舗では毎月の売上高で都内百貨店2位の座をキープするようになった。それとともに毎月の売上高の伸び率がコンスタントに都内百貨店の平均を上回り、また支店を含めた西武百貨店全体の年間売上高でも、ほぼ毎年、業界1位の三越を上回る伸び率を示すようになった[66]。この結果は西武の経営戦略およびその核のひとつでもある〝文化戦略〟の正当性を示すものと、業界、マスコミに受け取られるようになっていった。

一例をあげると、77年2月の日経流通新聞は西武美術館に取材し、消費をリードする高感度人間をセグメントする機能や、心理的空間へ商圏を広げる手段、広告費換算などからすれば大成功と論じ、「百貨店は一種の情報産業であるという認識からすれば、美術館は可能性に満ちたアイデア」と結んでいる[67]。

池袋で西武と競合する東武が、西武美術館オープン直前の新聞広告で、突然、美術展の紹介に〝今週のぶらんでーと美術館〟と表記したのはご愛嬌としても[68]、日本橋三越は77年2月の『日洋展』から、文化的な催し物の会場表記に唐突に〝三越美術館〟を用いるようになる。日本橋三越では従来から企画内容に応じて同じ場所ではあるが名称を催物場とギャラリーで使い分けていて、その〝ギャラリー〟と表記していたところを〝三越美術館〟としたわけである。西武への対抗心の発露かとも推察されるが、岡田社長退陣3カ月後の83年1月に、また何のアナウンスもなく〝美術館〟の表記をとりやめた。これらの〝美術館〟表記は企業戦略としてどこまで考えられたものであるのか不明であるが、79年9月新宿伊勢丹はリニューアルを機に新館8階に440㎡の〝伊勢丹美術館〟を開設した。新館8階はこの美術館を核に、画廊、ファインアートサロン、版画コーナーなどを配置し、フロア全体を美術の殿堂のイメージで演出した。また、地域間競争で新宿低落に歯止めをかけ街の活性化のための文化拠点という位置づけでもあった[69]。

70年代以降、日本に現代美術を紹介し、まがりなりにも定着させる上で、西武セゾングループの果たした役割はたいへん大きい。個人的な記憶を辿っても、池袋西武の最上階にあった「西武美術館」時代の活動は忘れられない。〔……エレベーターに乗り込み〕扉が開く――するとそこは別世界だ。展覧会場ではデュシャンやロシア・アヴァンギャルドの展覧会をやっており、〔アール・ヴィヴァン、別階のスタジオ200などとともに〕それらは独特の雰囲気を放っており、若い僕は少し高揚していた。世の中にはまだ知らぬ知的実験、冒険的芸術の世界が存在しているという予感と、端くれであれ自分がそれを摑んでいるという興奮だった。(70)

こう語る椹木野衣や、永江朗、三浦展、暮沢剛巳など、現在の論壇で活躍する人たちを始めとして、80年代に西武のカルチャーに浸り影響を受けた若者は数多い。西武美術館はその中心にあって強烈な印象を残したが故に、西武美術館およびそこから派生した〝美術館〟という名称は、百貨店の文化事業の象徴ともなった。そして、百貨店業界には「モノ離れをした消費者たち」に「モノを売るのではなく情報を売る」という、どこか地に足がついていないふわふわとした言葉が飛び交う80年代から90年代始めには、成功した西武に倣い、首都圏では伊勢丹に続いて、横浜そごうに〝そごう美術館〟(85年)、新宿三越に〝三越美術館〟(91年)、池袋東武に〝東武美術館〟(92年)が、さらに93年には〝千葉そごう美術館〟が新たにオープンした。

4　昆虫展

◉夏休みの定番催事

百貨店の展覧会では、科学関係も主要なジャンルであった。扱う内容も幅広く、自然現象や宇宙、太古の恐竜・化石、ロボットやコンピュータ、鉄道や船など科学系の博物館のテリトリーのものは一通り開催していて、生物関係では哺乳類、昆虫類、鳥類、爬虫類、両生類、魚類などの生態展示が仮設の会場で盛んに行われた。科学関係の展覧会は、実物の陳列だけで成り立つことはほとんどなく、多くは模型やジオラマを作成し、生物の場合は加えてガラスケースや水槽なども使って生息環境を整えるための造作を行う。また理解の助けとするための解説パネルや写真も重要な展示要素でかなりの枚数が必要となる。さらに、子どもが対象であればなおのこと百貨店の面子にかけて子どもだましであってはならず、音響や照明をはじめとする会場内の演出も欠かすことはできない。これらの製作を含めて会場造作費は一般的な美術展以上にかかるのが通例であった。

こうした科学関係の展覧会は、60年代あたりから夏休みの定番催事として子どもをターゲットに各店競って開催するようになった。ここではその代表として、夏になると必ずどこかで開催されていた昆虫展を紹介する。

筆者が大田区の街中から世田谷の砧町に越してきたのが小学校3年、59年のことである。最寄り駅まで10分弱、駅から家までは住宅が建ち並んでいたが、そこから少し離れれば野原、雑木林、小川があり自然はすぐそばにあった。第2章で紹介したしげる君が世田谷の烏山に引っ越したのがそれより数年前で、まだ開発はほとんどされていなかったはずであるからそこを田舎と思ったのもよくわかる。筆者は昆虫にはさほど興味のない子どもであったが、それでも登下校途中のキャベツ畑でチョウチョを追いかけ、捕まえたクワガタを友達と見せ合うくらいのことはやっていた。子どもたちにとって昆虫は身近な存在で、それがいることに何の不思議もなかったのだが、家の近くの野原や雑木林は2年もたたないうちに開発され宅地となっていった。

昆虫が展覧会で取り上げられるようになった最初の頃は、標本展示により世界の珍しい昆虫や地誌的な研究・調査の成果の一部としての扱いで、どちらかといえば大人を対象としたものが多かった。その中で子どもを意識して夏休み開催のものもあったが、昆虫がまだまだ子どもたちの身近にあった60年代前半頃までは、自然の観察や採集・標本作りなどに主眼をおいた教育的な側面からの展覧会であった［表6-7］。

67年に新宿伊勢丹が『**夏休みちびっこ昆虫公園**』［7月18日〜8月27日］を屋上で開催して昆虫を販売した頃からカブトムシ・ブームが起こったと言われ、68年には都内だけでなく多くの都市の百貨店が販売を手掛けるようになった[71]。「ママ、カブトムシはどこにいるの？」「デパートの屋上にいますよ」という会話が新聞にも掲載されるようになり、翌69年には読売は〈こん虫狂騒曲〉と題して、カブトムシだけでなく百貨店や遊園地で多くの昆虫が「売れて、売れて」の状態と伝えている[73]。

ブームのおかげで昆虫が夏休みの商売となったわけだが、ブームの過熱が落ち着いても、子どもの昆虫に対する興味は一過性のものとしては終らず、昆虫展は表6-7の通り70年代から80年代前半にかけての夏休み、ほぼ毎年都内のいずれかの百貨店で開催されていた。それらの展覧会では採集や標本づくりのほか昆虫についての知識を得ることができる昆虫教室といった取組みとともに、子どもたちに昆虫をより身近に体験してもらうために、生息環境を模したスペースを会場内につくって生態を観察できるコーナーも設けられるようになった。販売にしても生態展示にしても、都会で暮らす子どもたちにとって、昆虫は知ってはいるが身の周りでは直接見たことも触れたこともない珍しい生物になってしまったことを示すものであろう。

百貨店における昆虫展など生物関係の展覧会の開催実績を見ると、協力や監修などで東京農業大学の近藤典生教授の名前をよく目にする。

近藤は61年のアフリカ縦断を皮切りに、マダガスカル、アマゾンなど世界各国の動植物や生息環境の調査を指揮したのをはじめ、進化生物学研究所をたちあげて（前身は東京農業大学育種学研究所）、21世紀社会が求める

〝環境共生〟の観点を先取りした研究やフィールドワーク後進の指導を行い、環境共生学のパイオニアとも言われている。近藤は、また、海外の調査などの研究成果を積極的に展覧会で公開し、その数は62年から30余年の間に132回におよび、多くは百貨店においてであった。これら展覧会を通じて東京農業大学、育種学研究所、進化生物学研究所の名前が多くの人に知られるようになり、〝東京農大の広告塔〟の役割も果たしていた。またこれらイベントから得られた財は、研究所の運営資金や次なる活動に活用されていた[74]。

『昆虫展』では新宿小田急も進化生物学研究所の協力を得ていたが、展覧会をする以上は、ただ昆虫を並べて見せるだけでなく、学問的な裏付けのもとでの構成というある程度の教育的な配慮も必要との判断で、同研究所の指導による生態展示もその一環であった。教育の視点は他の百貨店も同様であったと思われる。そして、こうした展覧会を開催し指導を仰ぐことで、各百貨店は同研究所の活動にささやかながらも貢献をしたのではないかと考える。

◉仮設会場の限界

新宿小田急では、76年から81年までの間、毎年夏休みには『昆虫展』を開催し、毎回大体3週間で4万人、1日平均2000人以上の入場者が期待できる手堅い展覧会であった。82年からは別ジャンルの子ども催事を行い、85年に3年ぶりに昆虫展を再開した。ところが内容的には以前のものとは遜色ないにもかかわらず、入場者数は半減し2万人という結果であった。反省会でその原因を色々論議するなかで、要因のひとつとしてあげられたのが〝東京ディズニーランド〟であった。

東京ディズニーランドの開業は83年4月だが、その要因は、「夏休みには子どもたちがディズニーランドに行くようになったので百貨店に来る暇がない」ということではなく、「あの夢の舞台には敵わない」というところにあった。

子ども向けの展覧会では、子どもがひと時現実から離れてその世界にひたり楽しんでもらおうというのが企画と会場づくりのコンセプトである。そのために先に述べた通り会場の演出や造作には工夫をこらしそれなりの費用をかけていたが、それでもアプローチ空間をはじめ会場内のすべてから日常のリアルを排除することはむずかしい。以前は満足させられた空間演出でも、ディズニーランドを経験した子どもたちにとってはそれこそ子どもだまし以下になり彼らをひきつける魅力にはならないというところにあった。

ディズニーランドのように、会場で自己完結のリアリティを確保しようとすれば多額の造作費用がかかることになる。文化催事はもうけるところではないと言っても自ずと限度があり、もしそうした会場演出を行うとすればわずか2～3週間の催し物に費やすお金としてはやはり過剰という判断となる。小田急グランドギャラリーでは、翌年の夏休みから子どもむけの本格的な展覧会を開催しなくなった。他にも様々な理由はあったが、仮設会場の限界というのも理由のひとつであった。

団塊ジュニアも成長し、85～86年の頃の子ども人口は、12歳の約210万人がピークで、それ以下の年齢層は急激な減少を示していた。(75) 80年代後半頃から、小田急だけでなく都心の多くの百貨店では子ども向けの展覧会は縮小傾向となっている。やはり費用対効果の点であわなくなってきたというのが大方の判断であったと思われる。

（1）『一九七二』坪内祐三［2003年4月／文藝春秋］13～14頁（文庫版）
（2）『シリーズ日本近現代史⑨　ポスト戦後社会』吉見俊哉［2009年1月／岩波書店］〈はじめに〉ix頁
（3）『シリーズ日本近現代史⑨　ポスト戦後社会』吉見俊哉（前掲）42頁

（4）『昭和49年日本百貨店協会統計年報』［1975年6月／日本百貨店協会］29頁
（5）1970年および79年の『日本百貨店協会統計年報』統計編にもとづき算出
（6）『百貨店と文化』飯田知雄［1997年9月／ラビィ］123〜124頁
（7）〈自決直前、『三島由紀夫展』の日々〉山口基［『出版ニュース2011年1月上・中旬合併号』／出版ニュース社］13〜14頁
（8）『百貨店と文化』飯田知雄（前掲）125頁
（9）1962年の開店の時の『根津美術館展』、1963年の『清朝時計展』など
（10）『百貨店と文化』飯田知雄（前掲）128〜129頁
（11）朝日新聞1970年11月25日夕刊
（12）〈自決直前、『三島由紀夫展』の日々〉山口基（前掲）18頁による
（13）『百貨店と文化』飯田知雄（前掲）125頁
（14）1970年5月15日〜20日　第5章参照
（15）『展覧会の壁の穴』小林敦美（前掲）152頁（三島展をプロデュースした渡部真吾樹（飯田の一文では外部スタッフ）の言葉として伝えている）
（16）『展覧会の壁の穴』小林敦美（前掲）151頁
（17）〈三島さんとあった日々〉横尾忠則［『三島由紀夫研究10』／2010年11月／鼎書房］（三島由紀夫記念館開館10周年記念フォーラムの対談（2009年11月）の記録）
（18）朝日新聞1971年11月17日朝刊
（19）『「三島由紀夫展」図録』［1979年1月／毎日新聞社、三島由紀夫展企画委員会］
（20）毎日新聞1979年1月6日夕刊
（21）毎日新聞1977年8月17日夕刊
（22）『テレビCMの青春時代』今井和也［1995年1月／中央公論社］による
（23）『テレビの黄金時代』小林信彦［2002年10月／文藝春秋］320〜322頁（文庫版）
（24）『CMにチャンネルをあわせた日　杉山登志の時代』馬場啓一＋石岡瑛子［1978年12月／PARCO出版局］所収の〈序文〉馬場啓一
（25）『日本の広告費』［電通／http://www.admt.jp/library/statistics/ad_cost/past.html］にもとづき算出
（26）『テレビCMの青春時代』今井和也（前掲）による
（27）『昭和史戦後編　1945―1985』半藤一利［2006年4月／平凡社］527頁

(28)これらの展覧会の開催経緯については、『展覧会　うらかたの記』立石亥三美［1995年7月／北辰社］の〈各社争奪戦の果てに――グアム島の横井庄一、ルバング島の小塚金七、小野田寛郎展〉による
(29)朝日新聞1972年1月26日朝刊による
(30)朝日新聞1973年1月28日朝刊
(31)朝日新聞1972年2月17日朝刊ほか
(32)『占領下の「原爆展」』小畑哲雄［1995年6月／かもがわ出版］
(33)朝日新聞1949年4月21日
(34)読売新聞1950年7月19日朝刊
(35)『日本現代写真史　1945―1970』（前掲）所収の〈年表〉515頁
(36)読売新聞1964年8月15日朝刊、『展覧会の壁の穴』小林敦美（前掲）90～93頁による
(37)『展覧会の壁の穴』小林敦美（前掲）94頁
(38)朝日新聞1967年9月7日夕刊、9月11日朝刊
(39)朝日新聞1968年7月30日夕刊
(40)朝日新聞1970年6月26日朝刊
(41)読売新聞1975年8月4日夕刊
(42)朝日新聞1982年7月29日夕刊
(43)朝日新聞1982年8月5日朝刊
(44)朝日新聞1980年10月2日夕刊
(45)〈1953年度の業界展望〉『キネマ旬報№79　1953年12月上旬号』／12月1日／キネマ旬報社］79～81頁
(46)『展覧会の壁の穴』小林敦美（前掲）91～93頁
(47)『美術館の政治学』暮沢剛巳［2007年4月／青弓社］109頁
(48)朝日新聞1975年8月20日朝刊、8月29日朝刊、9月12日夕刊、9月17日朝刊による
(49)『セゾン文化は何を夢みた』永江朗［2010年9月／朝日新聞出版］220頁による
(50)『ポスト消費社会のゆくえ』辻井喬、上野千鶴子（前掲）54～56頁
(51)『ポスト消費社会のゆくえ』辻井喬、上野千鶴子（前掲）56頁

(52)『ポスト消費社会のゆくえ』辻井喬、上野千鶴子（前掲）59頁
(53)『セゾン文化は何を夢みた』永江朗（前掲）228頁
(54)『セゾン文化は何を夢みた』永江朗（前掲）228頁
(55) 朝日、毎日、読売各紙1971～75年各1月1日朝刊（71年の毎日は1月3日、72年は朝日だけの掲出で1月6日）
(56)〈時代精神の根拠地として〉堤清二『「日本現代美術の展望」展　図録』［1975年9月／西武美術館］
(57)『ポスト消費社会のゆくえ』辻井喬、上野千鶴子（前掲）144～146頁による
(58)〈創立者の精神〉難波英夫『「西武美術館　セゾン美術館の活動　1975―1999」』［1999年2月／セゾン美術館］7頁
(59)『全国博物館総覧』［1978年1月／日本博物館協会／ぎょうせい］
(60)『セゾン文化は何を夢みた』永江朗（前掲）176～178頁
(61)『セゾン文化は何を夢みた』永江朗（前掲）226頁
(62)〈美術館で定期コンサート〉朝日新聞1976年12月17日夕刊
(63)〈美術館の常識突き破る　成功した「三宅一生、一枚の布」〉朝日新聞1977年2月24日夕刊
(64)〈安部公房のイメージ展　美術館を意識した成果〉朝日新聞1977年6月10日夕刊
(65) 朝日新聞1978年10月4日夕刊
(66) 数字、ランキングなどは日経流通新聞の毎月の〈百貨店・チェーンストア販売実績〉および毎年6月に発表される〈日本の小売業200社ランキング〉による
(67) 日経流通新聞1977年2月3日
(68) 朝日新聞1975年9月4日朝刊、〝ぶらんでーと東武〟は池袋東武の愛称として71年11月のリニューアルオープンの時から使用
(69) 日経流通新聞1980年1月17日による
(70)『美術になにが起こったか　1992―2006』椹木野衣［2006年11月／国書刊行会］161頁
(71) 読売新聞1967年8月22日朝刊、朝日新聞1968年8月13日朝刊
(72) 毎日新聞1968年8月3日朝刊
(73) 読売新聞1969年8月31日朝刊
(74)『進化生研ライブラリー9「環境生物学の祖　近藤典生の世界」』淡輪俊［2010年10月／東京農業大学出版会］32頁による
(75) 政府統計〈人口推計　全国　年齢、男女別人口〉1985年

終章　百貨店展覧会の実像

1　百貨店はなぜ展覧会を行うのか

◉百貨店の主体性

百貨店で開催される展覧会において、百貨店自らが主催者として名を連ねることは西武美術館の登場まではほとんどなかった。そのためか、百貨店の展覧会は、企画は新聞社で百貨店は会場を提供するだけの立場という受身的な図式で理解されることも多いようである。確かに新聞社が文字通り主催者として企画をたて展覧会を形にしていくことは数多かったが、一方で百貨店側からの企画やアイディアで始まって百貨店自らが実務まで取り仕切る場合もあり、また新聞社の主催が名義的な場合もありで、個々の展覧会に対する新聞社の関わり方、百貨店の関わり方は千差万別であった。ただ、いずれにしても展覧会を実施すること自体は百貨店の意志においてなされていて、新聞社主催の場合であっても百貨店の主体性は様々な場面で発揮されていた。では、百貨店はなぜこの利益を生まない事業に主体的に取り組んできたのであろうか。

◉現場が語る展覧会

78年、雑誌『宣伝会議』は〈百貨店復権の販促戦略〉という特集を組み[1]、その中に本書でたびたび紹介した銀座松屋の小林敦美の〈文化催事の意味と在り方〉、ケーススタディとして新宿小田急の文化催事課長である小林久夫の〈企業イメージ形成に寄与した文化催事〉という一文を掲載している。それぞれ百貨店における文化催事の意義を述べていて、それを簡略に紹介する。

松屋の小林は、文化催事の存在価値、使命として、①イメージ形成、②顧客動員、③社会への利益還元の3つの要素をあげ、この要素をゆるぎないものとさせているのが直接・間接の販売促進性であるとしている。その例として、戦後、百貨店で数多くの美術展が開催されて人々の心の餓えを充たしてきたが、それがあったからこそ、高度経済成長とそれに伴う文化的成長のもとで人々と美術の関係を観客から購買客にかえ、〝家庭に美術〟の時代を迎えるようになったことをあげ、文化催事は永い眼の販促活動でもあると主張している。また、新しい時代の潜在的需要で、営業部門が手をだしかねている商品群のクローズアップも文化催事の補助的使命であるとしている。

小田急の小林は、文化催事の目的として、①顧客動員、②店格の向上、③新規顧客の開拓、④地域社会への奉仕、⑤国際親善、⑥その他　をあげ、それぞれ目的は単独ではなく、2つ以上が複合されているとし、企画のポイントは①オリジナリティ、②パブリシティ効果、③百貨店らしく（テーマは「明るく楽しい」、内容は「やさしく、わかりやすい」）を重視していると述べている。

両者ともに使命・目的として、〝顧客動員〟と、表現はそれぞれ異なるが、〝店のイメージ向上〟、〝社会への還元〟をあげている。このうち、成果がはっきりと視覚化される〝顧客動員〟について、松屋の小林は「興行としてはめったにひきあうことのないこの文化的投資が単に一時的な動員策にとどまるならば、文化催70年の歴史を綴ることはなかったであろう」と、小田急の小林は「文化催事は、顧客動員数によってその成否を評価してはならない。質的レベルの高いものが吸引力をもっているとは限らない。むしろ逆の場合の方が多いだろう」と、いずれも集客数のみに拘泥することに釘を刺している。そして松屋の小林は「永い眼の販促活動」、小田急の小林は「継続と繰り返しによる累積効果によって真の目的が達成される」という言い回しで、使命・目標のあとふたつである〝イメージの向上〟や〝社会への還元〟は、長い期間にわたる積み重ねがあってこそ成果がもたらされるとしている。

オイルショック後の70年代後半の個人消費の落ち込みの中で、百貨店はスーパーと専門店の挟撃を受けての苦戦というのが大方のとらえ方であった(2)。だからこそこうした〝復権〟という特集も組まれたのだろうが、この70年代後半は百貨店の展覧会をとりまく状況も変化し、改めてその意義を考えさせられる時期でもあった。大きな変化の最たるものは集客数の減少であった。

先にも述べた通り、50〜60年代の百貨店の展覧会はコンスタントに集客をし店への動員策としては確実なものであったが、70年代になるとそれにも陰りがでてきた。新宿小田急のデータを見ると、60年代はどの展覧会も内容を問わずほぼ一定数以上の入場者を数えていたが、70年代になると入る展覧会は変わらず多くの集客があるが、入らないものはサッパリで、内容によって大きなばらつきが出るようになってきた。年間平均の1日当たりの入場者数は、70年代始めまではほぼ3000人であったのが73年以降は2000人弱という急激な落ち込みを見せるようになる。減少傾向は新宿小田急だけのことでなく、他の百貨店でも、実数は不明だが、同様であったことは当時の関係者からもよく聞かされていた。常に集客をしている状態であればこと改めて問われることでもないが、成果としては非常にわかりやすい〝顧客動員〟が目に見えて減少してくれば、直接的に稼ぐわけでもなく逆に多額の費用を投じる事業であるだけに、集客以外の意義を問われるようにもなってきたことは容易に推察できる。それに輪をかけたのが、75年に誕生した西武美術館がもたらした〝文化戦略〟の圧力である。

池袋西武の営業的な成功には、西武美術館を核とする文化戦略が大きく寄与しているとマスコミや同業他店にも捉えられたことは先に述べた通りである。文化催事は取組みの強弱は別にして、どの百貨店も行っていることで、西武は成功しているという評価を前に改めて自店が文化催事を行うことの意味づけを、直接の担当者は自問もし社内外からも問われるようになる。〈百貨店復権の販促戦略〉にある二人の文章は、長年の現場経験からその答えを導き出そうとしているように思われる。とは言え、ここで披瀝された百貨店の文化催事の意義は、現場はどのような考えで取組んでいるのかという、いわば現場レベルの答えである。では経営のレベルではどの様に考えていたのであろうか。

◉経営が語る展覧会

百貨店が文化的な催しに取組む理由についてよく紹介されるのが、髙島屋の総支配人であった川勝堅一の談である。(3) 関係する部分を整理し、箇条書きで引用する。

- 百貨店が種々の大催物を行うのは顧客誘致だけが目的ではない。
- 百貨店は他の小売業と異なり文化的使命を有している、つまりここに近代生活に於ける百貨店存在の意義がある。

• 日本では図書館、美術館、博物館等の、知識的、趣味的文化設備が不十分であり、これを補うためにも百貨店がある。
• 「特別大催し」と称するものは、社会のあらゆる層によびかける魅力をもつ所の時局に即してニュースバリューに富むもの、あるいはそのシーズンに適切な大仕掛けなもので、営業政策を超越し、国家的、社会的見地に立ち、全階級、全国民を対象として計画され、多額の経費をかけることになる。
• 「特別大催し」は、髙島屋全店の高等政策として、社会的奉仕の念願の達成をみるための一つの方法なのだから、企画をするに当っては営利を度外視することによって初めてその理想を達成し得ると堅く信じている。
• 三越や他の一流大百貨店が大発展を遂げたひとつの要因に、確かにこの種の催物がある。

と述べ、

①お客様に先づ一度店に来て頂くため
②来店なさった方には、来店された丈の価値と利益とを分配するために
③そして、再度重ねて来て頂くために……

髙島屋では社会的にもためになり、営業の上にも役立つ催物を行うということになる。としている。最後の①〜③は、現在で言えばまさに企業のブランディングそのものであり、この営利度外視の「特別大催し」が髙島屋の経営理念、および営業戦略の中にしっかりと位置づけられていたことが理解できる。「特別大催し」は、髙島屋への好感度を高めるものであり、また新規のお客様を獲得しそのお客様をリピーター化するものであり、それらが一体のものとしてとらえられていて、髙島屋ファンを拡大していくための施策であった。先々の固定客を見据えているからこそ、今のこの催しは営利を度外視しても構わないことになるのだが、集客だけが目的ではないと言っても、今のお客様とともに新しいお客様にも来店していただくのがお客様の拡大、

固定化の前提なのだから、集客を度外視するということでは決してなかった。

川勝のこうした考え方の元をたどっていくと、日本で最初の百貨店である三越の経営責任者であった日比翁助のもとで手腕を発揮した濱田四郎による〝年中休みなし店内の博覧会化〟と〝売る事が目的でなく只顧客に観せる為の展覧会〟に行きつく。これもまた、どのように新たなお客様を呼び寄せ、お客様に満足していただき、固定客となっていただくかの知恵であった。

戦後の百貨店も、展覧会についてのこうした考え方を継承していた。

『日本百貨店協会10年史』は、「百貨店がなぜ催物を行うか。もちろんこれが営業政策の一つであることには違いない。しかし現在ではこの催物が一般市民の生活文化、社会知識の向上に大きな功績を残している［……］国宝展、絵画展を行う。日頃わざわざこれをみに行くことのできない人達には、手軽にそして一個所に［……］無料ないしは50円、100円程度の入場料で近代設備の完備した会場でみることができる。誰しもが喜ぶのは当然である。［……］ここに百貨店と市民とのむすびつきはより密接になる。［……］小学児童等が社会科の勉強に気象展、昆虫展等へ大挙来場することも少なくない。百貨店としては必ずしも採算的に満足すべきでない催物も少なくないが、ただ「宣伝」というだけでは済まされない意義がある」と述べ、某店幹部の、「特に印象的な宣伝方法と考えられるものに展覧会がある。それは店格を高め、店を知ってもらわんがためのものである。［……］当店は、印象的な宣伝をなすことによって、顧客に、次も、次回もという風にきていただくように努めている」という言を引用し、百貨店の展覧会の意義を記している(4)。

どの店も展覧会を開催していてそれが集客の手段として有効であり、また当たり前と思われていたためか、百貨店がなぜ展覧会を行うのかについて、その後の新聞・雑誌をたどっても経営レベルからの目立った発言は見出せなかった。その風向きが変わったのは、やはり西武の文化戦略が成功したとみなされ各店がそれに追随する動きをみせ始めた70年代末からである。

79年の伊勢丹美術館の開設について同店の取締役本店長は「文化施設・催事は必ずしも購買にはつながらないが、顧客の動員、新しい顧客の開拓には有力な手段だ。〝豊かな生活文化のある暮らし〟を提案する百貨店にとって、絶対必要なもの」(5)と述べている。そして、これは単に自店だけのことではなく、「地区間競争の視点から、地区商店街の核として文化施設で集客力増強をねらう」(6)施策でもあった。この伊勢丹のリニューアルに関連して、東急百貨店副社長は「今は買う方も売る方も飽きてきたけん怠期に入っている。その中で、客をひきつけるとしたら、文化、文明、教育、レジャー、教養など売り場に直結しない施設が必要だろう」(7)という見解を述べている。

商品力とともに集客力をいかに高めて行くかは、百貨店に限らずあらゆる小売業態に共通する、しかも永遠の課題である。地域振興や街づくり、文化発信基地や都市生活者のニーズの多様化に応えるなど企業のブランド価値を高めながらの新規顧客の吸引、顧客の固定化という命題に対し、美術館を置いた店も置かない店も、展覧会にそれを果す役割を託した。戦後の百貨店の展覧会への取組みは川勝の後継者と言ってもまちがいなく、営業戦略としてこれを推進していた。

◉堤清二の特異な立ち位置

では西武美術館を率いる堤清二は、展覧会を含めての文化事業を百貨店が行うことをどのように考えていたのであろうか。堤は、文化に対する高い見識や幅広い知見といった点で、百貨店だけでなく戦後日本の企業経営者の中でも稀有な人物であるが、遺された数多くの著作や発言をたどってみても、また西武の総帥であったときも、美術館が百貨店の経営にどのように位置づけられるのかについて言及することはほとんどなかった。

例えば、既に紹介した西武美術館開館のときの堤が発した宣言文でも、現代美術を扱う美術館として西武美術館はいかにあるべきかを主張しているが、その活動によって西武百貨店は何を目指していくのかは語っていない。

堤が最初に手掛けた現代美術展である『パウル・クレー展』は、「効率がわるく結果の出せない8階の催物場を、それだったら美術展を開催して集客すれば観覧後その人たちは下層階に流れてお客になるということで、前々からやりたかったクレーの展覧会をやることにした」とあるが、「社内的には販売促進という名目で進めたが、実際は個人的な思いの実現であった」と回顧している。[8] 堤による百貨店の文化事業はこうして始まったのだが、後年の堤と永江朗との対談[9]をみると、西武美術館をはじめ自らが思い描く文化的な活動が百貨店の営業成績に直接資するとは堤自身は考えていなかったと判断できる。

「堤清二の「クレー展」から西武美術館設立へといたる力の質とは、ただ純粋に（それゆえ欧米の社会では極めて常識的な）文化・芸術支援者としてのそれであった」[10]という難波英夫の分析や、「［西武］美術館で紹介したアーティストたちが日本でも評価を受けて、さらに海外で活躍するようになれば、それは私自身の喜びでもあり［……］私の目に間違いはなかった、「ざまーみろ」という気分を味わえます」[11]という堤の発言を鑑みると、堤にとって西武美術館の設立は、百貨店としてではなくパトロン的な意識によるものであったと考えられる。たまたま得たのが百貨店というステージであったので、堤はそこに文化・芸術を支援する場を設けたが、もし堤が鉄道の経営者になっていれば沿線の適当な地に現代美術館を設立して現代の芸術家たちの支援を行ったのではないだろうか。

このようにたどっていくと、堤の文化事業の取組みは百貨店業の枠組みで考えられたものではなく、川勝が語る百貨店の経営戦略に位置づけられた〝文化的使命〟や〝社会的奉仕〟と比べてみるとかなり異質であることが理解できる。ここで紹介した堤の百貨店経営とは距離をおいた文化事業についての発言は、堤が現役を退いてから発せられたものである。在任中は、「私どもの美術館では、客寄せを目的としないで、これまで日本ではあまり注目されなかった人や芸術を掘り起したりすることに力をいれた。結果的にそれが西武のイメージアップになり、客を呼ぶようになった[12]」といった発言もあるが、美術館はイメージ戦略の一環であるという言葉は「言い訳として[13]」と述懐している通り、堤の本音ではなかった。しかし、西武の広報は当然堤の〝言い訳〟の方をマスコミに対してアナウンスし、マスコミはこのアナウンスに基づいて記事化した。

例えば日経流通新聞は〈サービス経済化を追う〉という特集の〈百貨店の中の美術館〉で西武美術館に取材し、「社長の道楽という批判だけはやめてほしい」という美術館担当者の言葉を紹介しつつ、「道楽つまり遊びの精神があればこそ［……］独立した美術館という発想が生まれたのだ。文化もカネにする自信は、ないほうがおかしい」と断じ、〝高感度人間をとらえる〟、〝美術という分野をひとつのマーケットとしてみると実に魅力的〟、〝経営情報提供機能〟、〝話題提供機能〟など美術館事業を好意的に捉え、最後に「美術館は可能性に満ちたアイデア」と結んでいる[14]。

実際に西武美術館開館以後の池袋西武をはじめとする西武流通グループの業績拡大や、社会的にも話題になるなどの影響力を目の当たりにすれば、マスコミも同業者も西武の文化戦略、イメージ戦略は成功と捉え、それらはさらに増幅されて伝わっていった。しかし西武美術館の本質は、入場者が多数見込める企画には嫌な顔をするオーナーがいる現代美術支援のための美術館であった。一方で、西武美術館以外の百貨店の文化事業は、美術館を名乗ったか否かにかかわらず、人々のニーズが那辺にあるかを想定し、それに応えていくことで、集客や企業イメージの向上等々ねらいは様々であっても、基本は顧客対応の営業戦略の一環としてあった。それぞれ拠ってたつところが全く異なり、それを同じ土俵にあげて後者には理念がないと論評[15]しても何の意味もなく、百貨店の文化事業、ひいては百貨店が戦後の都市文化の中で果してきた役割を見誤ることになるだろう。百貨店の文化事業が、真正の（というのも妙な表現だが）美術館と並列して論じられるのも、西武が仕掛けたイメージ戦略のおかげであろうか。

いずれの百貨店でも、展覧会＝文化催事の担当は、宣伝や販売促進といった営業をサポートするスタッフ部門に置かれ、そこにかける経費も宣伝や販売促進などに関わる科目に置かれるのが通常であった。百貨店の文化催事は、企業としてのメセナとかの構えたことではなく、通常の営業活動に組み込まれた事業のひとつであった。そして、営業戦略の一環であるからこそ営業成績がふるわなくなれば見直しの対象となる。百貨店が業界として売上高のピークをつけたのが１９９１年、その後バブル崩壊とともに下降線をたどり、２０００年前後にはリストラ、経費削減の嵐が業界を襲う。かける経費の割には直接的な果実が少ない、あるいは成果が見えないとして各店とも文化催事は縮小、休止となり、新宿三越（１９９９年8月）、池袋東武（２００１年3月）、新宿小田急（２００１年10月）、新宿伊勢丹（２００２年3月）の各美術館が閉館となった。あれだけの実績を残し高い評価をうけていた西武の文化事業も企業としての西武百貨店のDNAとはなりえず、堤清二の退場とともに、１９９９年2月セゾン美術館は惜しげもなく閉館となった。堤の後継の経営者やその周囲の人々の美術館に対する認識は、堤の本意とは関係なく西武の広報がアナウンスした通りの営業戦略の一部であった。

2 百貨店の展覧会がもたらしたもの

戦後、百貨店の展覧会は、都市生活者に対して文化をより身近に日常普遍のものとすることに大きく貢献してきた。美術の社会化、大衆化や写真文化の振興をはじめ、グラフィックデザイン、漫画などのサブカルチャーの社会的認知に寄与し、加えて都市のメディアとしてその時々の様々な文化的、社会的な活動、事象を伝えてきた。さらに展覧会の企画費という形で国内外の貴重な文化財の保護・修復や学術・研究を支援し、巡回展の費用分担を通じて地方の文化振興にも寄与するなど、お金の面でも日本・世界の文化、芸術、学術の分野に貢献してきた。戦後日本の実業界の中で、これだけ文化にコミットしてきた業界は他にはないのではないかと思われる。しかも、それは企業の社会的貢献といった肩肘張ったことではなく日常の営業活動の中で行われていた。百貨店は、お客様に喜んでいただき共感していただくために、ただし、百貨店の看板にかけて恥ずかしくない水準を保ちながら見応えのある展覧会を提供してきた。その積み重ねが、戦後の都市文化の多彩で豊かな展開に大きな役割を果してきたことはまちがいない。

◉文化のフローとストック

一方で百貨店における期間限定の〝文化〟の展開が華々しいものであっただけに、日本の博物館界、特に美術館界（国公立の設置者である行政も含め）では、展覧会の取組みに〝文化〟のストックという視点を欠落したまま、〝文化〟のフローが常態化したのではないだろうか。

多くの人に〝文化〟を享受してもらうために、百貨店に限らず博物館、美術館も展覧会という形で次々に目新しい〝文化〟を示していくことは別に間違ったことでもなく、〝文化〟の社会化、大衆化に必要なことである。だが、それと並行して、企画をする側が、館独自の調査・研究で積み重ねられた成果を世に問う展覧会、そしてその展覧会の経験を広く共有化していくことを実践していかなければ、〝文化〟はただただその場限りで消費されていくことになる。もともと百貨店は消費を先導する場で、〝文化〟を消費しフローさせていくことはある意味自然な営みであり、戦後の百貨店がフローの部分で〝文化〟の振興に貢献してきたことはこれまで見てきた通りである。だが、本来ストックの役割も担う機関であるはずの博物館、美術館が百貨店と同じようにフローに注力するばかりでは、それはやはり弊害をもたらすことになる。弊害のひとつと筆者が考えることをあげる。

日本の博物館、美術館で所蔵品あるいは常設展示によって、ルーブルやメトロポリタンとは言わないが、欧米などの著名な博物館、美術館のように海外からの観光客も含めて恒常的かつ広範に観衆を集めるところはどれだけあるだろうか。所蔵品によって館の名称、場所まで想起できる、つまり所蔵品によってブランディングができている館がどれだけあるだろうか。創作されたもの、発掘されたものが、ただ他にない、珍しいものというだけで万人を魅了する作品、資料になるわけではない。そのためには館や学芸職員があらゆる機会をとらえてその価値をブラッシュアップし、それを積み重ねていくことが不可欠である。日本の博物館、美術館、特に国公立のそれが、館の名前だけでアピールできないのも、期間限定のしかも館としての蓄積や研究から企画されたとは言い難い展覧会を重ねる一方、自らの所蔵品や常設展示の価値を高め、文化のストックとしていく努力を怠ってきたためではないだろうか。

「デパートとは、必要を「満たす」ための場ではなく、そこに行って初めて必要を「発見する」場である［……］消費者をデパートに「来させてしまえ」ば、もう「勝ち」なのである」[16]という見解に従えば、「勝ち」を得るための「来さしてしまえ」の動機付けが必要である。百貨店は発祥以来、新しいもの、珍しいもの、共感できるもの、改めて知るものを享受するワクワク感を動機付けの有力な手段としてきた。そして戦後の百貨店は、そのワクワク感を〝文化〟で包み〝展覧会〟というステージで提供し続けた。

百貨店が展覧会を開催しなくなったので、百貨店から〝文化〟が消えたということではない。東博の平成館や国立新美術館で開催されるような大規模な美術展を開催することが、現在のそしてこれからの百貨店のブランディングに役立つことはもうないだろうが、新しいもの、珍しいもの、共感できるもの、改めて知るものを提供する手段が唯一展覧会というわけではなかろう。今も百貨店各店では、商品、催事、売場作りほか様々な提案によって、お買物にプラスアルファのワクワクは脈々と受け継がれているし、これからも受け継いでいってほしいものである。

◉体験の場、出会いの場

評論家の宮崎哲弥は、小学生低学年の頃、親に連れられて百貨店で開催されていた『原爆展』を見に行った。60年代終わり頃ということなので、銀座松坂屋で開催の『長崎原爆展』であろう。夏休みの子ども向け催し物である『世界のヘビ展』を見に行くくらいのノリで行った宮崎少年はこれに大きなショックを受ける。

展示された遺物や写真パネルは広島、長崎に投下された原子爆弾の破壊力の大きさ、無辜の市民に降りかかった災厄の理不尽さ、人体に与えたダメージの惨さを如実に語っており、しばらくは食事が喉を通らぬほどのショックを受けた。この衝撃は私のなかに長く留まり、心を一巡し、やがて根源的な反戦志向やアメリカに対する怒りに転じていく。(17)

また、ジャポニカ学習帳の表紙で、昆虫や花の写真を40年間にわたり提供してきた山口進は大手の会社でSEをしていたが、「ある日、デパートの昆虫展で、写真のクレジットに〝昆虫写真家〟と肩書きがあるのを見て」その道に転じたという。(18)

百貨店は、買物をするところではあるのだがそれだけではなかった。

いつの頃からか、こうした「原爆展」は開催されなくなった。もちろん「資料館」や「記念館」の類では常設展示されているのかもしれないが、ごく普通の市民が集う日常の場で、原爆の災禍を目の当たりにする機会がなくなってしまったことは残念でならない(19)。

このように宮崎が述懐する通り、百貨店の展覧会は思いがけない、意図せざる出会いの場でもあった。年末の買い物に飽いたお父さんが、たまたまやっていた『報道写真展』を見て今年を回顧して感慨にふける。わざわざ目的をもって見に行かなくても、こうした体験を日常的に得ることができるというのも豊かな生活ではないだろうか。

日本橋東急、銀座松坂屋は既になく、渋谷東急東横店も現在は西館だけとなりいずれその姿を消すことになる。21世紀になって、都心各地ではこうした百貨店があった場所も含めて目覚ましい再開発が行われ、そこには地域の文化機能を強化するために、六本木の森美術館、サントリー美術館、丸の内の三菱一号館美術館、日本橋の三井記念美術館をはじめ、多くの美術館・展覧会施設が置かれるようになっている。しかし、こうしたディベロッパーによる都心再開発に伴い新たな展示スペースができたとしても、そこで戦争の惨禍を伝える展覧会はまず行われないであろう。

２０３１年あるいは２０３６年、東日本大震災20年、25年の時に、都心の一等地の交通至便なアクセスにストレスを感じない「ごく普通の市民が集う日常の場」で、現物資料によって原発事故の厄災を伝え、そこで思いがけない出会いを提供することはできるのであろうか。私たちは、今はそうした場所を失ってしまったが、そのような場を改めてつくりあげていくことも必要ではないだろうか。

日本の小売業の近代化とその後の展開に極めて大きな役割を果してきた百貨店は、また近代以降の日本の都市文化の形成と変遷をたどるときには欠かすことができない存在であり、極めて多面的な相貌をもつ魅力ある研究対象である。こうしたことから三越をはじめとする百貨店が誕生してから、特に戦前期の活動について、経済史、社会史、文化史など様々な視点から研究・論考がなされているが、戦後期の研究についてはまだこれからと思われる。また、戦後の百貨店が都市生活者に対しどのような文化と娯楽、知的好奇心の充足を提供してきたかを考える上で、百貨店の展覧会は重要なファクターとなるはずであり、さらにそれは百貨店のフィールドにとどまらず、現在に続く人々の文化の享受・消費、展覧会のあり方、日本企業の文化支援等々を考えるうえで重要な示唆を与えるものと思われる。本書がそうした研究の一助にもなれば幸いである。

(1)『宣伝会議1978年4月臨時増刊号』〔宣伝会議〕
(2)一例をあげると、〈消費者、百貨店離れか〉〔日本経済新聞1977年5月4日朝刊〕は、「〔経済企画庁の分析として、百貨店の売上高の伸び悩みは〕価格面ではスーパーに、個性面では専門店に後れをとった結果」と伝えている。
(3)〈百貨店と催物〉川勝堅一〔1936年7月／『三田広告研究No.20』／慶應広告学研究会〕
(4)『日本百貨店協会10年史』（前掲）216〜217頁
(5)日経流通新聞1980年1月17日
(6)読売新聞1979年9月9日朝刊
(7)日経流通新聞1979年10月29日
(8)『ポスト消費社会のゆくえ』辻井喬、上野千鶴子（前掲）54〜57頁による
(9)〈軽井沢で堤清二と再開して分かったこと〉永江朗（前掲）
(10)〈創立者の精神〉難波英夫（前掲）6頁

（11）『ポスト消費社会のゆくえ』辻井喬、上野千鶴子（前掲）１４７頁
（12）朝日新聞１９８２年10月６日夕刊
（13）〈軽井沢で堤清二と再会して分かったこと〉永江朗（前掲）２４８頁
（14）日経流通新聞１９７７年２月３日
（15）『私立美術館――西武・セゾン美術館を中心に』村田真［『artscape２０００年12月15日号』www.artscape.jp］
（16）〈デパート文化空間必要〉鹿島茂［朝日新聞２０１０年２月10日夕刊］
（17）〈宮崎哲弥の時々砲弾〉宮崎哲弥［『週刊文春２０１５年６月18日号』］
（18）『週刊文春２０１５年11月12日号』所収の〈Close　Up〉
（19）〈宮崎哲弥の時々砲弾〉宮崎哲弥（前掲）

あとがき

展覧会の主役

「展覧会の主役はお客様と展示品」、筆者が現役の頃、上司から受けた教えである。百貨店であるのだから〝お客様〟は当然だが、主役が〝展示品〟とは、美術展などでの展示作品ばかりでなく、例えば時代や人物といった展覧会でもお客様にお見せするのはあくまでも展示品であり、お客様に伝えたいことは、それがどのようなテーマであっても、展示品＝モノに語らせよということと理解した。

「展示品が主役」のもうひとつの意味は、展覧会場でスポットをあてるのは展示品＝モノだけということでもある。ひとつの展覧会をつくりあげるまでには、企画者、所蔵家、監修者を始め実に多くの人が関与する。だが、これら関係者は展覧会をつくりあげていく上でどんなに大きな役割を果たそうとも、展覧会場では展示品の陰に隠れる〝裏方、黒子〟であり、そこを主役にしてはいけないという戒めでもあった。

見せるモノがあって、見る人がいて、それらが一対となって展覧会ということになる。まさに展覧会場は〝モノ〟を見せる場であり、本書のサブタイトルを〝みせもの〟とした所以である。

百貨店展覧会の実績をデータ化しようと思いたったのが本書の出発点で、きっかけは国立新美術館のサイトにある戦後の美術展のデータベースだった。１９４５年から２００５年までの60年間に国内の美術館で開催された美術展をデータ化して公開しているものである。川崎市市民ミュージアムに在職中、過去の展覧会を調べる必要があってそれを利用した時、百貨店の扱いが不備であり美術展のデータベースとしては不完全ではないかと感じた。

不備とは、採録の対象を〝美術館〟としているため、百貨店の美術展は〝美術館〟開催のものに限られている点である。その結果、百貨店の展覧会事業のモデルを作り上げ戦後美術を語る上でも欠かすことができない数々の展覧会を行った日本橋三越も、50年代には日本の美術界に刺激を与える先進的な美術展を次々に開催した日本橋髙島屋も、デザイン関係の展覧会では定評のある銀座松屋も、池袋西武で開催された日本初のパウル・クレー展も、このデータベースには存在していない。さらに、伊勢丹も小田急も美術館を名乗る前と後で事業内容が変わったわけではないのだが、それを〝美術館〟で線引きして美術館となった後の展覧会だけが収録されていることもあわせて、これでは戦後の美術展の開催実績を正しく伝えるデータベースにはならないのではないかと思った次第である。

このデータを見ていてもうひとつ気がかりなことがあった。

百貨店の展覧会に関して、美術展は不完全ながらもこうしてデータ化され他にも資料や研究の類がそこそこあるので、後々この時代にどのような美術が展覧会となって人々に享受されていたかをたどっていくことはできるだろうが、美術以外の分野の展覧会はどうなってしまうだろうかということである。現状では、それらは断片的なデータしかなく、またそれを系統立てて論考・研究したものもなく、このままでは百貨店の展覧会の多様性が人々の記憶から消え去ってしまうのではないかという懸念を抱いたのである。

百貨店は都市の文化的なインフラ機能をもって戦後日本の都市文化に大きな影響を及ぼしていたが、そのことを如実に示す多彩な展覧会の実績が忘れ去られてしまうことも、また美術に関しても、ある時は国公立美術館を凌ぐ内容のものを開催していた百貨店の美術展が美術館を名乗ったか否かで選別され存在しなかったことにされてしまうことも、百貨店で展覧会の仕事に携わり、その時々でお客様に喜んでいただいたことを肌で感じてきたものとしてはやはり忍びないものがある。そこで、戦後の百貨店展覧会のデータをできるだけ多く集積し、それぞれの分野でどのような展覧会が行われていたのかをまとめ、それを公表することでその多様性と中身を多くの方に知っていただこうと思い本書の執筆となった。

市民ミュージアム館長を退任してから本格的にデータ収集に取り組んだのだが、私が思い描いていた以上に百貨店の展覧会はバリエーション豊かであった。伝えておきたいことをあれもこれもと欲を出しているうちに随分の月日を費やすことになってしまい、ようやく約8000件のデータの一覧と原稿を仕上げることができた。ここにたどり着くまで温かく見守ってくれていた妻にはこの場を借りて感謝の気持ちを伝えたい。

そうしてでき上がった拙稿に興味を示し、出版にいたるまで尽力をいただいた筑摩書房編集部の田中尚史氏には心からの感謝を申し上げるとともに、筑摩書房へ紹介の労をとってくださった大学時代の畏友である冨谷至氏、出版事情など何もわからない私に適切なアドバイスをくださった高校のときからの友である三浦拓氏にも改めてお礼申し上げます。さらに、図版掲載に協力いただいた朝日新聞社、読売新聞社、日本経済新聞社、本書の趣旨をご理解いただきロゴマークの使用を快く許可してくださった百貨店各店、加えて社内資料を提供してくださった小田急百貨店、関係資料を紹介いただいた川崎市市民ミュージアム学芸員の佐藤美子氏にも心から感謝申し上げます。

展覧会の関係者の端に連なる我々百貨店の担当者も当然〝裏方、黒子〟であるが、展覧会を成り立たせるためには、現場の〝裏方、黒子〟の力が欠かせない。現場では、会場のデザイン・造作施工、図録ほか印刷物のデザイン・印刷、作品輸送や展示作業の美術梱包など様々な協力会社が関係する。そこに関わる各社の担当者はそれそれの会社の仕事として参画しているのだが、どこかに文化に携わるという誇りをいだいていたのが思い出される。そうした人たちがそれぞれの職分の専門家として誠実に実務にあたっていたからこそ、上質な会場、効率よく事故のない作業進行、鑑賞の経験を記憶に留める図録や魅力的な告知ポスター等々がもたらされ、百貨店の展覧会をさらに豊かなものにしていったのではないかと思う。当時を思いおこし、現場でともに働いてきた方たちに改めて感謝の念を捧げたい。

最後に、30数年前に異動でたまたま小田急グランドギャラリーに配属された時の上司であった故小林久夫氏に、「あなたが文化催事について「無駄も財産」と言いながら、展覧会稼業のおもしろさを教えてくれたおかげで、こうした本を出版することになりました」との報告とともに、改めて哀悼と感謝の念を捧げます。

百貨店の展覧会の多様性とその内容を広く知ってもらうためという意図の一端はなんとか達することはできたが、その広がりのすべてを紹介したわけではない。紙幅の関係で割愛せざるを得なかった美術関係の、特に40～50年代の日本の現代美術の動きや、日本人が大好きな欧米の近現代美術、あるいは工芸や書道、浮世絵、さらにテレビ番組や映画、漫画とアニメ、その他風俗的な展覧会などなど、昭和の世相を物語る興味深い百貨店の展覧会はまだまだ数多く、あわせて百貨店の展覧会の仕組みや公立美術館との関係なども含めて、いずれまた機会をみて紹介を試みたいと思っている。

積み上げた都内の百貨店・専門店ビルの約８０００件の展覧会データであるが、これを私が個人で保持していてもしかたなく、今後の研究などに役立ててもらうために全体を公共財として公開したいと考えている。データの校訂やとりこぼした展覧会の付加などのメンテナンスも含めて、どのように公開できるのかを模索し実現していくのもこれからの私の課題と思っている。

自然昆虫探険とこども王国	1985	7/30 ～ 8/4	池袋三越		
	ふれあい昆虫ランド、縁日ゲームランドなど				
おもしろ昆虫科学館	1985	8/9 ～ 8/21	日本橋東急		300
	13 の部屋で世界の昆虫				
北海道の昆虫と北の仲間たち展	1987	8/6 ～ 8/17	玉川髙島屋	世田谷昆虫愛好会	無料
	英人探検家ブラキストンが見つけた不思議、チョウの観察、北海道の珍しい魚や動物たち				
第 1 回 トンボの生態写真展	1987	8/20 ～ 8/25	池袋東武	世界野生生物基金日本委員会ほか（後援：朝日新聞社）	無料
	入賞写真約 250 点とトンボの標本				
昆虫ふしぎ物語	1987	8/? ～ 8/26	池袋西武		無料
	ファーブルの世界と出会う、生きた昆虫のありのままの姿				

世界のカブト・クワガタと大昆虫展	1980	8/5 ～ 8/10	新宿三越	毎日新聞社ほか	300	ジオラマと標本、3000 種、2 万匹を展示
昆虫と自然展	1980	8/8 ～ 8/27	新宿小田急	（協力：進化生物学研究所）	400	会場に川をつくり、水辺に住む昆虫とそれをえさとする小動物、また、みつばち、蚕などの生態をとおして昆虫と人間の関係をさぐる
蝶の百科展	1980	8/14 ～ 8/19	銀座松坂屋	日本テレビ放送網、宮城テレビ放送	無料	世界 40 カ国から 3000 種、1 万頭
世界の昆虫とゲーム展	1980	8/15 ～ 8/20	上野京成		無料	世界最大のカブトムシをはじめ世界の珍しい昆虫、世界の珍しいゲーム展示
昆虫のくらし展	1981	7/24 ～ 8/12	新宿小田急	（協力：進化生物学研究所）	400	アリ、ホタル、昆虫のすみわけなどの生態観察、世界の珍しい標本 300 箱
昆虫自然公園	1981	7/24 ～ 8/16	新宿伊勢丹		200	たくさんの昆虫や小動物を放し飼い、有料で昆虫採集も
ミツバチのふしぎな世界展	1981	8/13 ～ 8/18	銀座松坂屋	朝日新聞社	300	ニホンミツバチ、セイヨウミツバチのすみかのパノラマ、ハチの標本、生きたミツバチ 2 万匹、昔と今の世界の養蜂器具
秘境のキルギス展	1982	4/22 ～ 4/27	上野松坂屋	朝日新聞社	無料	朝日新聞が長期取材した報告展、昆虫標本、生活民具、楽器など資料と写真 200 余点
昆虫自然公園	1982	?/? ～ 8/8	新宿伊勢丹		200	昆虫に触れながら観察
世界の昆虫ビックリ展	1982	7/27 ～ 8/1	新宿三越	読売新聞社（協力：進化生物学研究所）	400	水生昆虫、クワガタ、カマキリなど自然生態観察コーナー、チョウなどの昆虫標本、昆虫の化石など
昆虫自然園	1983	?/? ～ 8/16	新宿伊勢丹		200	カブトムシ、クワガタ、蝶など約 50 種放し飼い
世界の大昆虫博	1983	7/29 ～ 8/3	日本橋東急	世界の大昆虫博実行委員会	300	全部で 2 万匹、蝶やミツバチを生態観察
昆虫自然公園	1984	7/21 ～ 8/14	新宿伊勢丹		200	
昆虫自然園	1985	7/25 ～ 8/11	新宿伊勢丹		200	約 50 種の昆虫・小動物、生態の観察や採集
小田急夏休みシリーズ ぼくとわたしの昆虫記	1985	7/26 ～ 8/13	新宿小田急	（協力：進化生物学研究所）	500	約 50 種の昆虫と標本、パネル、観察コーナーなど

展覧会名	年	会期	会場	主催・協力	入場料	内容
世界の 4 大秘境の昆虫展	1972	?/? ～ 8/23	銀座松屋	教育昆虫研究会	無料	アマゾン、ニューギニア、台湾、東京の昆虫、公害に負けない昆虫たち、姿を消した昆虫たち
カブトムシの世界展	1973	8/10 ～ 8/15	浅草松屋	毎日新聞社ほか	無料	珍しい世界のカブトムシ 40 種類、日本のカブトムシ約 500 匹を生態展示など
昆虫びっくり展	1974	8/9 ～ 8/14	渋谷東急本店	読売新聞社（協力：東京農業大学育種学研究所）	150	昆虫の生態展示（ジオラマ）、標本 300 余箱、昆虫の美しさ、大きさ世界一競べ
地球最後の秘境「アマゾンの自然」展	1975	8/1 ～ 8/13	新宿京王	財団法人日本モンキーセンター	200	日本モンキーセンター第二次アマゾン学術調査隊の記録、7 種の爬虫類、昆虫、熱帯魚など動植物を展示
世界の昆虫王国展	1976	7/31 ～ 8/17	新宿小田急	読売新聞社（協力：進化生物学研究所）	200	南米、東南アジア、アフリカなど蝶、蛾、甲虫など標本 7000 種類
ファーブル昆虫記展	1977	7/22 ～ 8/3	池袋西武	朝日新聞社	200	南フランスの国立ファーブル博物館の協力のもと初公開の資料・標本、遺品、写真パネル約 150 点と研究室を再現
昆虫界の驚異展	1977	8/13 ～ 8/31	新宿小田急	（後援：進化生物学研究所）	300	みつばち、かいこ、カメレオンなどの生態展示と標本 3000 種類
世界の貝・昆虫・化石展	1978	7/28 ～ 8/2	渋谷東急東横店		無料	世界的に有名な寺町コレクションを初公開、それぞれの標本
昆虫の世界展	1978	8/11 ～ 8/30	新宿小田急	（協力：進化生物学研究所）	300	水辺、野原の昆虫を動態展示、標本 300 箱、ハチドリ、ゴクラク鳥の剝製など
ブラジル　アマゾン展	1979	7/31 ～ 8/5	新宿三越	サンケイ新聞社、フジテレビほか	500	昆虫標本、ピラニアや電気うなぎ、巨大ナマズの剝製、アマゾンの生活様式など
国際児童年記念 虫と自然と私たち 世界の昆虫博	1979	8/3 ～ 8/15	銀座松屋	日本ユニセフ協会、昆虫博実行委員会	300	世界各国から 3000 種 7 万頭の標本や東京の昆虫実態調査、水にすむ昆虫の生態、相談コーナーなど
昆虫の謎展	1979	8/10 ～ 8/29	新宿小田急	（協力：進化生物学研究所）	300	昆虫の祖先から昆虫何でも相談まで、400 箱、4000 種類の標本
小田急アマゾンランド	1980	5/1 ～ 5/7	新宿小田急		無料	魚類、昆虫、小動物など
世界の昆虫展	1980	8/1 ～ 8/6	日本橋東急		300	国際昆虫会議開催を記念し、蝶と甲虫を中心に中国、東南アジア、中南米の珍しい昆虫 3000 種、1 万 5000 頭

展覧会名	年	会期	会場	主催・協賛	入場料	内容
ちびっこ昆虫公園	1968	7/20 ～ 8/25	新宿伊勢丹		無料	生きた昆虫や珍しい魚
夏休みお子さま教室	1968	7/? ～ 8/11	日本橋三越	報知新聞社		カブトムシやキリギリスなどの昆虫や魚を生態展示、捕まえた昆虫は実費で販売
秘境の昆虫めぐり展	1968	8/16 ～ 8/21	浅草松屋	教育昆虫研究会（後援：毎日新聞社）	無料	世界、日本の昆虫標本、採集と研究の仕方、自然保護、相談所
マダガスカル動物展	1968	8/20 ～ 8/25	上野松坂屋	読売新聞社	100	マダガスカルの貴重な動植物を生きたままで、レムール類 10 種、爬虫類 7 種他昆虫標本も
ちびっこ昆虫公園	1969	7/? ～ 7/30	新宿伊勢丹			観察の仕方、標本の作り方も、即売あり
三越お子さま昆虫館	1969	7/26 ～ 8/10	日本橋三越			東京のまんなかで昆虫採集、販売あり
ニューギニア秘境展	1969	?/? ～ 8/10	銀座松坂屋	日本テレビ	100	石器時代にいきるクカクカ族、豊富な資料と写真で、珍蝶コーナーもあり
昆虫博	1969	8/8 ～ 8/13	銀座松屋	毎日新聞社、教育昆虫研究会ほか	無料	日本初公開の学術的にも貴重な標本を含む、中国、アフガニスタンほか 70 カ国から 4 万 5000 点、昆虫教室も
夏休みこども公園	1969	8/15 ～ 8/27	新宿京王			小動物、川魚、夏の虫など即売
大自然の不思議 昆虫の世界展	1970	8/4 ～ 8/9	上野松坂屋	（協賛：東京農業大学育種研究所）	50	世界 70 数カ国から 6000 種、5 万点、昆虫標本即売
東大中南米調査隊昆虫展	1970	8/7 ～ 8/12	八重洲口大丸			1 万 5000 匹の展示
日本のちょう展	1971	7/23 ～ 8/3	新宿小田急	国立科学博物館、朝日新聞社	無料	日本蝶のコレクションとして最高のものと評価される林コレクションが国立科学博物館に収蔵されるのを記念し、200 種類におよぶ標本を展観
恐龍と原住民の原始境 ニューギニア大秘境展	1972	7/25 ～ 8/6	新宿伊勢丹	太平洋資源開発研究所、読売新聞社	200	ワイマー族の民芸品、生活用品、まぼろしの恐龍を追って、首狩の武器、人魚の頭蓋骨、昆虫標本など 400 点
東南アジアの昆虫展	1972	7/? ～ 8/9	渋谷東急本店	日本生物教育学会		併催：日本列島滅びゆく昆虫たち、沖縄の蝶

表 6-7　昆虫の展覧会（1948 ～ 87）

1

展覧会名	開催年	会期	会場	主催	入場料
子供のための夏の自然かんさつ展	1948	8/5 ～ 8/15	新宿伊勢丹	日本読書組合（後援：文部省ほか）	
	武蔵野の昆虫、魚類、植物、鳥類などのかんさつ資料を面白く展示				
世界の昆虫展	1957	?/? ～ 10/10	日本橋白木屋	日本昆虫学会	
	日本昆虫学会創立 40 周年を記念して日本最初の大規模な世界の昆虫展、チョウ、ガ、コガネムシなどの標本をはじめ、天皇陛下御貸下品を特別陳列				
世界の蝶蛾展	1961	10/3 ～ 10/8	日本橋白木屋	日本蛾類学会	
	学会創立 10 周年を記念して宮内庁生物学研究所の標本、内外のチョウ・ガ類の標本 1 万余点、カラー写真とジオラマでその生態をわかりやすく展示				
アフリカ花・鳥・昆虫展	1962	5/12 ～ 5/29	池袋西武	読売新聞社	無料
	東京農大学術調査隊（近藤典生隊長）によるケープタウンからカイロまでの調査、植物 40 点、鳥類 3 種と剥製 100 種、昆虫数万点の標本、写真				
日本の昆虫展	1963	5/17 ～ 5/26	池袋西武	毎日新聞社	無料
	身近な昆虫を生活、歴史、益害虫などを標本、パネル、写真などで、小中学生と PTA を対象				
世界の昆虫王国展	1963	8/20 ～ 8/25	上野松坂屋	読売新聞社（協賛：東京農業大学育種学研究所）	無料
	チョウ、ガ、カブトムシなど全世界から 3500 種				
ヒマラヤの昆虫展	1964	?/? ～ 2/19	日本橋白木屋	日本鱗翅学会（後援：朝日新聞社）	
	ネパール王国カトマンズ周辺山地に遠征したヒマラヤ蝶蛾調査隊の成果				
世界の昆虫展	1964	8/8 ～ 8/12	池袋西武	読売新聞社（後援：東京農業大学育種学研究所）	無料
	世界の珍しい昆虫 3000 種、1 万点				
マダガスカルの自然	1965	5/? ～ 5/26	池袋西武	読売新聞社	50
	東京農業大学学術調査の成果、恐竜の骨、アンモナイト化石、昆虫、動物など				
緑の魔境　大アマゾン動物展	1965	8/3 ～ 8/8	上野松坂屋	読売新聞社（協賛：東京農業大学育種学研究所）	100
	アマゾンの大ジャングルから美しい鳥を中心に、さる、へび、獣、かめ、とかげ、魚、昆虫など生きた動物約 100 種				
夏休みこどもフェスティバル	1966	8/? ～ 8/14	新宿伊勢丹		
	昆虫、植物、観察用ペット、観察用教材などを販売				
夏休み　ちびっこ昆虫公園	1967	7/18 ～ 8/27	新宿伊勢丹		
自然の芸術　驚異の昆虫展	1967	10/10 ～ 10/15	上野松坂屋	日本昆虫学会（後援：読売新聞社、協賛：東京農業大学育種学研究所）	無料
	学会創立 50 周年記念、日本、東南アジア、アフリカ、マダガスカルなど世界各地から集めた昆虫標本 6 万 5000 種				

モナリザ・パロディ展	1979	4/27～5/6		500	デュシャン、ジャスパー・ジョーンズ、荒川修作等による美術作品約 110 点
飛び出した '80 年代のシティ・アート アール・ポップ展	1979	6/8～6/17		500	アスファルトに咲いた花、絵画、オブジェ、写真、イラスト、T シャツ、レコードジャケットなど 300 余点
第 3 回　JPC 展	1979	9/30～10/15	パルコ、スーパーアート	300	パロディのニューバリエーション、受賞、入選作など 119 点
福田繁雄のおかしな博物館	1980	1/2～1/15		300	グラフィック、彫刻、挿絵など今までの全仕事を一堂に約 200 点
アメリカンコミックアート原画展	1980	4/25～5/6		300	プレイボーイなどで活躍中の現代アメリカトップイラストレーター 34 人によるイラスト日本初公開
タマラ・ド・レンピッカ展	1981	1/30～2/19		500	作品 50 点
イラストレーション 3 人展	1981	5/19～5/31		300	秋山育、原田治、湯村輝彦
JPC 展　第 5 回　日本パロディ展	1981	11/10～11/23		300	
“めぞん一刻”原画展	1987	5/?～6/5	三省堂書店		原画 56 枚を展示
[吉祥寺パルコ]					
第 1 回　日本グラフィック展	1980	9/30～10/13		300	応募はイラスト 772 点、写真 153 点、吉祥寺パルコオープン記念
アメリカンエアブラシ・アート展	1980	10/15～10/27		300	
現代作家フェア　新しい文学世代 14 人展	1980	9/21～10/8			
「フリーダム '80」ポスター展	1980	?/?～11/12			アムネスティを支える運動として、横尾忠則、田中一光、粟津潔などのキャンペーン
ベン・シャーン展	1981	1/2～1/16		500	1940～60 年代の油彩、ドローイング、水彩、版画、テンペラなど 50 点と遺品

第 1 回　日本オブジェ展	1984	12/? ～ 1/15		500
ミシェール・イバネス写真展	1985	1/19 ～ 1/23		300
スタンラン展	1985	4/19 ～ 5/6	毎日新聞社	600
	ベル・エポックの画家の油彩、版画、ポスターなど 142 点、日本ではじめての展覧会			
羽根節子展	1985	6/11 ～ 6/19		500
	糸は自由に手さきから動き出して空間に			
朝倉響子彫刻展	1985	?/? ～ 9/29		
	『作品集 KYOKO』出版記念			
イサドラ・ダンカンとダンスの世界 アール・デコ人形展	1985	9/29 ～ 10/14	パルコ	700
第 6 回　日本グラフィック展	1985	10/1 ～ 10/14	日本グラフィック展事務局、パルコ	500
第 1 回　現代女流宝飾展	1985	10/25 ～ 11/6	毎日新聞社、パルコ	無料
	日本の現代ジュエリー界で活躍する代表的デザイナーの新作品			
第 9 回　日本パロディ展	1985	12/27 ～ 1/12	渋谷パルコ	
	498 点の応募、これで終幕			
第 9 回　日本グラフィック展	1988	11/26 ～ 12/15		500
［池袋パルコ］				
池田満寿夫展	1977	8/5 ～ 8/16		500
	昭和 31 年の銅版画から最近作までの 100 余点、200 平米の会場に 1 日 1000 人を超える観覧者			
少年マガジン大会	1977	?/? ～ 10/16	パルコ	
	創刊号から最新号まで、人気マンガ原画展、KC コミック立読みコーナー			
パルコ開店 10 周年記念 アメリカ大リーグ野球の殿堂展	1978	7/25 ～ 8/15	アメリカ野球殿堂博物館、パルコ、フジテレビほか	400
	記念のバットやボールをはじめ、活躍した選手たちの貴重な資料約 4 百点を日本初公開			
第 2 回　JPC 展　日本パロディ広告展	1978	10/1 ～ 10/15	パルコ、エンジンルーム	300
	一般公募作品 117 点			
'78 日本のイラストレーション原画展	1978	11/18 ～ 11/30	パルコ	200
	ポスター、雑誌から絵本アニメまでイラストレーター 235 人が描いた代表作			
パロディ魔　エロの世界	1979	3/31 ～ 4/13		400
	ナンセンスのむこうから、油彩・エナメルなど 47 点			

アール・デコ展	1982	2/13 ～ 3/14		700
	イギリスのコレクターの協力を得てガラス工芸、人形、装身具、食器、絵画、ポスターなど 500 余点			
第 3 回　日本グラフィック展	1982	9/18 ～ 9/29		300
	2300 点の応募、入賞作品 218 点			
アーシル・ゴーキー展	1982	10/14 ～ 11/3		700
	アメリカ現代美術の鬼才、油彩・素描・彫刻・遺品など 70 余点、朝倉摂の会場構成			
ニューヨーク・ソサエティ・オブ・イラストレーターズ　原画展 Vol 1.1	1982	12/? ～ 1/11		500
クラシックポスター展	1983	1/14 ～ 1/27	パルコ	700
	19 世紀末から 1920 年頃までのフランスのポスター 144 点			
ヨーロッパの象徴派絵画展	1983	2/26 ～ 3/18	パルコ	700
	ビアズリー、モロー、ミュシャ、ロセッティなど 110 点			
絵師・伊坂芳太良展	1983	4/21 ～ 5/5		700
	昭和 45 年に急死した伊坂の作品 3000 点のうち 500 点、遺品、遺稿も			
アンディ・ウォーホル展	1983	?/? ～ 6/22		500
ザ・ローリング・ストーンズ展	1983	6/16 ～ 6/23		無料
アール・デコ　ポスター展	1983	9/1 ～ 9/15	パルコ	700
	パリのポスター美術館より 100 余点			
第 4 回　日本グラフィック展	1983	10/19 ～ 11/6	パルコ	500
	4600 余人の応募、準入選以上のイラストレーション 200 点、写真 56 点			
第 7 回　日本パロディ展	1983	?/? ～ 11/18		300
	一般公募入選作品 119 点ほか、同時開催特別展：川崎徹　その人と芸術「前期」			
アール・ヌーボー様式を代表する名品　リバティー展	1983	12/28 ～ 1/24	読売新聞社	700
	ロンドンの老舗リバティー百貨店のアール・ヌーボー様式の宝石、花瓶、時計、テーブルなど約 500 点			
SUBJECTS　ペーター佐藤ドローイング展	1984	6/28 ～ 7/11		300
チェコスロヴァキアキュビズム展	1984	7/1 ～ 7/22	パルコ	
	建築、家具、工芸の世界			
ハンス・ベルメール写真展	1984	11/6 ～ 11/18		700
	ポンピドー・センターでのベルメール展を機に刊行された写真集に収録された作品			

池田満寿夫展	1977	4/20 ～ 5/5	パルコ	300	1957 年から 1977 年の作家自選の代表作
ハリウッド・グラマー展	1977	6/10 ～ 6/20		300	1920 ～ 40 年代に活躍したハリウッドスター 93 人のポートレート 184 点と現代までのワードローブ 40 点
第 1 回　JPC 展（日本パロディ広告展）	1977	10/8 ～ 10/18	パルコ、ビックリハウス	300	裏返された広告たち、一般公募入選作品、アメリカン・パロディポスターなど約 100 点
ギュンター・グラス銅版画展	1978	3/1 ～ 3/16	ゲーテ・インスティトゥート、朝日新聞社	無料	戦後ドイツ文学の鬼才のもうひとつの世界、銅版画 60 余点
山口はるみイラストレーション展	1978	5/9 ～ 5/21		無料	版画 70 点
横尾忠則ポスターデザイン展	1978	6/1 ～ 6/11	パルコ	200	高校時代から現代までのポスター作品 130 余点
世界一の SF コレクター アッカーマンの SF 博物館	1978	7/13 ～ 7/23		300	SF 兵器、異星人のマスク、UFO のミニチュア、SF のポスター・マガジンなどコレクションを初公開
山藤章二ブラックアングル展	1978	8/1 ～ 8/10		無料	
林静一の世界	1978	9/9 ～ 9/21		200	版画、イラスト原画など約 160 点
ハンス・ベルメール展	1978	11/1 ～ 11/12		無料	版画 52 点展示即売
杉山登志の時代展	1978	?/? ～ 12/17		無料	『CM にチャンネルをあわせた日』出版記念
ゆめつづれ写真展　藤原新也	1979	4/20 ～ 4/30		500	写真約 70 点、構成田中一光、音楽深町純
山藤章二ブラックアングル展　第 2 弾	1980	6/20 ～ 6/30		無料	
第 2 回　日本グラフィック展	1981	9/11 ～ 9/30		300	一般公募入選作 238 点
ヴィスコンティとその芸術展	1981	9/11 ～ 10/4		500	映画、舞台で使われた衣裳や写真パネル、ドローイングなど

表 6-6　パルコの展覧会（1974～88年）

1

展覧会名	開催年	会期	主催	入場料
［渋谷パルコ］				
朝日報道写真展 小野田さん、帰国までの記録	1974	3/17～3/23	朝日新聞社	無料
	本社特派員の報道写真 30 点			
粟津潔映像個展	1974	5/11（1日限り）	フィルムアート社、粟津潔デザイン室＋渋谷パルコ	800
	16mm の計 11 編			
近江礼一ヘアデザイン個展「ノスタルジー」	1974	9/10～9/19		
	1910 年代から現代まで、追求されるヘアーデザイン、杉本エマなどを久米正美の写真で			
英国パブ展	1974	9/27～10/6	ハナダ・ジャパンK．K．	
	イギリス 100 年の実績をもつパブづくりの CONTRACTS 社のコレクションを日本で初めて展示即売			
ノーマン・ロックウェル展	1975	6/6～6/19		300
	原画とアトリエ再現			
マックスフィールド・パリッシュ展	1975	9/12～9/24		300
	原画 26 点、当時のポスター書籍類 120 点			
大・エジソン展　音と光	1975	?/?～10/22	PARCO	400
	1870～1920 年代の蓄音機 80 台、トーキングドール、研究室の再現など			
日本と世界の凧づくし	1976	2/1～2/11	パルコ、斎藤忠夫	無料
	日本各地の 120 余点、タイ、アメリカ、ドイツなど 50 余点、昔の凧、民芸凧蒐集家のコレクション			
マース・カニングハム・アンド・ダンス・カンパニーのための美術作品展	1976	4/4～4/12		
	アンディ・ウォーホール、ジャスパー・ジョーンズなど			
ピーター・マックス展	1976	6/10～6/22		600
	油絵、ペン画、石版画など 112 点			
ハワード・パイル展	1976	6/24～7/6	パルコ	500
	画家として童話作家として開拓浪漫主義をうたいあげたアメリカ近代美術の原点、油絵、ペン画など 53 点			
ミュンヘン市立博物館人形展	1976	8/3～8/15	パルコ、現代人形劇センター	400
	19 世紀を中心に、ヨーロッパの自動人形、操り人形など 90 点			
アメリカン・パロディ展	1976	9/2～9/12		400

アイヌ文化展	1963	3/2 ～ 3/12	毎日新聞社	無料
大谷探検隊五十周年記念 シルクロード美術展	1963	3/24 ～ 4/9	読売新聞社	100
日本の昆虫展	1963	5/17 ～ 5/26	毎日新聞社	無料
産業とくらしの水展	1963	6/7 ～ 6/18	日本経済新聞社	無料
世界に誇る　レンズ展	1963	8/16 ～ 8/21	朝日新聞社	無料

表 6-5　池袋西武の展覧会（クレー展から火災の時まで）

1

展覧会名	開催年	会期	主催	入場料
［現代美術の展覧会］				
パウル・クレー展	1961	10/14 ～ 11/14	読売新聞社、ベルン美術館	150
ウィリアム・ヘイター展	1962	3/16 ～ 3/27	読売新聞社	無料
イスラエル現代美術展	1962	4/7 ～ 4/17	読売新聞社	100
「サロン・ド・メ」日本展	1962	9/8 ～ 10/2	毎日新聞社	150
「コクトーの芸術」展	1962	11/25 ～ 11/30	朝日新聞社	無料
ドイツ表現派展	1963	4/13 ～ 5/14	朝日新聞社	150
ゴーキー素描展	1963	7/26 ～ 8/11	読売新聞社、 ニューヨーク近代美術館	100
［その他の展覧会］				
ハニワ展	1962	1/13 ～ 1/22	毎日新聞社	50
鉄斎名作展	1962	2/3 ～ 2/13	布施美術館、毎日新聞社	無料
東京五輪聖火コース踏査隊写真展	1962	2/16 ～ 2/21	朝日新聞社	無料
第 28 回　日本写真美術展	1962	2/24 ～ 2/28	毎日新聞社	
高分子がつくる新しい世界展	1962	4/20 ～ 4/25	日本経済新聞社	
縦断 2 万キロ 東京農業大学学術調査隊の成果 アフリカ花・鳥・昆虫展	1962	5/12 ～ 5/29	読売新聞社	無料
JPS 写真展 「女　その生きるよろこびを」	1962	?/? ～ 6/13		
エルンスト・ハース写真展	1962	7/21 ～ 8/7	毎日新聞社、カメラ毎日	100
世界の生きた珍鳥展	1962	8/10 ～ 8/21	読売新聞社（後援：文部省ほか）	無料
新作日本人形展	1962	8/17 ～ 8/22	読売新聞社、読売家庭友の会ほか	
おんぼろ帆走 280 日 「南太平洋の秘境」展	1962	8/24 ～ 8/29	朝日放送、朝日新聞社	
狂った細胞　癌展	1962	10/26 ～ 10/30	読売新聞社（後援：厚生省）	無料
桂離宮展	1962	11/2 ～ 11/11	日本経済新聞社	無料
海外旅行写真コンクール展	1963	1/11 ～ 1/16	日本交通公社（後援：朝日新聞社）	無料
「日本人のあけぼの」展	1963	1/12 ～ 1/22	朝日新聞社	50
第 1 回　吉川英治賞記念展	1963	2/8 ～ 2/19	毎日新聞社	無料

表 6-4　百貨店で開催の沖縄の展覧会（戦後～ 1980）

展覧会名	開催年	会期	会場	主催	入場料
琉球工芸文化展	1952	11/6 ～ 11/16	渋谷東横	日本民芸協会（後援：那覇市、朝日新聞社）	
	沖縄政庁の招きで出向した日本民芸協会同人が選んだ陶器、織物、などの古美術工芸品				
沖縄展	1955	8/20 ～ 8/28	日本橋髙島屋	読売新聞社	無料
	沖縄の今昔をパノラマ、人形場面、写真ほか古代琉球の古美術、紅型衣裳、民芸品など 300 点、物産展を併催				
「沖縄」写真展	1960	8/13 ～ 8/22	池袋西武	カメラ毎日	
	毎日写真部員が撮った沖縄本島と周辺諸島の風景、風俗、約 160 点				
沖縄展	1968	?/? ～ 4/24	日本橋東急	琉球大学、琉球政府文化財保護委員会、国立科学博物館	
	琉球の自然と文化を紹介、同時開催沖縄の物産と観光展				
“これが沖縄だ”展	1968	4/23 ～ 4/28	日本橋三越	朝日新聞社、沖縄タイムス社	
	琉球王朝時代の美術、工芸品、戦中の沖縄戦の遺品、戦後の軍事基地のもとで生活する民衆の動きをとらえた写真など、沖縄の歴史と現状を紹介				
かえってくる　沖縄展	1970	3/21 ～ 4/1	池袋西武	サンケイ新聞社、フジテレビ	無料
	琉球王朝の文化から戦中の記録、遺品、戦後の生活様式まで、写真パネルとともに				
激動の昭和史 沖縄決戦展	1971	6/29 ～ 7/4	日本橋三越		
	アメリカ国防省秘録の沖縄戦写真、映画「沖縄決戦」スチールと小道具、沖縄戦遺品、沖縄物産即売				
沖縄の歴史展	1972	3/7 ～ 3/12	日本橋三越	琉球政府、大阪市立博物館、沖縄タイムス社、朝日新聞社	無料
	先史時代から王国、薩摩支配、廃藩置県、占領・復帰、沖縄の文化財などを沖縄、日本国内からの出品により紹介、復帰記念の大沖縄展の一環				
沖縄 27 年の記録「写真展」	1972	5/12 ～ 5/17	新宿京王		
沖縄海洋博紹介展	1973	5/15 ～ 5/20	日本橋三越	沖縄県、沖縄国際海洋博覧会協会	
	海洋開発、さかなの公園、船の歴史など、沖縄特産品展併催				
あれから 35 年 鉄の暴風・沖縄戦の全容 「ひめゆりの乙女たち」展	1980	7/16 ～ 7/22	上野松坂屋	朝日新聞社、沖縄タイムス社	400
	ひめゆり学徒隊、鉄血勤皇隊など沖縄の学徒の生と死、被災物品、遺書・遺品など約 500 点により 19 万人の犠牲者を出した沖縄戦の全容を探る				

世界写真展「地上に平和を」	1966	8/12 ～ 8/24	銀座松屋	朝日新聞社	100
	ローマ法王ヨハネス 23 世のメッセージに応じてマグナム写真集団が制作、ブレッソン、キャパ、シーモアなど 30 人の写真家の作品 181 点				
写真展＝人間・戦争・生命	1967	8/11 ～ 8/16	銀座松屋	毎日新聞社	無料
	終戦記念日にあたり毎日新聞社特派員の報道写真による写真展、日本の戦歴、中東の戦火、ベトナムの戦雲の 3 部構成				
写真展「ベトナム！　戦争と民衆」	1968	2/16 ～ 2/21	日本橋東急	朝日新聞社	無料
	朝日新聞記者がベトナム戦争最前線で取材した記録写真の中から 113 点				
写真展 ビアフラの悲劇	1970	1/23 ～ 1/28	日本橋東急	朝日新聞社	無料
	取材写真 70 点を展示				
アウシュビッツ展	1972	4/14 ～ 4/19	日本橋東急	ポーランド国立アウシュビッツ博物館、朝日新聞社ほか	100
	アウシュビッツの事実を伝える様々な資料とピカソをはじめとする世界の芸術家がアウシュビッツをテーマに創作した絵画、彫刻など約 250 点				
「アンネの日記」展	1978	8/10 ～ 8/15	銀座松坂屋	アンネ・フランク財団、朝日新聞社	300
	日記のオリジナル原稿の一部をはじめオランダ国外ではじめて展示される遺品など約 150 点				
戦火のアンコール・ワット展	1980	10/24 ～ 10/29	日本橋東急	読売新聞社	
	読売の特派員、カメラマンによるアンコール・ワット、カンボジアの現況写真 150 点				
戦火のカンボジア難民展	1980	10/31 ～ 11/5	銀座松屋	毎日新聞社、日本ユニセフ協会ほか	無料
	毎日が現地で取材し、撮影した写真 52 点とビデオテープ、国連子供基金を通じてカンボジアの子どもたちを救うための写真展				
「アンネ・フランクの世界」展	1987	3/26 ～ 4/7	銀座松坂屋	アンネ・フランク財団、文藝春秋	500
	ファミリーのアルバム、自筆の日記、アンネハウスの再現など				
「ポーランドの子どもの目に映った戦争」原画展	1987	8/29 ～ 9/2	新宿小田急	原画展中央企画委員会（後援：朝日新聞社）	無料
	ナチス・ドイツ占領下のポーランドの小学生が描いた絵 250 点と作文、写真資料				
シャルロッテ愛の自画像展	1988	8/11 ～ 8/23	日本橋高島屋	産経新聞社、フジテレビジョンほか	600
	アウシュビッツに閉じた 26 歳の生涯、自画像 220 枚				
「夜と霧」をこえて	1988	8/? ～ 8/31	池袋西武	NHK エンタープライズ	無料
	NHK 特集でポーランドの数十人の収容所体験者を撮影、リポートした女性報道写真家大石芳野の写真展				

日本人の昭和史 8 月 15 日展	1981	?/? ～ 8/12	上野京成	東京新聞	300
	資料と写真				
東京大空襲展	1985	2/15 ～ 2/27	日本橋東急	空襲・戦災を記録する会全国連絡会議、朝日新聞社	500
	本土大空襲から 40 年、アメリカ側の資料も含めて各地の空襲の全容を紹介				
銀座と戦争写真展	1985	8/8 ～ 8/13	銀座松坂屋		無料
	銀座と第二次大戦のかかわりを写した写真 120 点、木村伊兵衛、土門拳、石川光陽など				
［原爆］					
原爆ドーム保存工事完成記念 ヒロシマ原爆展	1967	9/5 ～ 9/10	銀座松坂屋	広島市、朝日新聞社	50
	広島平和記念資料館から初出品の資料 72 点のほか、写真や丸木夫妻の「原爆の図」の絵画など計 150 点で被爆直後の広島の姿を伝える				
長崎原爆展	1968	8/6 ～ 8/11	銀座松坂屋	長崎市、朝日新聞社	50
	長崎の平和記念資料館から初出品の遺品を含め、資料約 110 点				
25 周年記念 ヒロシマ・ナガサキ原爆展	1970	8/7 ～ 8/12	日本橋東急	広島市、長崎市、朝日新聞社	100
	広島平和記念館、長崎国際文化会館などに保存されている資料や写真約 250 点に土門拳、福島菊次郎の作品「25 年目の被爆者たち」を特別出品				
原爆の図・朝鮮人被爆者	1972	8/4 ～ 8/9	日本橋東急		
被爆 30 年 ヒロシマ原爆の記録展	1975	8/5 ～ 8/10	日本橋三越	東京新聞、NHK、ヒロシマ原爆の記録展実行委員会	
	米国から返還された被爆直後の記録写真や現物資料				
33 年目の証言 ヒロシマ・ナガサキ原爆写真展	1978	8/3 ～ 8/8	上野松坂屋	子どもたちに世界に！被爆の記録を贈る会、朝日新聞社	無料
	アメリカの国立公文書館にあった被爆状況の未公開写真と被爆直後に日本人カメラマンが撮影した写真計約 60 点				
原爆展	1982	7/30 ～ 8/4	日本橋東急	広島市、長崎市、朝日新聞社	400
	被爆資料約 300 点と投下直後の日本人カメラマンと米軍撮影による写真約 200 点				
［海外の戦争・戦禍］					
岡村昭彦の記録 動乱のベトナム写真展	1965	3/5 ～ 3/10	銀座松屋	毎日新聞社	無料
	写真集『これがベトナム戦争だ』発刊を機に、未発表作品を含む写真 100 余点				
ＮＨＫ海外取材番組 インドシナの底流・南の隣国写真展	1965	?/? ～ 9/1	新宿京王		

表 6-3　百貨店で開催の戦争展②（1965～88）

1

<table>
<tr><th>展覧会名</th><th>開催年</th><th>会期</th><th>会場</th><th>主催</th><th>入場料</th></tr>
<tr><td colspan="6">［太平洋戦争］</td></tr>
<tr><td rowspan="2">終戦 20 周年記念
日本の軍人展</td><td>1965</td><td>?/?～8/11</td><td>池袋西武</td><td>東京新聞社</td><td>無料</td></tr>
<tr><td colspan="5">日清、日露から太平洋戦争まで軍服、遺品、砲弾、写真、模型など</td></tr>
<tr><td rowspan="2">終戦 20 周年記念
太平洋戦史展</td><td>1965</td><td>8/6～8/25</td><td>新宿京王</td><td>日本経済新聞社</td><td>100</td></tr>
<tr><td colspan="5">開戦から沖縄戦までの主要会戦、戦闘機「飛燕」をはじめ兵器、外交文書、戦時下の生活資料、遺品・遺書、原爆関係の資料約 500 点</td></tr>
<tr><td rowspan="2">「日本の戦歴」展</td><td>1965</td><td>8/10～8/22</td><td>銀座松坂屋</td><td>毎日新聞社</td><td></td></tr>
<tr><td colspan="5">毎日グラフ別冊特集として出版した『日本の戦歴』からの写真</td></tr>
<tr><td rowspan="2">終戦秘録 8 月 14 日　23 時展</td><td>1965</td><td>8/13～8/18</td><td>銀座松屋</td><td>鈴木貫太郎記念会、
サンケイ新聞社</td><td>無料</td></tr>
<tr><td colspan="5">詔書、勅語、議事録、原稿など、終戦 20 年を機に「戦争」のきびしさと「平和」の価値を考える</td></tr>
<tr><td rowspan="2">「続・日本の戦歴」写真展</td><td>1965</td><td>11/9～11/21</td><td>日本橋髙島屋</td><td>毎日新聞社</td><td>無料</td></tr>
<tr><td colspan="5">毎日グラフ別冊で『続・日本の戦歴』の出版を機に 80 点の写真</td></tr>
<tr><td rowspan="2">日本の戦跡 100 年展</td><td>1966</td><td>9/6～9/11</td><td>池袋東武</td><td>豊島区自衛隊協力会
（協力：
陸上自衛隊第一師団）</td><td></td></tr>
<tr><td colspan="5">戊辰戦争から太平洋戦争まで明治 100 年の流れを 10 の戦歴により回顧、銃器、バズーカ砲など 600 余点</td></tr>
<tr><td rowspan="2">あゝ同期の桜展</td><td>1967</td><td>5/25～6/6</td><td>有楽町そごう</td><td>東映
（後援：毎日新聞社）</td><td>無料</td></tr>
<tr><td colspan="5">毎日新聞社刊『あゝ同期の桜』映画化を記念し学徒兵の原稿、日記、遺品</td></tr>
<tr><td rowspan="2">終戦 25 年
「戦争の中の生と死」展</td><td>1970</td><td>8/11～8/16</td><td>銀座松坂屋</td><td>戦没学徒記念　若人の広場、朝日新聞社</td><td>50</td></tr>
<tr><td colspan="5">外地、内地で残された武器、装備品、生活用具、遺書、遺品など約 300 点</td></tr>
<tr><td rowspan="2">その栄光と謎
戦艦陸奥展</td><td>1971</td><td>8/17～8/22</td><td>上野松坂屋</td><td>サンケイ新聞、
フジテレビ</td><td>100</td></tr>
<tr><td colspan="5">27 年ぶりに発見された装備、計器、遺品など約 50 点</td></tr>
<tr><td rowspan="2">炎と恐怖の記録
東京大空襲展</td><td>1972</td><td>2/25～3/1</td><td>日本橋東急</td><td>東京空襲を記録する会、朝日新聞社</td><td>100</td></tr>
<tr><td colspan="5">東京空襲を記録する会に寄せられた体験記や被爆関係資料 300 点</td></tr>
<tr><td rowspan="2">アメリカ大統領命令 9066 写真展
日本人及び日系米人強制収容の記録</td><td>1975</td><td>6/5～6/10</td><td>渋谷西武</td><td>日本写真家協会、
毎日新聞社</td><td>無料</td></tr>
<tr><td colspan="5">アメリカの女流写真家ドロシア・ラングルの写真 65 点と宮武東洋の収容所記録写真 68 点、日系 1 世の画家の収容所の絵日記など</td></tr>
<tr><td rowspan="2">平和への祈り
烈日サイパン島遺品展</td><td>1979</td><td>8/2～8/8</td><td>日本橋東急</td><td>東京新聞</td><td>無料</td></tr>
<tr><td colspan="5">軍刀など武器や遺品、遺書、写真パネル、遺品返却の受付など遺族相談室も</td></tr>
</table>

表 6-2　百貨店で開催の戦争展①（戦後～ 1964）

展覧会名	開催年	会期	会場	主催	入場料
「満洲とシベリヤ」引揚状況スケッチ展	1947	10/20 ～ 10/25	日本橋三越	満蒙同胞後援会、満蒙引揚文化人連盟	
広島県観光と物産展	1949	4/21 ～ 4/28	日本橋三越	広島県観光物産援護会	
	原爆広島の記録を公開				
原爆・水爆展	1950	7/19 ～ 7/26	渋谷東横		
	丸木夫妻の「原爆の図」特別出品				
「引揚げはどうなる」展	1951	6/1 ～ 6/10	上野松坂屋	海外抑留同胞救出国民運動総本部、在外同胞帰還促進全国協議会	
	ソ連、中国ほか外地にいまだに抑留されている 30 万人の帰還を訴える、子どもの作文、図画、関係資料				
第 2 回　日本写真家協会展　原爆より講和まで	1951	10/31 ～ 11/4	日本橋三越		
	第 1 部　ノーモア・ヒロシマ、第 2 部　世相点描、第 3 部　その頃と今				
硫黄島現地報告写真展	1952	2/1 ～ 2/7	日本橋三越		
	毎日新聞特派員による現地写真約 40 点				
「太平洋戦争史」記録写真展	1952	4/8 ～ 4/13	新宿三越	毎日新聞社、日本報道写真連盟	無料
	米陸海軍戦闘員が戦場で撮影し、『ライフ』誌が編集、真珠湾からミズリー降伏に至る太平洋戦争の全貌、沖縄、原爆投下も含む				
ノーモアヒロシマ　広島原爆絵画展	1953	?/? ～ 8/12	日本橋白木屋	広島県	
	原爆生残りの画家福井芳郎が描いた爆心地の記録画				
戦没青年をしのぶ　平和への遺書展	1964	8/14 ～ 8/19	銀座松屋	日本戦没学生記念会、岩手県農村文化懇談会	
	学徒兵と農家出身の下級兵を中心に、戦没者の遺稿、手紙、日記、遺品など 800 点と写真				

表 6-1　百貨店で開催の主な文学展（戦後～1989）

1

展覧会名	開催年	会期	会場	主催	入場料
露伴をしのぶ展覧会	1947	11/22 ～ ?/?	日本橋三越		
	毛筆原稿、初版本、色紙など二百数十点				
島崎藤村回顧展	1949	6/7 ～ 6/25	日本橋髙島屋	朝日新聞社	無料
	藤村七回忌記念として藤村の全著書、絵画、軸、原稿、写真など				
子規庵復興記念遺作展	1949	?/? ～ 10/30	上野松坂屋	（後援：朝日新聞社）	
	子規の遺品、遺墨				
鷗外回顧展	1950	1/19 ～ 1/24	日本橋三越	朝日新聞文化事業団	
	遺品、資料				
坪内逍遥回顧展	1950	?/? ～ 5/30	日本橋三越	早稲田大学演劇博物館、朝日新聞社	無料
	明治 23 年からの日記、翻訳原稿、書画、遺品など				
明治・大正・昭和三代文豪遺品展	1950	10/29 ～ 11/5	日本橋三越	読売新聞社、東京都教育庁	
	30 人の文豪の遺墨、遺品、文献、資料など約 400 点				
巌谷小波先生を偲ぶ展覧会	1953	10/10 ～ 10/13	日本橋三越	小波顕彰会（後援：毎日新聞社）	無料
	少年文学に新生面を開き、児童文化に功績を遺した小波の遺品、遺稿、写真集、著書など				
与謝野晶子追慕展	1954	8/31 ～ 9/5	日本橋三越	晶子友の会、文化学院同窓会（後援：毎日新聞社）	無料
	13 回忌を機に短冊、屛風、掛軸、原稿、文具、写真など				
永井荷風展	1956	4/7 ～ 4/17	浅草松屋	毎日新聞社	無料
	稀覯書、自画賛、原稿、映画、演劇関係等の貴重資料、写真				
現代文芸作家展	1956	?/? ～ 6/6	八重洲口大丸	新潮社	
	50 人の第一線文芸作家のプロフィル写真、原稿、挿絵、色紙など				
明治大正歌人展	1956	6/26 ～ 7/1	日本橋髙島屋	日本歌人クラブ、日本短歌雑誌連盟	
	明治大正における有名歌人 40 余人の処女歌集、色紙、短冊、肖像画など				
生誕 85 年　樋口一葉展	1957	?/? ～ ?/?	浅草松屋	毎日新聞社	
	一葉の全資料を公開				
思い出の三人展	1957	10/1 ～ 10/14	池袋西武	朝日新聞社	無料
	音楽、挿絵、詩の世界で人々に親しまれた滝廉太郎、竹久夢二、北原白秋を偲ぶ展覧会				
独歩・蘆花記念武蔵野文化史展	1958	1/28 ～ 2/9	池袋三越	東京都、朝日新聞社	無料
	独歩没後 50 年、蘆花没後 30 年を記念し、原稿、手紙、遺品、絵画など				

思い出の三人展	1958	?/? ～ 10/8	池袋西武	読売新聞社		石川啄木、宮沢賢治、高村光太郎の未公開の秘蔵資料千数百点
生誕百年記念坪内逍遥展	1959	?/? ～ 5/24	新宿伊勢丹	東京新聞社、早稲田大学演劇博物館		
永井荷風展	1959	6/9 ～ 6/18	新宿伊勢丹	毎日新聞社	無料	原稿、書画、演劇関係品、写真など 150 余点
志賀直哉展	1959	9/15 ～ 9/20	銀座三越	東宝株式会社（後援：毎日新聞社）		『暗夜行路』映画化を記念し、所蔵の美術品、愛用品、原稿など
人と作品 火野葦平展	1960	5/20 ～ 5/24	池袋西武	朝日新聞社		火野葦平を偲ぶ写真、全著作、遺愛の品々など
明治・大正・昭和 文豪遺墨展	1960	?/? ～ 11/6	日本橋三越			紅葉、露伴、一葉、啄木、龍之介など近代日本文壇に活躍する作家、詩人約 40 名の遺墨
生誕 100 年記念 森鷗外展	1962	1/30 ～ 2/4	日本橋三越	毎日新聞社	無料	原稿、初版本、医学関係、遺愛の絵画など
四十年忌記念 有島武郎展	1962	8/21 ～ 8/26	日本橋三越	朝日新聞社	無料	写真、原稿、書簡、油絵、彫刻、遺品など 200 余点
長与善郎先生遺作展	1962	?/? ～ 10/14	日本橋三越	雑誌「心」		
第 1 回 吉川英治賞記念展	1963	2/8 ～ 2/19	池袋西武	毎日新聞社	無料	吉川英治賞第 1 回授賞式を記念し、吉川英治の『私本太平記』までの 50 年の足跡、原稿、書籍、関係資料
石川啄木と宮沢賢治展	1963	8/9 ～ 8/14	日本橋白木屋	毎日新聞社	無料	二人の遺稿、遺品、書簡など
吉川英治遺墨展	1963	9/6 ～ 9/11	銀座松屋	朝日新聞社	無料	一周忌を機に、色紙、短冊、軸のほか手紙、写真、あわせて『宮本武蔵』『新平家物語』の挿し絵など約 200 点
日本近代文学館創立記念 近代文学史展	1963	10/1 ～ 10/13	新宿伊勢丹	毎日新聞社、日本近代文学会	100	明治・大正・昭和三代にわたる近代文学の全貌を 100 人の文学者の 2000 余点の原稿、挿絵、写真、初版本、雑誌、その他資料で紹介
創設 30 年記念 芥川／直木賞展	1964	?/? ～ 8/5	池袋西武	文藝春秋社	無料	受賞作家の墨蹟、受賞作初版本、肉筆原稿、愛玩品など
若松賤子生誕百年記念 小公子展	1964	10/20 ～ 10/25	池袋東武			

生誕 100 年記念 二葉亭四迷展	1964	12/11 ～ 12/16	新宿京王	日本近代文学館、 朝日新聞社		資料 300 余点
近代日本児童文学の歩み こどもの本この百年展	1965	4/29 ～ 5/5	新宿伊勢丹	毎日新聞社	無料	鈴木三重吉、宮沢賢治、小川未明など明治以来の活躍した作家の作品、原稿など 3000 余点
佐藤春夫展	1965	5/29 ～ 6/8	池袋西武	春の日の会、 日本近代文学館		
没後 15 年 林芙美子展	1965	6/18 ～ 6/30	新宿京王	新潮社		原稿、初版本、遺品、写真など
小泉八雲展	1965	9/18 ～ 9/29	池袋西武	日本経済新聞社	無料	書斎の復元と遺品、怪談等の原稿、書籍、論文等
生誕 100 年記念 夏目漱石展	1966	1/11 ～ 1/21	銀座松坂屋	朝日新聞社	100	原稿、書画、遺品、日記、書簡など 300 余点
生誕 100 年記念 紅葉・露伴・子規・漱石 四大文豪展	1966	3/8 ～ 3/18	上野松坂屋	日本近代文学館、 読売新聞社	150	同じ慶応 3 年生まれの 4 文豪の原稿、書画、著書、遺品など 1000 余点と、明治の錦絵 40 点、写真で時代背景も紹介
作家・高見順展	1966	9/21 ～ 9/30	新宿伊勢丹	日本近代文学館、 毎日新聞社	100	文壇、学界 33 氏で結成された編集委員会が企画構成し原稿、ノート、遺品で回顧
文豪谷崎潤一郎展	1966	11/8 ～ 11/20	日本橋三越	毎日新聞社	100	原稿、遺墨、遺愛品、書簡などの資料、谷崎源氏その他著書の挿絵原画、装丁のほか映画化、演劇化された谷崎文学を紹介
日本近代詩のながれ 日本の詩展	1967	1/? ～ 1/18	池袋西武	日本近代文学館、 新潮社		藤村、白秋、啄木など手紙、原稿、遺品、写真など
吉川英治展	1967	8/11 ～ 8/16	新宿京王	吉川英治国民文化振興会、 講談社	無料	写真、原稿、掲載誌、書簡、日記、遺品など千数百点
没後 20 年 太宰治展	1968	6/18 ～ 6/23	銀座松坂屋	毎日新聞社	150	生原稿、遺品、写真、初版本ほか 300 余点、三鷹時代の仕事部屋を再現
織田作之助・田中英光・ 坂口安吾三人展	1969	1/14 ～ 1/26	新宿伊勢丹	毎日新聞社 （後援：日本近代文学館）	100	反逆と無頼の作家、それぞれの原稿、初版本、遺品など
斎藤茂吉展	1969	?/? ～ 2/9	銀座三越	中央公論美術出版		全集、歌集、遺品、ポートレートなど

川端康成展 その人と芸術	1969	4/27 ～ 5/11	新宿伊勢丹	毎日新聞社 （後援：日本近代文学館）	200
	ノーベル賞受賞を記念、原稿、メモ、絵画ほか資料 2000 余点				
久保田万太郎展	1969	?/? ～ 5/11	日本橋三越	慶應義塾 三田文学ライブラリー	
	著書、原稿、色紙、遺墨など				
三島由紀夫展	1970	11/12 ～ 11/17	池袋東武		無料
	書物、舞台、肉体、行動の 4 テーマで展示				
萩原朔太郎展	1971	11/18 ～ 11/23	池袋東武		無料
	洋風書斎の再現、詩生活、私生活、交友からたどる				
會津八一展	1972	9/7 ～ 9/12	八重洲口大丸	毎日新聞社	100
	記念館建立を機に遺墨 120 点、コレクションの中国古美術品 70 点、遺愛品など				
井上靖文学展	1972	9/15 ～ 9/26	池袋西武	毎日新聞社	無料
	原稿、執筆資料、写真など				
川端康成展 その芸術と生涯	1972	9/27 ～ 10/8	新宿伊勢丹	日本近代文学館	200
	愛蔵の美術品をはじめとする 1000 余点の資料、入場料はすべて近代文学館の川端康成記念室開設資金に				
石川啄木展	1973	2/27 ～ 3/4	日本橋髙島屋	岩手日報社	
	小説、書簡、歌稿、ノート、日記、愛用品、写真など、岩手県の物産と観光展会場で				
堀辰雄生誕 70 年記念文学展	1974	9/6 ～ 9/11	池袋西武	毎日新聞社	無料
	著作、書簡、写真、愛用品、信濃追分の書斎の復元、四季の詩人たちの生原稿など 200 余点を初公開				
わたしたちの吉川英治展	1974	9/6 ～ 9/17	新宿小田急	吉川英治国民文化振興会、 毎日新聞社	無料
	13 回忌を機に、原稿、著作、書簡、色紙、写真など 2000 点				
宮沢賢治展	1976	3/4 ～ 3/9	日本橋髙島屋	岩手日報社	
	直筆原稿、遺品、チェロなど、岩手県の物産と観光展を同時開催				
寺山修司 鏡の国のヨーロッパ展	1976	?/? ～ 4/14	池袋西武		
	不思議人形、魔術写真、仏蘭西遊戯、少女骨董など、企画構成は寺山修司と演劇実験室天井桟敷				
与謝野晶子展	1977	1/4 ～ 1/9	池袋三越		400
安部公房のイメージ展	1977	6/3 ～ 6/8	西武美術館	西武美術館	
	安部スタジオの俳優を駆使しての“音＋映像＋言葉＋肉体＝イメージの詩”				

現代の作家 300 人展	1977	6/9 〜 6/14	新宿伊勢丹	日本近代文学館、毎日新聞社	300	仮名垣魯文から田中英光まで明治、大正、昭和の代表作家の原稿、書簡、初版本、遺品、写真など 2000 余点
吉川英治展	1977	8/16 〜 8/28	池袋三越	吉川英治記念館、毎日新聞社	400	記念館開設を記念し、書斎の復元、原稿、書簡、杉本健吉さし絵など約 500 点とＮＨＫ放送中の「鳴門秘帖」スチール写真など
若山牧水展	1978	9/22 〜 9/27	新宿小田急	開催委員会		
三島由紀夫展	1979	1/18 〜 1/23	新宿伊勢丹	毎日新聞社、三島由紀夫展企画委員会	500	未発表作品を含む 600 余点
岡本一平・かの子展	1979	2/8 〜 2/13	日本橋髙島屋	岡本一平・かの子展実行委員会、朝日新聞社	無料	岡本一平没後 30 年を記念し、二人の遺品、遺稿、書簡、漫画作品など
日本中国平和友好条約締結記念 敦煌壁画芸術と井上靖の詩情展	1979	3/15 〜 3/27	八重洲口大丸	日本中国文化交流協会、毎日新聞社	500	写真 115 点、井上靖の生原稿、初版本、魁夷、郁夫の素描など約 500 点
志賀直哉展	1981	9/12 〜 9/28	池袋西武	日本近代文学館、西武美術館	500	没後 10 年を記念し、原稿、日記、書簡、写真、自筆の書画、遺愛品など約 450 点と絵画や陶磁器の美術コレクション約 50 点
漂泊の俳人 種田山頭火展	1981	10/23 〜 10/28	渋谷東急本店	毎日新聞社	500	生誕 100 年を記念し、遺墨、日記帳、遺品、写真など
宮本百合子展	1981	11/14 〜 12/1	池袋西武	宮本百合子展実行委員会	300	没後 30 年を記念
生誕 100 年記念 斎藤茂吉展	1982	3/5 〜 3/10	新宿小田急	山形県上山市、読売新聞社		茂吉生誕 100 年記念事業、原稿、書簡、書跡、写真など各種資料
開店 8 周年記念 桜桃忌　太宰治展	1982	6/4 〜 6/9	吉祥寺東急	太宰治展実行委員会	300	原稿、書簡、初版本など約 150 点の資料
近代文学展	1982	6/11 〜 6/22	伊勢丹美術館	日本近代文学館		秘蔵文庫・コレクション特別公開、日本近代文学館創立 20 周年記念
横光利一展	1982	12/11 〜 12/26	池袋西武	日本近代文学館、西武美術館	500	没後 35 年、草稿、原稿、日記、書簡、書画、遺愛品など資料約 700 点
芥川賞・直木賞展	1983	2/1 〜 2/6	日本橋三越	文藝春秋	無料	文藝春秋 60 周年記念、原稿、遺愛品ほか資料

没後 50 年 宮澤賢治展	1983	?/? ～ 3/2	日本橋東急		500	自筆原稿、書簡、写真、資料
一葉すがた	1983	?/? ～ 9/13	八重洲口大丸		500	初公開歌稿、肉筆原稿をはじめ当時の風俗資料
井上靖展	1984	5/11 ～ 5/16	日本橋東急	毎日新聞社	600	国際ペンクラブ大会東京開催記念
近代文学の巨匠 漱石と子規展	1984	10/23 ～ 10/28	新宿三越			お札が変わるのにあわせて展観、漱石関係だけで自筆の原稿など 200 点
人と文学・谷崎潤一郎展	1985	1/24 ～ 2/5	日本橋髙島屋	朝日新聞社	600	原稿、清方、志功などの挿絵、装丁画、初版本、書簡など約 300 点
松本清張展	1985	2/8 ～ 2/20	池袋西武	朝日新聞社、西武美術館	600	著作生活 35 年を記念
野上弥生子展	1985	5/31 ～ 6/11	伊勢丹美術館	日本文芸家協会、 日本近代文学館ほか	600	直筆原稿、書簡、遺品など約 650 点
谷崎潤一郎・人と文学展	1985	8/29 ～ 9/3	町田東急	朝日新聞社	500	原稿、著名画家の挿絵・装丁画、書簡など
大和路の詩とこころ 會津八一展	1986	8/22 ～ 9/1	新宿小田急	毎日新聞社	600	没後 30 年記念、大和路をテーマとした遺墨など約 120 点の作品のほか、遺品、書簡、資料など
夏目漱石展	1987	5/29 ～ 6/9	伊勢丹美術館	日本近代文学館		日本近代文学館創立 25 周年記念、原稿、書簡、日記、書画など約 1300 点
芥川賞・直木賞 100 回記念展	1989	6/15 ～ 6/26	伊勢丹美術館	日本近代文学館、 日本文学振興会		

フランスフェア '68	1968	9/17 ～ ?/?	銀座松坂屋	「フランス王朝美術　ルイ 14 世展」：ベルサイユ宮殿、ルーブル美術館、フランス貨幣博物館などから、ルイ 14 世時代の油絵、タピスリーをはじめ海外初公開の 150 余点	毎日新聞社	200
大フランス展	1968	9/17 ～ 9/22	日本橋髙島屋	「フランス近代名作展」：パリ国立近代美術館所蔵のフランス近代美術作品の中から、ユトリロ、シャガール、ピカソ、マイヨールなど絵画、彫刻 21 点	フランス大使館（後援：朝日新聞社）	200
大フランス商品展	1968	10/4 ～ 10/16	渋谷西武	「古き良きパリの芸術　アール・ヌーボー展」：国立パリ装飾美術館などから、サラ・ベルナールの衣裳と寝室、ガレの作品、ロートレック、ミュシャなどの絵画	毎日新聞社	無料
イタリア特選品コレクション	1968	10/22 ～ 10/27	銀座三越	「18 世紀ベネチア巨匠美術展」：18 世紀ベネチア黄金期の作品、ティエポロ、カナレットなどの油絵、素描、版画 92 点	ジョルジョ・チーニ財団、日本経済新聞社	無料
'69 オーストリアウィーク	1969	4/17 ～ 4/25	新宿伊勢丹	「ウィーン展」：モーツァルトの住まいの再現、遺品、シュトラウス愛用の楽器、楽譜、絵画、彫刻など、本国の美術館、博物館秘蔵の文化財	ウィーン市	
大ベルギーフェア	1969	5/2 ～ 5/14	池袋西武	「ルーベンスの世紀展」：17 世紀のルーベンスを中心に 11 点、特別出品としてアントワープ王立美術館秘蔵の 15 世紀のファン・アイク〈泉の聖母〉	読売新聞社、ベルギー外務省	200
'69 オールアメリカンフェスティバル	1969	5/3 ～ 5/11	新宿伊勢丹	「リンカーン大統領展」：少年時代の丸木小屋再現、胸像、遺品		

メキシコ・スペイン・ポルトガル民芸展	1967	6/13 ～ 6/18	日本橋髙島屋	「持田信夫 メキシコ・マヤ写真展」		
南アフリカ共和国物産展	1967	6/6 ～ 6/11	日本橋三越	—		
メキシコ民芸展	1967	6/6 ～ 6/14	新宿伊勢丹	—		
イスラエル展	1967	7/22 ～ 7/28	新宿伊勢丹	「テル・ゼロール遺跡発掘展」：日本オリエント学会の 3 年にわたるパレスチナ地区の遺跡発掘調査で持ち帰った土器、土偶、貨幣など 81 点	日本オリエント学会、日本経済新聞社	無料
オーストラリア展	1967	9/5 ～ 9/12	新宿伊勢丹	—		
メキシコ民芸品展	1967	9/12 ～ 9/?	日本橋三越	「メキシコ美術展」：メキシコ現代美術の巨匠リベラ、シケイロスや新鋭作家コロネルの作品などとメキシコ国立人類学博物館所蔵のマヤ・アステカ文明の遺品	メキシコ大使館、カナダ太平洋航空	
大英国展	1967	10/6 ～ 10/18	池袋西武	「ビクトリア女王朝の栄光と美術英国王室展、英国工芸展」：ロンドン博物館などから、女王の戴冠式の衣裳、歴代女王、国王の愛用品など海外初公開の 250 余点	毎日新聞社	無料
英国フェア	1967	10/10 ～ 10/22	日本橋三越	「大ネルソン展」：イギリスの名提督ネルソンの関連資料、絵画、航海日誌などイギリスの博物館から出品	在日イギリス大使館	無料
フェスティバル・タカシマヤ '67（ヨーロッパ大陸百貨店連盟協賛催事）	1967	10/? ～ 10/29	日本橋髙島屋	—		
スカンジナビア展	1967	10/24 ～ 10/29	日本橋・銀座三越	—		
第 2 回　中国大物産展	1967	10/21 ～ 10/26	新宿伊勢丹	—		
大イタリア展	1967	11/? ～ 12/3	上野松坂屋	—		
アメリカン・フェスティバル	1968	4/6 ～ 4/18	新宿伊勢丹	「世界の文豪　ヘンリー・ミラー絵画展」：ミラー夫妻の日本訪問を機に水彩、エッチングなど 100 余点	読売新聞社	150
イタリアン・フェア	1968	5/10 ～ 5/15	池袋西武	「イタリア伝統工芸美術展」：宝飾美術品、陶器、木製品、衣裳などイタリア各地の工芸美術品 500 余点	読売新聞社、ローマ国立伝統工芸美術博物館	無料

表 5-4　海外フェアと関連展覧会（1964 ～ 69）

1

海外フェア	開催年	会期	会場	関連する展覧会、文化財の展示	主催	入場料
フローレンス・フェスティバル	1964	4/14 ～ ?/?	日本橋三越	フローレンス国際美術工芸院から特別出陳、猪の像のほか多くの名品を特別展観	イタリー大使館、フローレンス市、読売新聞社	
スペイン民芸展	1964	5/19 ～ 5/24	日本橋三越	浜田庄司が最近歴訪し選び出した優品と古い民芸品、メキシコのものとあわせて約 5000 点		
デンマーク展	1965	1/? ～ 1/20	銀座松屋	「デンマークインテリア展」	デンマーク大使館	
韓国民俗工芸展	1965	4/6 ～ 4/11	日本橋三越	韓国公報館から螺鈿の箪笥、刺繍の屏風など参考品		
スイス展	1965	4/27 ～ 5/2	日本橋三越	木製品、鉄製品などの民具、民族衣装など		
オーストリア展	1965	9/4 ～ 9/9	新宿伊勢丹	—		
イタリア民芸展	1966	5/14 ～ 5/22	新宿伊勢丹	「パオロ・トマージ展」：ローマ在住の画家の秀作 22 点		
フランス民芸展	1966	9/13 ～ 9/23	新宿伊勢丹	「巨匠ブラック宝石展」：ギリシャ神話を主題とする作品 66 点と版画、下書きなど	読売新聞社	200
パリ蚤の市珍品コレクション	1966	9/6 ～ 9/11	銀座松坂屋	—		
フランス博覧会	1966	9/13 ～ 10/2	日本橋三越	「大ナポレオン展」：ルーブル美術館をはじめ、国立美術館、国立図書館、個人コレクションから遺品、美術工芸品、関連資料など 600 余点	朝日新聞社	無料
西武フランスフェア	1966	9/2 ～ 9/?	池袋西武	「素朴派の世界　アンリ・ルソー展」：欧米各国の各秘蔵家から特別出品を得て、油絵 46 点と資料、あわせて素朴派 20 人の油絵 77 点	読売新聞社	300
スウェーデンフェア	1966	10/21 ～ 11/2	池袋西武	「17 世紀最大の戦艦ヴァーサー号展」：引きあげられた遺留品の数々と写真パネル	スウェーデン政府	無料
中国大物産展	1967	2/25 ～ 3/2	新宿伊勢丹	—		
インド古美術と民芸品展	1967	4/4 ～ 4/9	日本橋三越	「釈迦誕生　インド古美術と民芸品展」：インド国立博物館から 11 世紀のパーラ美術や 13 世紀のチョーラ美術のほかタゴール、ガンジー、ネールの書翰コピー、民族衣裳など	インド大使館	
伝統と科学の国ドイツ展	1967	4/18 ～ 4/23	日本橋三越	グリム国立博物館から秘蔵のグリムの原稿など、またケストナーの資料も紹介	在日ドイツ商工会議所	

表 5-3　新宿ステーションビルの展覧会（1964 ～ 69）

展覧会名	開催年	会期	主催	入場料
高野山霊宝展	1964	5/23 ～ 6/7	高野山総本山金剛峯寺、毎日新聞社	100
第 1 回　東日本こども美術秀作展	1964	8/22 ～ 9/2	毎日新聞社、毎日中学生新聞、毎日小学生新聞	
浮世絵の巨匠　国貞展	1964	9/5 ～ 9/13	毎日新聞社	無料
全国ろうあ洋画展	1964	9/5 ～ 9/13	日本ろうあ美術家協会、毎日新聞東京社会事業団ほか	無料
日本の女性服装 2000 年展	1964	10/15 ～ 10/25	毎日新聞社	100
第 2 回　海外学生美術交歓展	1964	10/28 ～ 11/3	大学美術連盟（後援：毎日新聞社）	無料
徳川家康公 350 年祭記念展	1965	2/10 ～ 3/2	日光東照宮、久能山東照宮、神社本庁	有料
栄光の読売ジャイアンツ展	1965	3/31 ～ 4/11		
オーストラリア原始美術展	1965	5/22 ～ 6/20	読売新聞社	150
二科会回顧記念展	1965	?/? ～ 7/8		
「合唱の歩み」展	1965	11/5 ～ 11/10	毎日新聞社	無料
第 8 回　大学美術連盟展	1965	11/5 ～ 11/10	大学美術連盟（後援：毎日新聞社）	
鉄砲 600 年展	1966	8/21 ～ 9/8	読売新聞社	100
第 4 回　「ぼくにもできる」作品展	1966	12/1 ～ 12/6	日向弘済学園兄弟姉妹の会（後援：毎日新聞東京社会事業団）	
第 7 回　大学切手展	1966	12/7 ～ 12/13	大学郵趣連盟（後援：毎日新聞社）	無料
日本の戦歴写真展	1967	4/5 ～ 4/11		
世界の中に生きる日本人展	1967	5/10 ～ 5/?	（後援：毎日新聞社）	
中村彝展	1967	10/14 ～ 11/3	日本経済新聞社	100
「ぼくにもできる」作品展	1967	12/14 ～ 12/19	日向弘済学園 BSO（後援：毎日新聞東京社会事業団）	
写真展「日本の 100 年」	1968	1/17 ～ 1/23	朝日新聞社	無料
現代高僧名蹟展	1969	1/2 ～ 1/19		
第 2 回　現代高僧名蹟展	1969	12/27 ～ 1/22		

表 5-2　新宿小田急の展覧会（“文化大催物場”オープン以前）

展覧会名	開催年	会期	主催	入場料
富士山展	1963	1/4 〜 1/16	朝日新聞社	無料
徳利と盃展	1963	7/19 〜 7/24	日本陶磁研究所（後援：日本経済新聞社）	
“芭蕉の生涯”展	1963	10/25 〜 10/30	芭蕉翁顕彰会、毎日新聞社	無料
国際近代彫刻シンポジウム小品展	1963	12/6 〜 12/11	朝日新聞社	無料
日本の火山展	1964	2/29 〜 3/18	朝日新聞社	無料
暮しを生き生きさすための「リビングリビング展」	1964	4/3 〜 4/8	朝日新聞社	無料
秘境ネパール展	1964	4/17 〜 4/23	読売新聞社、報知新聞社	無料
弘法大師奉賛書道展	1964	4/24 〜 5/6	真言宗総本山金剛峯寺、毎日新聞社ほか	無料
日本・中国版画交流展	1964	5/8 〜 5/13	日本中国文化交流協会、朝日新聞社	無料
韓国民俗手芸芸術展	1964	7/19 〜 7/29	アジア・アート・アソシエーション（後援：毎日新聞社）	無料
丹沢大山国定公園指定記念 丹沢展	1965	?/? 〜 4/27	神奈川県観光協会	
地震展〈その予知と防災〉	1966	8/27 〜 9/5	朝日新聞社	無料
明治 100 年　近代日本を開いた人物展	1966	9/9 〜 9/21		
「くらしの中の 119」展	1967	?/? 〜 3/8	サンケイ新聞社、サンケイスポーツほか	
北方領土展	1967	?/? 〜 9/27	北方領土復帰期成同盟、北方協会ほか（後援：外務省）	
華岡青洲と近代麻酔展	1967	10/6 〜 10/11	日本麻酔学会、毎日新聞社	無料

盆栽銘木展	1975	?/? ～ 10/14		
パリの映像詩人 サラ・ムーンの世界	1975	11/6 ～ 11/18	旭光学	無料
五木寛之・石岡瑛子 ジョイントギャラリー	1977	1/? ～ 1/11	話の特集	
寺山修司の 千一夜アラビアンナイト展	1977	2/3 ～ 2/15		100
現代フランスコミック展 シネと 12 人の仲間たち	1977	4/14 ～ 4/19		無料
われらのチャップリン展	1977	11/3 ～ 11/?	日本ヘラルド映画	
寺山修司の ヨーロッパパンドラの匣	1978	5/11 ～ 5/16		200
'78 日本現代版画大賞展	1978	9/7 ～ 9/12	日本現代版画商協同組合	無料
玉三郎の宇宙	1978	11/9 ～ 11/20		500
女の個性展	1979	4/26 ～ 5/1	講談社	無料
和田誠百貨展	1979	5/3 ～ 5/8	話の特集	無料
玉三郎の夜叉ヶ池展	1979	10/4 ～ 10/9	松竹	

まっぴら君　5000 回記念展	1969	2/14 ～ 2/26	毎日新聞社	無料
菊田一夫展	1969	5/17 ～ 5/28	東京新聞、東京中日新聞	
国際ジュウリー・アート展	1970	2/7 ～ 2/18	日本ジュウリーデザイナー協会、日本経済新聞社	200
伊坂芳太良遺作展	1971	?/? ～ 4/7		
東京周辺イラスト・ルポ展	1971	10/7 ～ 10/19	朝日新聞社	無料
へたも絵のうち 画業 70 年　熊谷守一展	1972	1/20 ～ 2/1	日本経済新聞社	無料
日本ジュウリー展	1972	5/11 ～ 5/16	日本ジュウリーデザイナー協会、日本経済新聞社	無料
IKKO 写真展「生きる歓び」	1972	6/15 ～ 6/27	カメラ毎日	200
イラン皇族シャーラム殿下コレクション展	1972	9/7 ～ 9/12		
反逆の映像。スキャンダル。 APA 写真展 1972	1972	9/21 ～ 9/26	日本広告写真家協会	200
深瀬昌久写真演奏会	1973	?/? ～ 3/27		
“ライフ”101 の顔 フィリップ・ハルスマン写真展	1973	3/21 ～ 4/3		200
築地小劇場 50 年展	1973	5/17 ～ 5/22	社団法人日本演劇協会	無料
国際ジュウリー・アート展	1973	10/4 ～ 10/15	日本ジュウリーデザイナー協会、日本経済新聞社	200
近代世界彫刻展	1973	11/8 ～ 11/20	毎日新聞社	無料
天皇陛下・皇后陛下金婚式記念展	1974	?/? ～ 1/8	共同通信社	無料
よみがえる古代との対話 東京教育大学イラン遺跡調査団調査報告 ペルシャ文明の旅展	1974	2/7 ～ 2/12	共同通信社	無料
現代イタリア彫刻展	1974	5/2 ～ 5/7		
わたしのイタリア写真展	1974	5/2 ～ 5/7		
よみがえる青春の軌跡　中原中也	1974	11/? ～ 11/?		無料
現代日本画の異才　加山又造展	1975	1/2 ～ 1/7	日本経済新聞社	無料
小沢昭一個性展　凱旋興行	1975	?/? ～ 5/6	話の特集	10
アメリカ大統領命令 9066 写真展 日本人及び日系米人強制収容の記録	1975	6/5 ～ 6/10	日本写真家協会、毎日新聞社	無料

表 5-1　渋谷西武の展覧会（1968 ～ 79） 1

展覧会名	開催年	会期	主催	入場料
［フランス近現代の美術展］				
モジリアニ名作展	1968	5/3 ～ 6/19	読売新聞社、京都国立近代美術館	300
古き良きパリの芸術 アール・ヌーボー展	1968	10/4 ～ 10/23	毎日新聞社	無料
ゴーギャン展	1969	8/23 ～ 10/1	読売新聞社、京都国立近代美術館ほか	350
マリー・ローランサン展	1969	12/5 ～ 12/15		
バルビゾンの画家たち ミレー展	1970	8/15 ～ 9/30	読売新聞社、日本テレビ	350
フィニー展	1972	10/26 ～ 11/7	読売新聞社	300
印象派 100 年　光と色彩の賛歌 モネ展	1973	3/30 ～ 5/15	読売新聞社	400
セーヌの哀愁の画家 マルケ展	1973	9/20 ～ 10/2	読売新聞社	350
色彩の勝利 マチスと野獣派展	1974	8/15 ～ 9/24	読売新聞社	500
モンパルナスの慕情 キスリング展	1975	4/3 ～ 4/15	読売新聞社	400
ルドン版画展	1977	10/6 ～ 10/18	東京新聞	300
［上記以外の展覧会］				
こども SF 大作戦	1968	?/? ～ 5/6		
こども科学大作戦	1968	?/? ～ 8/28		100
世界と日本のサッカー展	1968	8/30 ～ 9/11	読売新聞社、報知新聞社	無料
世界の偉大な写真家たち展	1968	?/? ～ 9/18		
福沢一郎展	1968	9/20 ～ 9/30	読売新聞社	無料
エルメス・コレクション展	1968	?/? ～ 10/16	フランス大使館	
旧制高校百年展	1968	?/? ～ 11/13	日本寮歌振興会	
皇太子ご成婚 10 周年展	1969	1/2 ～ 1/15		
アポロ 8 号月周回写真展	1969	1/10 ～ 1/22	毎日新聞社	無料

表 4-3　東アジア諸国からの出品による展覧会（50 年代〜中国との国交回復前後）2

［北朝鮮］					
高句麗古墳壁画 写真・模型図展示会	1972	10/10 〜 10/15	日本橋高島屋	日朝文化交流協会、 在日朝鮮人総聯合会、 朝日新聞社	無料
	高松塚シンポジウムに招かれた朝鮮民主主義人民共和国社会科学者代表団が持参した、最近発掘の高句麗古墳の壁画の写真、模写図、その他資料				
［国交回復後の国の機関レベルの文化遺産展］					
中華人民共和国出土文物展	1973	6/9 〜 7/29	東京国立博物館	東京国立博物館、 日本中国文化交流協会、 朝日新聞社ほか	400
	国交正常化記念として開催、文革以来発掘された文物を中心に、春秋時代から元代に至る出土文物、墓碑などの拓本、壁画模写など 236 点				
韓国美術五千年展	1976	6/8 〜 7/25	東京国立博物館	韓国国立中央博物館、 東京国立博物館、 朝日新聞社ほか	700
	先史から朝鮮王朝時代までの発掘品、仏像、絵画、陶磁器、金属工芸品など韓国の国宝 40 余点を含む 350 点を日本初公開				

表 4-3　東アジア諸国からの出品による展覧会（50 年代〜中国との国交回復前後）

1

展覧会名	開催年	会期	会場	主催	入場料
[中国]					
敦煌石窟壁画展	1956	4/7 〜 4/18	銀座松屋	朝日新聞社	無料
	中国随一の画家張大千が 2 年半にわたって復元模写した壁画作品を展観、この後フランス国立近代美術館で展観				
中国敦煌芸術展	1958	1/5 〜 1/19	日本橋髙島屋	毎日新聞社、日本中国文化交流協会	50
	第 285 洞の復元模型、北魏から元の各時代の壁画二百数十点				
中国永楽宮壁画展	1963	8/31 〜 9/18	日本橋白木屋	読売新聞社、アート・フレンド・アソシエーション	200
	新たに発見された 13 世紀に造られた道教寺院の壁画の完全保存模写を北京から直送し世界初公開、同時に中国秘蔵の元代陶磁器 22 点				
紅楼夢展	1964	11/6 〜 11/18	日本橋白木屋	日本中国文化交流協会、朝日新聞社	150
	清時代の社会の仕組みを示す文書や参考品、日常生活の器具や美術工芸品など 260 余点、すべて中華人民共和国から貸与				
中国二千年の美　古陶磁と西安碑林拓本展	1965	9/3 〜 9/15	銀座松屋	毎日新聞社、日本中国文化交流協会	150
	国外持ち出しを許された逸品、1700 年前から元朝にいたる古陶磁 524 点と秦から元にいたる、王羲之、顔真卿などの作品の拓本 147 点				
定陵地下宮殿宝物展	1973	1/12 〜 1/31	池袋西武	定陵地下宮殿宝物展実行委員会、読売新聞社	300
	日中国交正常化を記念し、明代後期の万暦帝の陵墓から発掘された文物 88 種 350 余点の複製品と訪中取材班が入手した写真、大中国物産展併催				
中国二千年の美　画像石・碑刻拓本展	1973	4/20 〜 4/25	渋谷東急本店	日本中国文化交流協会、日本経済新聞社	300
	河南省で保存されている漢から元までの各時代を代表する名筆の拓本、竜門石窟などの画像石の拓本など 152 点				
[台湾]					
中華民国　台湾展	1964	5/12 〜 5/17	日本橋三越	中華民国台湾観光協会、読売新聞社	無料
	宋代からの古美術品と民芸品、衣服、家具、高砂族の工芸品など				
[韓国]					
韓国民俗手芸芸術展	1964	7/19 〜 7/29	新宿小田急	アジア・アート・アソシエーション（後援：毎日新聞社）	無料
	李王朝からの伝統をつぐ韓国手芸芸術のすべて				
李朝の秘宝特別公開	1970	5/? 〜 5/24	日本橋三越	大韓貿易振興公社、韓国輸出振興株式会社	
	現地でも非公開の王宮の秘蔵品、婚礼着用時の衣裳、冠、靴や高麗・李朝の陶磁器など 300 余点、三越の韓国フェアの一環				

表 4-2　海外の文化遺産、文明展（60 ～ 70 年代）4

ローマ帝国の遺宝 古代カルタゴ美術展	1978	8/1 ～ 8/13	日本橋三越	東京新聞、チュニジア文化省ほか	600
	在チュニジア大使館設立を機にフェニキア文化から初期キリスト教文化までを紹介				
謎のインカ黄金秘宝展	1979	7/31 ～ 8/12	日本橋三越	共同通信社	
ガンダーラ美術展	1979	?/? ～ 11/20	新宿伊勢丹		
	仏頭、壁画彫刻、仏体を中心に				

未知の遺産 マヤ文明の秘宝展	1974	1/12 ～ 1/27	新宿伊勢丹	グァテマラ共和国政府、読売新聞社	300
	門外不出のマヤ土器や石彫など 260 余点				
よみがえる古代との対話 東京教育大学イラン遺跡調査団調査報告 ペルシャ文明の旅展	1974	2/7 ～ 2/12	渋谷西武	共同通信社	無料
	拓本と写真のほか、土器、石器、陶器、ガラス器、織物、発掘人骨など				
アステカ文明展	1974	4/20 ～ 5/18	新宿小田急	メキシコ国立人類学・歴史研究所、朝日新聞社ほか	350
	神像、土器、マスク、人形など国立人類学博物館所蔵の文化財 143 点のほか、複製品、ピラミッドの縮尺模型など				
ベリー地方の伝統と美術 フランス文明の源流展	1974	5/2 ～ 5/14	池袋東武	フランス国立美術館局、根津美術館ほか	400
	先史時代から現代まで、文化遺産、美術品、工芸品など 270 余点				
パリ栄光の 2000 年を語る セーヌの流れとパリ物語展	1974	?/? ～ 10/27	日本橋三越	パリ市、読売新聞社	
	先史・ローマ時代から近代までの文化遺産、芸術品、模型など、フランス生活商品大フェアを同時開催				
古代アンデスの生と死を探る インカ文明とミイラ展	1975	7/19 ～ 8/19	新宿小田急	ペルー国政府、読売新聞社ほか	
	国立リマ人類考古学博物館から出品された 10 体のミイラを中心に土器、副葬品、在ペルー天野博物館から出品された織物など				
栄光の遺跡 大ポンペイ展	1976	4/27 ～ 5/16	日本橋三越		500
	ナポリ国立博物館、ポンペイ発掘局、ローマ文明博物館からモザイク画、壁画、彫刻、工芸品				
大ペルシャ文明展	1977	2/8 ～ 2/27	日本橋三越	日本放送協会、朝日新聞社	500
	イラン国立考古学博物館所蔵の中から、紀元前 6 世紀から現代までの黄金盃、陶器、彫刻、装身具、工芸品、古書籍、絵画など、各王朝の国宝 25 点を特別公開				
古代マヤ文明展	1977	4/14 ～ 4/26	日本橋髙島屋	グァテマラ共和国政府	500
	グァテマラ考古民族博物館やティカル博物館秘蔵の土器、ひすい装飾品、石碑、織物など 300 余点				
栄光のペルシャ・イスファハン展	1978	?/? ～ 2/12	日本橋三越		
	イランの古都イスファハンの古美術、細密画、工芸品 45 点				
インカ帝国・三千年展	1978	4/27 ～ 5/9	新宿伊勢丹	ペルー国政府、日本テレビ放送網株式会社	500
	古代アンデス文明の形成から崩壊までを土器、織物、金細工、ミイラ、頭骨など				
メキシコ文明展	1978	7/18 ～ 7/30	日本橋三越	東京新聞	
	マヤ、アステカの出土品とスペイン植民地時代から現代までの文化を紹介				

アンデス文明の秘宝 コロンビア黄金美術展	1968	8/27 ～ 9/8	日本橋高島屋	朝日新聞社	200
	首都ボゴタにある黄金博物館所蔵の仮面、人形などの黄金製品 100 点のほか、サン・アグスティンの巨大石彫、クプチャのミイラなど				
ニューギニア秘境展	1969	?/? ～ 8/10	銀座松坂屋	日本テレビ	100
	石器時代にいきるクカクカ族を豊富な資料と写真で紹介、珍蝶コーナーも				
万国博協賛 エチオピア国宝展	1970	4/4 ～ 4/21	新宿小田急	読売新聞社、エチオピア政府ほか	200
	歴代皇帝の愛用品のほか、武具、絵画、装飾品、文書など 200 点を世界で初公開				
シルクロードの生活と民芸 文明の十字路美術展	1970	7/18 ～ 7/29	新宿小田急	共同通信社、東海大学	無料
	文化と経済の交易地の重要な文化財				
1 万年前からインカまで 古代アンデス文明展	1971	4/27 ～ 5/9	日本橋高島屋	朝日新聞社	300
	リマ市の天野博物館所蔵の土器 196 点、織物 57 点のほか東大アンデス調査隊が発掘したミイラ、人骨、生活用具、戦闘具など				
秘境のキリスト教美術 トルコ中世壁画展	1971	8/3 ～ 8/8	日本橋高島屋	東京芸術大学（後援：朝日新聞社）	無料
	東京芸術大学オリエント遺跡学術調査団報告として、トルコ高原地帯の 8 世紀から 13 世紀にかけての宗教画の模写 23 点を中心とした調査報告				
象牙海岸にみる民族の美 ブラックアフリカ芸術展	1972	6/16 ～ 7/5	新宿小田急	アフリカ協会、東京新聞	250
	象牙海岸共和国の国立アビジャン博物館所蔵の代表的な各種木彫、マスクを中心に同国の伝統的な文化遺産約 1000 点				
古代マヤ文明展	1972	8/8 ～ 8/20	日本橋三越	メキシコ国立人類学博物館、朝日新聞社	300
	世界初公開のメキシコの秘宝のヒスイの面のほか土器、石器など約 150 点				
ソロモンの栄光と シバの女王秘宝展	1972	9/19 ～ 9/24	日本橋三越	イスラエル教育文化省、イスラエル通産省	
	死海文書（複製）を日本初公開、旧約聖書の世界とその文化、古代オリエント人の生活品、祭儀用品、装身具など 210 余点				
日本・ペルー修好 100 年記念 神秘と幻想の世界 インカ帝国の秘宝展	1973	4/14 ～ 5/19	新宿小田急	読売新聞社、ペルー政府	
	日本ペルー修好 100 周年を記念して、ペルー国立リマ人類考古博物館および国立ブリューニング博物館の所蔵品約 120 点でインカ、プレインカ文明の偉容を紹介				
原始壁画芸術の神秘を探る 人類のあけぼの展	1973	4/28 ～ 5/6	池袋西武		200
	古代人の壁画を訪ねて洞窟と砂漠の探索				
世界の至宝 仏跡ボロブドール展	1973	?/? ～ 8/15	渋谷東急本店	ユネスコ・アジア文化センター、ボロブドール復興委員会	
華麗なる幻の黄金 エル・ドラード展	1974	1/4 ～ 1/15	銀座松坂屋		300
	コロンビア黄金博物館秘蔵の黄金芸術から 170 余点				

表 4-2　海外の文化遺産、文明展（60 ～ 70 年代）

1

展覧会名	開催年	会期	会場	主催	入場料
カメハメハ王朝文化 ハワイ民俗芸術展	1959	8/11 ～ 8/23	日本橋白木屋	読売新聞社	50
	白木屋ホノルル進出と 50 番目の州昇格を記念しハワイの考古民俗芸術品やキャプテン・クックの資料、アンセル・アダムスの写真など				
ツタンカーモンの遺跡 エジプト文化写真展	1960	4/26 ～ 5/1	日本橋三越	読売新聞社	無料
	ツタンカーモン王の墳墓を中心にエジプトの古代文化を写真とカイロ博物館所蔵品の複製品約 50 点で紹介				
20 世紀美術の扉を開いた アフリカ芸術展	1961	4/8 ～ 4/25	池袋西武	読売新聞社	100
	イスラエルのサミエル・デュビーナ氏のコレクションから 162 点、コンゴほかアフリカの代表的 39 部族の神像、仮面、楽器、金製品などの黒人芸術を紹介				
イスラム文化展	1961	8/15 ～ 8/27	新宿伊勢丹	毎日新聞社、 英文毎日	無料
	日本国内の大学や個人所蔵家のほかイスラム各国から寄せられた学術、古美術 300 余点				
ニューギニア芸術展	1962	9/11 ～ 9/16	上野松坂屋	読売新聞社	無料
	メラネシア民族の原始民族芸術、彫刻、仮面、工芸品など 146 点				
サハラ先史壁画展	1964	2/15 ～ 3/11	池袋西武	読売新聞社	150
	1956 年に発見されたサハラのタッシリ遺跡の壁画 120 余点				
オーストラリア原始美術展	1965	5/22 ～ 6/20	新宿ステーションビル	読売新聞社	150
	アボリジニの芸術のはじめての海外公開				
太陽と湖と猛獣の国 ケニア展	1966	3/23 ～ 3/27	池袋東武	毎日新聞社	無料
	木彫、狩猟道具、仮面、家具、風物写真など 100 余点、アフリカ民族芸術の一面を紹介				
古代文化の遺跡を訪ねて シルクロードの旅展	1966	7/23 ～ 8/3	池袋西武	朝日新聞社	無料
	遺跡の写真 160 点、現代のシルク民族の風俗、生活、宗教、住まいなどを紹介する実物資料 250 点				
神秘と創造の国 釈迦誕生インド古美術と民芸品展	1967	4/4 ～ 4/9	日本橋三越	インド大使館	
	インド国立博物館より 11 世紀のパーラ美術や 13 世紀のチョーラ美術など日本初公開の国宝美術の特別出品や民族衣裳をはじめとする珍しい民芸品				
チベットの秘宝展	1967	9/26 ～ 10/8	上野松坂屋	読売新聞社	150
	ダライ・ラマ法王秘蔵の代表的秘宝 200 余点、仏像、聖画、法具、僧服など				
マオリ族美術展	1968	5/3 ～ 5/8	日本橋東急	ニュージーランド国政府 （後援：毎日新聞社）	無料
	彫刻、装身具ほか現代絵画、彫刻も				
アフリカ黒人芸術展 失われた人間性を求めて	1968	5/31 ～ 6/11	新宿小田急	アフリカ協会、 朝日新聞社	100
	コートジボワール国立アビジャン博物館収蔵の伝統的な彫刻を中心に、首都アビジャンの文化施設、風景、各種族の生活風俗の写真など 206 点				

ヨーロッパ文化の母胎 ギリシャ芸術展	1960	3/11 ～ 3/21	池袋西武	読売新聞社	100
	キュプロス、エトルスク、ミュケナイの彫刻、陶器、土偶、ローマングラスなど世界的重要美術品 300 点				
神秘と奇蹟の宝庫 インカ帝国文化展	1958	5/8 ～ 5/18	新宿伊勢丹	読売新聞社	70
	プレ・インカ期も含めてインカ帝国の栄華を伝える考古、美術品 150 余点を始め、現代ペルーのケチュア族などの民芸品など総点数 600 余点、解剖されたミイラを特別展示				
インカの秘境を探る アンデス遺跡展	1959	8/18 ～ 8/30	新宿伊勢丹	読売新聞社	無料
	現地調査の写真とともに、ペルー政府から贈られた土器、織物、ミイラ、岩石標本などの発掘品				
世紀の秘宝 インカ帝国黄金展	1961	5/3 ～ 5/21	上野松坂屋	読売新聞社	100
	ペルー大統領訪日にあわせ開催、紀元前のチャビン期からインカ帝国までの黄金の古美術品 500 余点と、コトシュ遺跡の出土品				
プレ・インカの文明 コトシュ神殿秘宝展	1964	5/5 ～ 5/17	上野松坂屋	読売新聞社	150
	日本人の手で発掘されたアメリカ大陸最古の神殿コトシュを中心に、アンデス各地の紀元前 2000 年から前 500 年までのプレ・インカの土偶、土器、インカ布、2300 年前のミイラなど				

表 4-1　新聞社各社主催の古代文明展（～ 1960 年代前半）②

カンボジア王国秘宝展	1963	5/1 ～ 5/12	上野松坂屋	毎日新聞社	150	7 ～ 15 世紀のクメール文化、アンコール芸術の石像や浮彫りなど初公開の 300 余点
［朝日新聞社］						
イラン展	1958	5/20 ～ 5/25	日本橋白木屋	朝日新聞社	無料	先史時代の遺物・遺跡の写真、陶芸品、ペルシャ絨毯、ミニアチュール、民俗衣裳、古代裂れなどによるペルシャの歴史、現在の石油王国イランも紹介
イラク・イラン発掘展	1958	5/20 ～ 5/25	日本橋三越	東京大学、朝日新聞社	無料	東大イラク・イラン調査団がイラク、イラン、シリア、レバノン、ヨルダンの古代遺跡から発掘・収集した先史土器、石彫、粘土板、青銅器、彫刻、織物などを初公開
ペルシャ美術展	1958	5/21 ～ 6/22	東京国立博物館	東京国立博物館、朝日新聞社	150	パーレビ国王の訪日を機に、イラン国立博物館の秘蔵品 176 点にイラン国外のものも加えて、先史時代からイスラム時代にいたる土器、ガラス器、ブロンズ、細密画など 300 余点
ペルシャ遺宝展	1959	11/3 ～ 11/15	日本橋白木屋	東京大学イラク・イラン遺跡調査団、（後援：朝日新聞社）	無料	本年 3 月から 7 月まで調査を行い、収集した多数の資料から約 400 点
シルクロードの遺跡 古代イラン展	1961	5/9 ～ 5/21	新宿伊勢丹	東京大学、朝日新聞社	無料	東京大学の遺跡調査団が行ったササン朝時代の遺跡からの鉄・銅・ガラス・土器と金銀装身具などの発掘品を中心に古跡の模型、イラン風俗と民芸品なども紹介
ペルシャ美術展	1961	10/10 ～ 10/22	日本橋白木屋	朝日新聞社	無料	イラン建国 2500 年を機に、日本にあるペルシャ美術品約 700 点、先史時代からイスラム時代までを展観
エジプト美術五千年展	1963	3/3 ～ 5/5	東京国立博物館	東京国立博物館、朝日新聞社	300	エジプトの国家的プロジェクトであるアスワン・ハイ・ダム建設のために水没の危機にさらされているヌビア遺跡救済のための展覧会、総入場者数は京都市美とあわせて 122 万人
ミロのビーナス特別公開	1964	4/8 ～ 5/17	国立西洋美術館	国立西洋美術館、京都市、朝日新聞社	200	フランス政府が“オリンピックの日本”に贈る異例の措置として踏み切ったもので、総入場者数は京都市美とあわせて 172 万人余り
ツタンカーメン展	1965	8/21 ～ 10/10	東京国立博物館	東京国立博物館、朝日新聞社	300	“黄金のマスク”をはじめとする秘宝 45 点、京都、福岡を巡回して総入場者数は 293 万人で、日本における美術展の最高の動員数を記録
［読売新聞社］						
ローマ古代美術展	1959	8/18 ～ 8/30	日本橋髙島屋	読売新聞社	50	大阪市立美術館とイタリア国立先史土俗博物館との特別交換によりもたらされた、ローマ文化の母胎となったエトルスクの彫刻と壺 102 点を公開

表 4-1　新聞社各社主催の古代文明展（～ 1960 年代前半）

1

展覧会名	開催年	会期	会場	主催	入場料
［日本経済新聞社］					
アジア・アフリカ美術展	1957	12/3 ～ 12/15	日本橋髙島屋	日本経済新聞社	無料
	根津美術館をはじめ国内の各美術館、個人からアジア・アフリカ諸国が 5000 年の歴史の中に生み出した美術品 200 余点、最初の土曜日 1 万人超え				
中国殷周銅器展	1958	11/25 ～ 12/7	日本橋髙島屋	日本経済新聞社	80
	殷から戦国までの青銅器、玉器、大理石像など約 120 点、国内所蔵家を中心に、海外の美術館などからも出品				
中国古代彫刻展	1959	4/28 ～ 5/10	日本橋髙島屋	日本経済新聞社	100
	殷から唐代中期に及ぶ彫塑、石像、檀像、金銀器など日本各地から集められた世界的名品 130 余点				
中国陶磁の粋を集めて 中国名陶百選展	1960	4/5 ～ 4/17	日本橋髙島屋	日本経済新聞社	100
	漢代から唐宋、清代までの名品を、国宝も含めて 78 点、海外の美術館、個人のものもあわせて計 100 点				
タイ古代美術展	1962	5/4 ～ 5/17	上野松坂屋	日本経済新聞社、バンコック国立博物館	100
	バンコク国立博物館を始め、タイの博物館、寺院、個人からの出品を得て、7 ～ 8 世紀から 19 世紀におよぶ 300 余点の貴重な仏教美術品				
シルクロードの花 アフガニスタン古代美術展	1963	9/3 ～ 9/15	日本橋髙島屋	日本経済新聞社	150
	カブール国立博物館所蔵の中から、クシャン王朝の出土品や仏頭、バーミヤン壁画、塑像など 195 点				
インド古代美術展	1963	11/3 ～ 1/12	東京国立博物館	日本経済新聞社、東京国立博物館、インド大使館	300
	インド全土の博物館の所蔵品により、インダス文明の遺品から近世の細密画までの第一級品 246 点				
［毎日新聞社］					
仏紀 2500 年 アジアの仏像と民芸展	1957	5/7 ～ 5/19	日本橋三越	毎日新聞社、英文毎日、アジア文化の会	無料
	インド、パキスタン、中国ほか全アジアの珍しい仏像、民芸品、手芸品				
中国敦煌芸術展	1958	1/5 ～ 1/19	日本橋髙島屋	毎日新聞社、日本中国文化交流協会	50
	第 285 洞の復元模型、北魏から元の各時代の壁画模写 142 点、外観・内部の写真 60 点、仏像 7 点				
沈黙の芸術 トルコ古代美術展	1960	4/23 ～ 5/15	上野松坂屋	毎日新聞社	100
	初の海外公開となる新石器時代からヒッタイト、ギリシャ・ローマ、オスマン帝国までの出土品、遺品 365 点をトルコ共和国の各博物館から出品、入場者 8 万 5000 人余り				
世界の秘宝 パキスタン古代文化展	1961	3/22 ～ 4/9	上野松坂屋	毎日新聞社	100
	ラホール中央博物館、モヘンジョ・ダロ考古博物館、カラチ国立博物館などパキスタン国内の博物館から、インダス文明とガンダーラ美術の粋 550 余点				

表 3-7　冒険・探検、学術調査の展覧会（50 ～ 60 年代）5

「コラーサ二世号」展	1967	7/29 ～ 8/6	日本橋髙島屋		朝日新聞社	無料
	大西洋、太平洋をヨットで単独横断した鹿島郁夫の壮挙を記念し本艇、記録写真、装備品など					
世界の秘境展	1968	1/4 ～ 1/9	新宿小田急	東大、早大、慶大など 10 大学	サンケイ新聞社	
	東大、早大、慶大ほか 10 大学の探検隊が持ち帰った調査資料、ニューギニア、ガラパゴス、アンデス、マヤなど					
東京大学インド植物調査隊報告 ブータン・ヒマラヤ展	1968	4/9 ～ 4/14	日本橋髙島屋	東京大学	朝日新聞社	
	世界で初めてブータンを訪れ採集し、日本植物の先祖をさぐる資料 500 点					
ネパール民芸芸術と民俗写真展	1968	5/14 ～ 5/19	日本橋三越	東海大学	ネパール王国大使館、東海大学（後援：日本経済新聞社）	無料
	東海大学探検隊の持ち帰った美術品、民族用具のコレクションと写真 150 点、即売品あり					
釈迦の宮殿カピラ城発掘記念 ネパール王国の秘宝展	1968	6/29 ～ 7/16	新宿小田急	立正大学	ネパール王国政府、読売新聞社	200
	立正大学の調査団が行った「釈迦の出生地カピラ城」の発掘を契機に、ネパールの国立博物館や寺院が秘蔵する古美術、仏像など 100 余点を日本で初公開					
読売アマゾン学術調査隊探検記念 神秘と驚異 大アマゾン動物展	1969	7/23 ～ 7/27	上野松坂屋	東京農業大学	読売新聞社ほか（協賛：農大育種学研究所）	120
	世界初公開、日本初公開を含め、アマゾンの珍獣、奇鳥 40 余種を展示					

ヒマラヤの昆虫展	1964	?/? ～ 2/19	日本橋白木屋	日本鱗翅学会	日本鱗翅学会（後援：朝日新聞社）		ネパール王国カトマンズ周辺山地に遠征したヒマラヤ蝶蛾調査隊の成果を展観
秘境ネパール展	1964	4/17 ～ 4/23	新宿小田急	東海大、都立大、大阪府大	読売新聞社	無料	東海大、都立大、大阪府大が調査した成果を写真、仏像、工芸品、民具などで紹介
日本植物の先祖を探る シンガリラヒマラヤ展	1964	11/3 ～ 11/8	日本橋髙島屋	東京大学	朝日新聞社	無料	東京大学インド植物調査隊が行った東部ヒマラヤの植物調査の成果を、現地植物約 30 点と写真 200 点で紹介
ネアンデルタール原人展「アムッド洞人」	1965	4/17 ～ 5/5	池袋西武	東京大学	朝日新聞社	100	東京大学調査団がイスラエルのアムッド洞穴から発掘し、世界から注目される 5 万年前の化石人骨を中心に様々な資料を展観
マダガスカルの自然	1965	5/? ～ 5/26	池袋西武	東京農業大学	読売新聞社	50	東京農業大学学術調査の成果、恐竜の骨、アンモナイト化石、昆虫、動物など
パレスチナ発掘展	1965	5/25 ～ 5/30	日本橋三越	日本オリエント学会	日本オリエント学会、朝日新聞社	無料	日本オリエント学会が昭和 39 年に発掘した出土品から、紀元前 2000 年から紀元 100 年までの約 90 点を展観
北ボルネオの生活と自然展	1965	11/16 ～ 11/21	池袋東武	慶應義塾大学	慶應義塾大学文化団体連盟、読売新聞社	無料	文化連盟が派遣した調査団の成果、写真、民芸品など
コーカサスを探る写真展	1966	8/18 ～ 8/30	池袋丸物	立教大学	読売新聞社、立教大学山岳部	無料	コーカサスの山の登頂までの写真 50 余点
ネパール民俗美術展	1967	1/4 ～ 1/11	新宿京王	東海大学	ネパール王国大使館、東海大学、立正佼成会		仏像、民芸品、工芸品、生活用具 300 余点と写真 200 点
オリエント七千年展	1967	2/17 ～ 3/1	日本橋白木屋	東京大学	東京大学イラク・イラン遺跡調査団、東京新聞社ほか	150	東大調査団が発掘調査した北メソポタミアのテル・サラサートからの出土品を中心に、彩文土器、青銅器、ガラス器など、資料、美術・考古品約 400 点
トルコ洞窟教会壁画展	1967	6/13 ～ 6/18	日本橋三越	東京芸術大学	東京芸術大学中世オリエント遺跡学術調査団（後援：朝日新聞社）	無料	芸大調査団が 4 カ月にわたりカッパドキア地方の洞窟教会堂の壁画を調査した成果を展観
テル・ゼロール遺跡発掘展	1967	7/22 ～ 7/28	新宿伊勢丹	日本オリエント学会	日本オリエント学会、日本経済新聞社	無料	日本オリエント学会の 3 年にわたるパレスチナ地区の遺跡発掘調査で持ち帰った土器、土偶、貨幣など 81 点

日本人の記録による「大ヒマラヤ展」	1960	7/23 ～ 8/2	池袋西武	日本山岳会	日本山岳会、毎日新聞社	無料	明治 36 年の河口慧海のヒマラヤ行きから今日までの日本人によるヒマラヤへの登山、学術調査などの資料 2000 点
初登頂記念ヒマルチュリ展	1960	8/9 ～ 8/14	日本橋白木屋	慶應義塾大学、日本山岳会	慶應義塾登高会、日本山岳会、毎日新聞社	無料	ヒマルチュリ初登頂に成功した慶應登山隊の全行程を隊長の手記、写真、ジオラマ、実際に使用した装具などで紹介
アラスカ展	1960	8/30 ～ 9/4	上野松坂屋	明治大学	読売新聞社、明大アラスカ学術調査団	無料	調査団の帰国を記念し、山岳、地理、考古、民族の各種資料と写真
シッキム・ヒマラヤ展	1961	4/4 ～ 4/9	日本橋高島屋	東京大学	朝日新聞社	無料	東京大学インド植物調査隊が行ったシッキム・ヒマラヤ地方の植物調査の成果を 180 点の植物とカラー写真、パノラマなどで紹介
マヤ遺跡展	1961	6/20 ～ 6/25	日本橋高島屋	早稲田大学	早稲田大学、朝日新聞社		早稲田大学中央アメリカ探査隊の報告展、3 ～ 10 世紀頃のユカタン半島と中米諸国のマヤ文化の遺跡拓本、写真、出土品、民芸品など約 1000 点
縦断 2 万キロ東京農業大学学術調査隊の成果アフリカ花・鳥・昆虫展	1962	5/12 ～ 5/29	池袋西武	東京農業大学	読売新聞社	無料	東京農業大学学術調査隊によるケープタウンからカイロまでの調査、植物、鳥類、昆虫数万点の標本、写真などによりアフリカ民族の生活や文化を紹介
南西アジア学術踏査隊写真展	1962	6/26 ～ ?/?	日本橋白木屋	亜細亜大学	（後援：毎日新聞社）		亜細亜大学の踏査隊が 3 カ月にわたり国産軽自動車で走破した南西アジア踏査隊隊員の写真展
カリブ海「ケナ文化を訪ねて」展	1962	?/? ～ 7/22	日本橋三越	早稲田大学	早稲田大学（後援：朝日新聞社）		
インドの自然と文化を探る“インド学術調査隊の記録”展	1962	8/21 ～ 8/26	新宿伊勢丹	インド学術探査隊	東京新聞社		インドの古代医学や薬用植物を調べるため、東京新聞社が派遣したインド学術探査隊が持ち帰った現地の生活用品、動植物、古代医学の文献、写真など
おんぼろ帆走 280 日「南太平洋の秘境」展	1962	8/24 ～ 8/29	池袋西武		朝日放送、朝日新聞社		朝日放送特派員が大型ヨットで北ボルネオ、サラワク、ニューギニア、南太平洋諸島の全航程 2 万キロを学術探検し、記録した写真や現地の収集品
秘境をさぐる中央アメリカ展	1962	?/? ～ 10/14	日本橋三越	早稲田大学	早稲田大学（後援：産経新聞社）		早大中央アメリカ探査隊が収集した石器、土器、土偶などの出土品
カラーで見るマーメイド号太平洋横断展	1962	?/? ～ 10/15	銀座松屋		日本オーシャンレーシングクラブ		
「マーメイド号」と写真展	1962	10/28 ～ 11/4	池袋西武		毎日新聞社	無料	堀江謙一の単身太平洋横断をたたえ、一般への海事思想の普及と啓発をはかる、ヨットほか関連資料、写真 26 点

宗谷乗組員の写真展	1959	7/14 ～ 7/19	日本橋三越		日本海洋少年団連盟（後援：日本経済新聞社）		海の記念日にちなみ、基地の有様を公開
[冒険・探検、学術調査]							
東南アジア民族文化展	1958	6/2 ～ 6/8	日本橋白木屋	日本民族学協会	読売新聞社、日本民族学協会		57 ～ 58 年に行われた東南アジア稲作民族文化綜合調査団の成果を、衣裳、生活用品、農具等の蒐集品、写真、図解で紹介
南米パタゴニア探検 山と氷河写真展	1958	7/22 ～ 7/27	日本橋三越	神戸大学	神戸大学山岳会、チリ山岳協会、毎日新聞社	無料	1 月から 3 月にかけて敢行したパタゴニア探検の記録写真展
日本海溝を探る バチスカーフ展	1958	8/5 ～ 8/31	日本橋三越	日仏合同科学調査	朝日新聞社		日本海溝の日仏合同科学調査の全貌を豊富な資料、記録写真、模型などで展示
赤道アフリカ横断展	1958	8/12 ～ 8/21	上野松坂屋	早稲田大学	早稲田大学、朝日新聞社	無料	早稲田大学赤道アフリカ遠征隊の 3 カ月にわたる横断旅行を記念して、持ち帰った資料や現地の人種、風俗、習慣、地誌などを実物、模型、写真などで紹介
ジュガール・ヒマール展	1958	9/9 ～ 9/14	新宿伊勢丹		朝日新聞社	無料	チベットとネパールの国境ジュガールとランターン・ヒマールを旅行した深田久弥が隊長をつとめた探査隊の写真、油絵、スケッチなど
ヒマラヤの秘境 ネパール展	1959	4/17 ～ 4/22	銀座松屋	京大、大阪市大、同志社大など	読売新聞社	無料	西北ネパール学術探検隊による実物資料、記録写真など 500 余点
南太平洋学術調査 光と裸の島展覧会	1959	5/12 ～ 5/17	上野松坂屋	大阪市立自然科学博物館	大阪市立自然科学博物館、読売新聞社	無料	読売と博物館が協力した学術調査の成果、ガダルカナル、ラバウルからニューカレドニアにおよぶ動植物、昆虫のほか民具、日本兵の遺品など約 200 点
ヒルマチュリ写真展	1959	8/11 ～ 8/16	日本橋高島屋	日本山岳会	日本山岳会、毎日新聞社		ヒマラヤの未踏峰ヒルマチュリにいどんだ日本登山隊が撮影した写真
ガラパゴス島展覧会	1960	4/2 ～ 4/6	池袋西武	東京水産大学	朝日新聞社	無料	ダーウィン『種の起源』100 年を記念し、ガラパゴス島の全貌を貴重な学術的資料をもとに公開
ヒマルチュリ初登頂写真速報展	1960	6/14 ～ 6/26	日本橋三越		毎日新聞社		銀座・新宿三越、東横、白木屋、西武でも開催

表 3-7　冒険・探検、学術調査の展覧会（50 ～ 60 年代）

1

展覧会名	開催年	会期	会場	関係大学、研究団体	主催	入場料
［マナスル登頂］						
マナスル踏査写真展	1953	1/13 ～ 1/18	新宿三越		毎日新聞社	無料
	前年の準備調査踏査隊に参加した毎日の運動部長などによる現地報告写真 120 点					
マナスル遠征写真展	1953 1953	7/21 ～ 7/26 7/21 ～ 7/29	日本橋三越 銀座松屋	日本山岳会	日本山岳会、毎日新聞社	無料
	同行した毎日の写真部員による記録写真 96 点					
祝・マナスル登頂速報写真展	1956	5/23 ～ 5/31	日本橋三越 日本橋白木屋 銀座松屋 新宿伊勢丹	日本山岳会	日本山岳会、毎日新聞社	無料
	毎日写真部員の特報写真を到着次第、順次入れかえ展示					
登頂記念 マナスル展	1956	6/12 ～ 6/17	日本橋白木屋	日本山岳会	日本山岳会、毎日新聞社	無料
	ベースキャンプ、第 6 キャンプを再現したパノラマ、登頂写真、登頂用装具など、6 月 24 日まで日延べ					
世紀の記録 マナスル登頂展	1956	9/18 ～ 9/23	日本橋三越	日本山岳会	日本山岳会、毎日新聞社	無料
	未発表のものを含め写真 130 余点、使用した装備品、頂上の石、蒐集したネパールの民芸品など					
マナスル登頂十三人写真展	1957	1/15 ～ 1/20	上野松坂屋	日本山岳会	日本山岳会、毎日新聞社	
	全隊員とシェルパも含め撮影した写真 80 余点とネパールの民芸品 10 余点					
［南極観測］						
南極探検写真展	1956	1/17 ～ 1/22	日本橋三越		朝日新聞社	
われらの南極観測展	1956	10/9 ～ 10/21	日本橋白木屋		南極地域観測後援特別委員会、朝日新聞社	無料
	第一次観測隊の出発に先立ち、観測隊の全容を、観測、設営、装備など各方面にわたり紹介					
初公開 南極観測隊記録写真展	1957	4/6 ～ 4/11	渋谷東横		朝日新聞社	無料
	永田隊長ほか隊員などが撮影した写真をケープタウンから空輸し 95 点を展観、日本橋白木屋でも同期間開催					
観測船宗谷と南極展	1957	?/? ～ 4/21	日本橋三越		日本工業経済連盟	
	宗谷の帰還を間近に控えて宗谷と南極のすべてを写真、パノラマ等により紹介					
宗谷乗組員撮影 南極写真展	1957	8/20 ～ 8/25	新宿伊勢丹		海上保安庁（後援：朝日新聞社）	無料
	南極と航行中の写真白黒 200 点とカラー数点					

表 3-6　新宿伊勢丹で開催の日本美術シリーズ

回数	展覧会名	開催年	会期
第 1 回	初期浮世絵美人画展	1959	5/30 ～ 6/7
第 2 回	短刀名品展	1959	7/18 ～ 7/26
第 3 回	水にちなむ絵画、工芸名品展	1959	8/4 ～ 8/13
第 4 回	高台寺蒔絵展	1959	9/10 ～ 9/20
第 5 回	国貞─栄泉 美人大首絵名作展	1959	10/10 ～ 10/18
第 6 回	尖石遺跡出土 縄文文化展	1959	11/6 ～ 11/15
第 7 回	能楽五流名宝展	1960	1/12 ～ 1/17
第 8 回	江戸三百年 刀・こしらえ名品展	1960	2/9 ～ 2/17
第 9 回	筆跡の美展	1960	3/15 ～ 3/23
第 10 回	絵巻物断簡展	1960	4/14 ～ 4/21
第 11 回	田中親美模本展	1960	5/24 ～ 5/29
第 12 回	根来塗名品展	1960	6/14 ～ 6/23
第 13 回	逸伝画家・水墨画展	1960	7/19 ～ 7/28
第 14 回	伊万里染付名陶展	1960	8/? ～ 8/28
第 15 回	俳画名作展	1960	9/9 ～ 9/18
第 16 回	江戸小袖名品展	1960	10/11 ～ 10/16
第 17 回	江戸の洋画展	1960	11/8 ～ 11/13
第 18 回	兜名品展	1961	1/? ～ 1/26
第 19 回	おとぎ草紙絵巻展	1961	2/10 ～ 2/19
第 20 回	江戸のアクセサリー展	1961	3/14 ～ 3/19
第 21 回	大津絵名品展	1961	4/8 ～ 4/16
第 22 回	日本の壺名品展	1961	5/23 ～ 5/31
第 23 回	扇面画名品展	1961	7/22 ～ 7/30
第 24 回	奈良絵展	1961	9/12 ～ 9/21
第 25 回	書の美展	1961	10/10 ～ 10/15
第 26・27 回	不明	?	?/? ～ ?/?
第 28 回	日本南画名作展	1962	4/10 ～ 4/15
第 29 回	日本雅陶展	1962	5/15 ～ 5/20
第 30 回	丹緑本展	1962	6/26 ～ 7/2
第 31 回	近世職人尽絵展	1962	8/7 ～ 8/12
第 32 回	関東派水墨画展	1962	9/11 ～ 9/16
第 33 回	うるし絵展	1962	10/16 ～ 10/22
第 34 回	南蛮美術名作展	1963	1/15 ～ 1/20
第 35 回	絵馬名品展	1963	2/13 ～ 2/21
第 36 回	虎徹と清麿名作展	1963	3/15 ～ 3/21
第 37 ～ 39 回のうち 1 回不明	文楽首名作展	1963	4/12 ～ 4/18
	文房具名品展	1963	7/19 ～ 7/25
第 40 回	銅版画名作展	1963	8/16 ～ 8/22
第 41 回	江戸狩野名作展	1963	9/12 ～ 9/18
第 42 回	鎌倉彫名品展	1963	10/17 ～ 10/22
第 43 回	清長名作展	1964	1/17 ～ 1/30
第 44 回	渡唐天神画像展	1964	2/20 ～ 2/26
第 45 回	どろ絵名作展	1964	3/19 ～ 3/25
第 46 回	女性の書画名作展	1964	4/16 ～ 4/26
第 47 回	武将の愛刀展	1964	5/21 ～ 5/27
第 48 回	歴代柿右衛門展	1964	6/18 ～ 6/24
第 49 回	禅画名作展	1964	8/13 ～ 8/19
第 50 回	歌舞伎絵展	1964	9/10 ～ 9/16
最終回	近世大和絵展	1964	10/20 ～ 10/25

※すべて毎日新聞社主催、入場無料、会場は 7 階画廊

表 3-5　日本橋白木屋で開催のやきもの教室・名陶シリーズ

回数	テーマ、展覧会名	開催年	会期
第 1 回	古九谷展	1959	1/27 〜 2/1
第 2 回	万暦赤絵展	1959	3/17 〜 3/22
第 3 回	高麗茶碗展	1959	5/? 〜 ?/?
第 4 回	古染付展	1959	7/? 〜 ?/?
第 5 回	李朝陶磁展	1959	9/15 〜 9/20
第 6 回	織部展	1959	11/? 〜 11/29
第 7・8 回	不明	?	?/? 〜 ?/?
第 9 回	東洋の三彩	1960	6/? 〜 ?/?
第 10 回	志野展	1960	8/? 〜 ?/?
第 11 回	古代の陶瓷展	1960	?/ 〜 9/25
第 12 回	古備前	1960	11/15 〜 11/20
第 13 回	酒器	1961	1/? 〜 ?/?
第 14 回	鍋島	1961	3/? 〜 ?/?
第 15 回	柿右衛門展	1961	?/? 〜 6/4
第 16 回	三島展	1961	?/? 〜 7/30
第 17 回	御本茶碗	1961	9/12 〜 ?/?
第 18 回	信楽・伊賀	1961	11/14 〜 11/19
第 19 回	嘉靖金襴手	1962	1/23 〜 ?/?
第 20 回	仁清	1962	3/? 〜 ?/?
第 21〜23 回のうち 1 回不明	近世中国名陶展	1962	4/10 〜 4/19
	世界の硝子展	1962	8/? 〜 ?/?
第 24 回	文房具展	1963	1/25 〜 ?/?
第 25 回	茶陶唐津展	1963	3/22 〜 3/27
第 26 回	不明	?	?/? 〜 ?/?
第 27 回	香合展	1963	9/27 〜 10/2
第 28 回	漢・六朝の土偶	1963	11/? 〜 ?/?
第 29 回	穎川・木米展	1964	1/21 〜 1/26
第 30 回	瀬戸黒と黄瀬戸	1964	3/? 〜 ?/?
第 31〜33 回のうち 2 回不明	乾也展	1964	9/? 〜 ?/?
第 34 回	茶器を中心としたオランダ陶器展	1964	12/7 〜 12/13

※主催は第 1 回のみ日本陶磁協会と読売新聞社、第 2 回以降は陶磁協会、すべて入場無料、会場は 5 階画廊

表 3-4　渋谷東横で開催の異色作家展シリーズ

回数	作家名	開催年	会期	回数	作家名	開催年	会期
第 1 回	竹久夢二	1957	10/15 〜 10/20	第 17 回	五姓田義松	1960	3/1 〜 3/6
第 2 回（毎日の表記は第 1 回）	土田麦僊	1958	1/21 〜 1/26	第 18 回	織田一磨	1960	4/19 〜 4/24
第 3 回	長谷川利行	1958	2/18 〜 2/23	第 19 回	吉川霊華	1960	7/19 〜 7/24
第 4 回	岸田劉生	1958	4/15 〜 4/20	第 20 回	関根正二・村山槐多	1960	9/6 〜 9/11
第 5 回	野田英夫	1958	6/17 〜 6/22	第 21 回	青山熊治	1960	11/1 〜 11/6
第 6 回	恩地孝四郎	1958	7/19 〜 7/27	第 22 回	小林徳三郎	1961	3/28 〜 4/2
第 7 回	小川芋銭	1958	8/12 〜 8/17	第 23 回	三岸好太郎	1961	5/2 〜 5/7
第 8 回	津田正周	1958	9/30 〜 10/5	第 24 回	国枝金三・浜田葆光	1961	7/25 〜 7/30
第 9 回	富田渓仙	1958	10/28 〜 11/2	第 25 回	小出楢重	1962	?/? 〜 4/8
第 10 回	森田恒友	1959	1/20 〜 1/25	第 26 回	橋本平八	1962	6/26 〜 7/1
第 11 回	落合朗風	1959	2/17 〜 2/22	第 27 回	椿貞雄	1962	9/28 〜 10/3
第 12 回	長谷川三郎	1959	4/21 〜 4/26	第 28 回	中村彝	1963	3/22 〜 3/27
第 13 回	戸張孤雁	1959	6/9 〜 6/14	第 29 回	古賀春江	1963	6/7 〜 6/12
第 14 回	小茂田青樹	1959	9/1 〜 9/6	第 30 回	前田寛治	1963	9/20 〜 9/25
第 15 回	萬鐵五郎	1959	10/20 〜 10/25		異色作家シリーズ第 30 回記念	1963	10/11 〜 10/16
第 16 回	入江波光	1959	11/3 〜 11/8				

※すべて毎日新聞社主催、入場無料、会場は 7 階画廊で 22 人の異色作家展のみ 7 階特設会場

表 3-3　銀座松屋で開催のスケッチ展シリーズ

回数	展覧会名	開催年	会期
第 1 回	東山魁夷　風景写生展	1956	6/1 〜 6/6
第 2 回	奥村土牛　素描展	1956	7/6 〜 7/15
第 3 回	林　武　デッサン展	1956	9/7 〜 9/12
第 4 回	中村岳陵　素描展	1956	10/5 〜 10/17
第 5 回	福田平八郎　写生展	1956	11/2 〜 11/13
第 6 回	伊東深水 現代女性スケッチ展	1957	1/13 〜 1/23
第 7 回	山口蓬春　スケッチ展	1957	3/15 〜 3/25
第 8 回	杉山寧　写生展	1957	4/15 〜 4/24
第 9 回	前田青邨　写生展	1957	5/3 〜 5/13
第 10 回	加藤栄三　写生展	1957	6/7 〜 6/17
第 11 回	小野竹喬　写生展	1957	7/5 〜 7/15
第 12 回	西山英雄　素描展	1957	9/6 〜 9/15
第 13 回	小絲源太郎スケッチ展	1957	10/4 〜 10/13
第 14 回	三岸節子　素描展	1957	11/1 〜 11/10
第 15 回	坂本繁二郎 馬の写生展	1958	1/13 〜 1/22
第 16 回	鳥海青児　滞欧素描展	1958	?/? 〜 2/16
第 17 回	橋本明治　スケッチ展	1958	3/17 〜 3/26
第 18 回	高山辰雄　素描展	1958	5/2 〜 5/11
第 19 回	山口華楊　素描展	1958	?/? 〜 6/15
第 20 回	田村孝之介 スケッチ展	1958	7/11 〜 7/20
第 21 回	金島画伯　素描展	1958	9/5 〜 9/14
第 22 回	高畠達四郎　素描展	1958	11/7 〜 11/16
第 23 回	東郷青児　素描展	1959	?/? 〜 1/13
第 24 回	向井潤吉 「民家スケッチ展」	1959	2/20 〜 2/25
第 25 回	杉本健吉　素描展	1959	3/6 〜 3/15
第 26 回	宮本三郎　素描展	1959	5/1 〜 5/10
第 27 回	池田遥邨　素描展	1959	6/5 〜 6/14
第 28 回	小磯良平　素描展	1959	7/2 〜 7/11
第 29 回	海老原喜之助　素描展	1959	9/11 〜 9/19
第 30 回	鏑木清方　素描展	1959	10/6 〜 10/14
第 31 回	辻　永 “花のスケッチ展”	1960	1/5 〜 1/13
第 32 回	須田国太郎 デッサン展	1960	?/? 〜 3/16
第 33 回	上村松篁　素描展	1960	5/10 〜 5/18
第 34 回	堅山南風　素描展	1960	6/3 〜 6/11
第 35 回	堂本印象　素描展	1960	10/21 〜 10/29
第 36 回	安田靫彦氏　素描展	1960	11/4 〜 11/12
第 37 回	児玉希望　素描展	1961	1/5 〜 1/14
第 38 回	曾宮一念　素描展	1961	2/3 〜 2/11
第 39 回	鈴木信太郎　素描展	1961	6/2 〜 6/10
第 40 回	吉岡堅二　素描展	1961	10/6 〜 10/14
第 41 回	脇田和　素描展	1962	1/5 〜 1/13
第 42 回	山口薫　素描展	1962	2/2 〜 2/10
第 43 回	宇多荻邨　素描展	1962	6/1 〜 6/9
第 44 回	寺内萬治郎　素描展	1962	9/7 〜 9/15
第 45 回	森田元子　素描展	1963	2/12 〜 2/20
第 46 回	森田沙伊　素描展	1963	3/15 〜 3/24
第 47 回	田崎広助　素描展	1963	4/2 〜 4/10
第 48 回	野口弥太郎　素描展	1963	5/3 〜 5/11
第 49 回	中川一政　素描展	1963	6/7 〜 6/15
第 50 回	梅原龍三郎　素描展	1963	6/28 〜 7/6
	50 人の画家展スケッチ展 シリーズ完結記念	1964	7/17 〜 7/29

※すべて朝日新聞社主催、入場無料、会場は 6 階画廊で完結記念展のみ 8 階ホール

表 3-2　百貨店で開催の日本人写真家の個展（戦後～ 1950 年代）2

早田雄二欧米写真展	早田雄二	1955	2/11 ～ 2/16	日本橋高島屋	
林忠彦滞米写真展	林忠彦	1955	9/9 ～ 9/14	銀座松坂屋	
木村伊兵衛 「ヨーロッパの印象」	木村伊兵衛	1956	1/31 ～ 2/5	日本橋高島屋	
福田勝治 イタリア写真展	福田勝治	1956	?/? ～ 6/24	日本橋高島屋	
修学院離宮写真展	佐藤辰三	1956	9/25 ～ 9/30	日本橋三越	毎日新聞社
渡辺義雄写真展 「アジア諸国の姿」	渡辺義雄	1957	2/12 ～ 2/17	日本橋高島屋	
写真でみる 来日音楽家三十年史展	小原敬司	1957	3/8 ～ 3/13	銀座松屋	朝日新聞社
見て来た中国 濱谷浩写真展	濱谷浩	1957	5/14 ～ 5/19	日本橋高島屋	
「人間零歳」写真展	吉岡専造	1957	7/2 ～ 7/7	日本橋高島屋	週刊朝日
福田勝治写真展［京都］	福田勝治	1957	7/30 ～ 8/4	日本橋高島屋	
棚橋紫水「メキシコ」展	棚橋紫水	1957	9/17 ～ 9/22	日本橋高島屋	
ガビオン族生態写真展	杉山吉良	1958	?/? ～ 3/12	銀座松坂屋	文藝春秋新社
島田謹介撮影カラー写真 カメラ風土記展	島田謹介	1958	4/15 ～ 4/20	日本橋高島屋	週刊朝日
緑川洋一「ヨーロッパ」	緑川洋一	1959	9/29 ～ 10/4	日本橋高島屋	
三木淳写真展［メキシコ］	三木淳	1959	10/20 ～ 10/25	日本橋高島屋	

※展覧会名［　　］内は、内容の補足

表 3-2　百貨店で開催の日本人写真家の個展（戦後〜 1950 年代）　①

展覧会名	写真家	開催年	会期	会場	主催
裸体群像展	杉山吉良	1948	5/? 〜 5/?	銀座松坂屋	
大和古寺仏像写真展	入江泰吉	1948	?/? 〜 5/29	日本橋三越	大和文化会、近畿日本鉄道
渡辺義雄・熊谷辰男「天皇と皇居」	渡辺義雄、熊谷辰男	1949	3/1 〜 3/10	日本橋三越	
坂本万七彫刻写真展	坂本万七	1949	4/23 〜 4/30	日本橋三越	
杉山吉良ヌード写真展	杉山吉良	1949	7/19 〜 7/24	銀座三越	
中山岩太遺作展	中山岩太	1950	1/4 〜 1/10	日本橋三越	
熊谷辰男・渡辺義雄「天皇と皇居」写真展	渡辺義雄、熊谷辰男	1950	4/22 〜 4/30	日本橋三越	
杉山吉良「平和の花・アッツ島」	杉山吉良	1950	5/2 〜 5/9	銀座三越	
間世潜「トラピスト女子修道院展」	間世潜	1951	1/16 〜 1/21	銀座三越	
入江泰吉 大和古寺風物写真展	入江泰吉	1951	5/24 〜 5/30	日本橋三越	
ハリー・シゲタ写真展	ハリー・シゲタ	1951	9/1 〜 9/7	日本橋三越	アサヒカメラ
杉山吉良「ヌード」	杉山吉良	1952	1/18 〜 1/23	上野松坂屋	
渋谷龍吉宣伝美術写真展	渋谷龍吉	1952	4/10 〜 4/16	日本橋髙島屋	
桂離宮写真展	佐藤辰三	1953	2/1 〜 2/8	日本橋三越	毎日新聞社
田村茂「現代日本の百人」	田村茂	1953	4/9 〜 4/12	日本橋三越	
皇室写真展覧会	熊谷辰男	1954	1/12 〜 1/17	日本橋三越	日本写真協会
真継不二夫氏作品写真展［ハワイ］	真継不二夫	1954	2/2 〜 2/7	日本橋三越	毎日新聞社、英文毎日
大竹省二写真展［来日音楽家ポートレート］	大竹省二	1954	2/12 〜 2/17	銀座松坂屋	
田沼武能「芸術家の顔」	田沼武能	1954	5/21 〜 5/26	銀座松屋	
土門拳第 1 回写真展	土門拳	1955	1/25 〜 1/30	日本橋髙島屋	
木村伊兵衛外遊作品展	木村伊兵衛	1955	2/11 〜 2/16	銀座松坂屋	朝日新聞社

表 3-1 百貨店で開催のドキュメント写真やライカの展覧会（1950年代）

展覧会名	開催年	会期	会場	主催	入場料
第1回 集団フォト写真展	1951	6/1〜6/8	銀座三越		
	『ライフ』誌で活躍する16人の外国人写真家の作品を招待展示				
ライカによる舞台写真展覧会	1951	7/31〜7/22	日本橋白木屋	ライカ倶楽部	
	吉右門劇団の明治座盆興業の舞台				
第2回 集団フォト写真展	1952	5/30〜6/4	銀座松坂屋	集団フォト	
「ライカで見た忠臣蔵」	1952	12/12〜12/15	日本橋白木屋		
	木村伊兵衛ほか				
第3回 「集団フォト」展	1953	?/?〜6/20	銀座松坂屋		
ロバート・キャパとマグナムフォト写真展	1954	5/11〜5/16	日本橋髙島屋	毎日新聞社	無料
	キャパの代表作40点にブレッソン、アンセル・アダムスなど世界一流写真家13名の傑作100点				
ロバート・キャパ 日本の印象作品展	1954	6/8〜6/13	日本橋髙島屋	毎日新聞社	
	5月22日にインドシナ戦線で殉職したキャパの滞日中の作品と仏印戦線の報道写真の遺作を展観				
ライカ誕生30年記念 国際写真展	1956	?/?〜2/8	銀座松屋		
	独、英、米、仏各国作家の作品と日本の一流作家の作品約200点				
第6回 集団フォト展	1956	11/6〜11/11	日本橋髙島屋		
	田沼武能、大竹省二、木村伊兵衛など11人の写真展				
世紀の大写真展再び“決定的瞬間”のカルチエ＝ブレッソン写真展	1957	4/17〜5/5	日本橋髙島屋	毎日新聞社、カメラ毎日	80
	1955年、ルーブル博物館最初の写真展として開催、次いで欧州諸都市を巡回した後、日本で358点を公開				
四半世紀の世界 ライフ（写真家）傑作展	1958	4/1〜4/13	日本橋髙島屋	朝日新聞社	60
	『ライフ』誌の専属写真家40人が撮影した作品展、東京とニューヨークで同時公開				
マグナム世界写真展	1960	3/15〜?/?	日本橋髙島屋	毎日新聞社、毎日フォト	60
	マグナムフォトの総合写真展を世界で初めて公開				

表 2-4　百貨店などで開催の児童の絵画展（1947 ～ 59）

1

展覧会名	開催年	会期	会場	主催
アメリカ児童画展覧会	1947	6/27 ～ 7/10	銀座三越	中央教育研究所、愛育研究所、朝日新聞社
	最近到着した 4 歳の幼児から中学生にいたるアメリカ児童の作品数百点より厳選したクレヨン、パステル、はり紙など 200 余点			
世界児童画展覧会	1947	9/20 ～ 9/29	日本橋三越	美術教育会、月刊少年読売
	英、米、仏をはじめ世界 19 ヵ国の児童画を展示、日本の児童画の選出は公開審査会で応募 2 万点から 200 点			
全日本こども美術展	1948	1/22 ～ 1/31	日本橋三越	毎日小学生新聞
	約 2 万点の応募から入賞・入選 508 点			
第 2 回　全日本こども美術展	1948	12/23 ～ 12/30	日本橋三越	毎日小学生新聞
学童水絵展	1949	8/20 ～ 8/31	日本橋三越	朝日新聞社
	全国の小、中学校生徒の作品約 400 点			
第 3 回　全日本こども美術展	1949	11/23 ～ 11/29	日本橋三越	毎日小学生新聞
	アメリカン・スクールからも出品			
全国児童特選クレパス画展覧会	1950	2/15 ～ 2/22	新宿三越	教育美術振興会
	全国約 100 校の 344 点			
日米子供美術展	1950	4/28 ～ ?/?	東京都美術館	
	アメリカの子供の絵 400 点が日赤を通じて送られてきたのを機に日赤と東京都教育庁が全国から作品 1000 点を募集した交換美術展			
日米学童交換図画展	1950	6/27 ～ ?/?	新宿三越	
	アメリカ西部学童の作品 40 点と全国小中学校作品 1000 余点			
第 2 回　全国学童水絵作品展	1950	8/22 ～ 8/29	日本橋三越	朝日新聞社
	応募 1 万 3000 余点から入選 1157 点			
クレヨン画展	1951	2/? ～ 2/24	日本橋三越	日本クレヨン画会（後援：読売新聞社）
	クレヨン画を通して学童の美術教養を高める、全国から集まった 200 余点			
国土緑化ポスター展	1951	?/? ～ 3/25	日本橋三越	国土緑化推進委員会
	全国学童・生徒の作品を集めて			
日米交歓 第 3 回　子供美術展	1951	5/5 ～ 5/18	東京都美術館	東京都教育委員会
	小中学校生徒を対象に絵画、彫刻、工芸品を募集、展覧会後、日米親善のためアメリカに送られる			
第 3 回　国際学童水絵展	1951	9/18 ～ 9/23	日本橋三越	朝日新聞社、日本赤十字社

児童画の国際交換に伴う海外児童の作品展（正式タイトル不詳）	1952	2/10 ～ 2/?	日本橋三越	教育美術振興会	1950 年教育美術振興会が全国の小中学校 2700 校から図画作品 8 万 3000 点を集め、そこから選んだ 3000 点を、ユネスコを通じて世界 23 カ国に送ったことに応え、海外より届いた児童画を展観
第 4 回　国際学童水絵展	1952	9/30 ～ 10/5	日本橋三越	日本赤十字社、朝日新聞社	応募作品 5 万 8000 点から 1859 点を選ぶ
英連邦児童画展	1953	2/17 ～ 3/1	日本橋高島屋	国際文化振興会、朝日新聞社	イギリス、インドなど英連邦 5 カ国の児童画 700 余点
児童画展	1953	3/10 ～ 3/15	日本橋高島屋	小学館	全国より集った優秀作品を展示
第 13 回　全国児童クレパス・水彩画展	1953	8/4 ～ 8/9	新宿三越	教育美術振興会	
ユネスコ世界学童美術展	1953	10/1 ～ 10/7	ブリヂストン美術館	日本ユネスコ美術教育連盟、毎日新聞社	アメリカ、イギリスなど欧米 19 カ国と日本の学童の絵画 8000 点のなかから 450 点
第 14 回　全国園児児童生徒クレパス画水彩画展	1953	11/24 ～ 11/29	銀座松屋	教育美術振興会	応募 8 万 9000 余点
第 5 回　国際学童水絵展	1954	1/6 ～ 1/12	渋谷東横	日本赤十字社、朝日新聞社	公募 5 万 1207 点から 2069 点が入選
日比親善児童図画展	1954	2/5 ～ 2/10	日本橋白木屋	日本青年商工会議所（後援：毎日新聞社）	全国から応募、フィリピンからの児童図画とあわせて 600 点
全日本こども美術展	1954	2/12 ～ 2/17	日本橋白木屋	毎日新聞社、毎日小・中学生新聞	3 万 600 余点の応募から 560 点
世界の児童画	1954	9/1 ～ 9/19	国立近代美術館	国立近代美術館	
フランス児童画展	1955	?/? ～ 1/30	日本橋白木屋		
第 15 回　全国児童美術展	1955	2/8 ～ 2/13	日本橋三越	教育美術振興会	応募 7 万 9000 余点
第 8 回　全日本こども美術展	1955	2/11 ～ 2/16	銀座松屋	毎日新聞社、毎日小・中学生新聞	4 万 5000 点の応募から入賞・入選作品 550 点
第 4 回　高尾山写生コン虫採集展	1955	9/14 ～ 9/18	新宿伊勢丹	高尾山観光協会（後援：毎日新聞社）	夏休み中に写生、採集した都内の小中高生の入選作品

第 9 回　全日本こども美術展	1955	11/4 ～ 11/8	八重洲口大丸	毎日新聞社
	入賞、入選作品 500 点			
交通事故防止 学童図画コンテスト発表展	1956	1/27 ～ 2/1	日本橋白木屋	警視庁、東京交通安全協会 （後援：毎日新聞社）
	応募作品から 180 余点の入選作			
第 16 回　全国児童美術展	1956	2/7 ～ 2/12	日本橋三越	教育美術振興会
	応募約 9 万点			
第 7 回　国際学童水絵展	1956	3/6 ～ 3/11	日本橋三越	日本赤十字社、 朝日新聞社
	公募 4101 点から入選作 400 点と海外 23 カ国の作品、全国主要都市で地方展を開いた後、海外に送る			
交通事故防止 学童図画入選作品展	1956	6/26 ～ 7/1	渋谷東横	警視庁、東京交通安全協会 （後援：毎日新聞社）
	入選作品 186 点と学童対象の交通事故防止啓発宣伝資料、引き続き池袋東横でも開催			
第 8 回　国際学童水絵展	1956	10/23 ～ 10/28	日本橋三越	日本赤十字社、 朝日新聞社
第 3 回　世界学童美術展	1957	1/11 ～ 1/16	八重洲口大丸	日本ユネスコ美術教育連盟、 毎日新聞社
	アメリカ、フランス、など 60 カ国の学童の絵画工作品 600 点			
第 10 回　全日本こども美術展	1957	2/1 ～ 2/7	上野松坂屋	毎日新聞社、 毎日小中学生新聞
	こども美術の最高峰、2 万 7000 点余りの応募から 500 点			
世界の子供が手をつなぐ 国際児童画展	1957	5/14 ～ 5/19	日本橋髙島屋	日本青年会議所 （後援：毎日新聞社）
	イタリア、アメリカなど 40 カ国児童画 300 点と国内で募集した小学生の作品 200 点			
オランダ・日本交歓児童画作品展	1957	?/? ～ 6/16	日本橋白木屋	
国際学童水絵展	1957	9/13 ～ 9/18	銀座松屋	朝日新聞社
	公募 6 万余点から入選作 1987 点			
全日本こども美術展	1957	11/12 ～ 11/17	日本橋三越	毎日新聞社、 毎日小中学生新聞
	全国から 2 万点の応募、400 余点の入選作を発表			
児童画展 こどもと母の幸福のために	1958	1/5 ～ 1/14	有楽町そごう	国際学童美術研究会
第 5 回　全国小、中学校 版画コンクール展	1958	3/13 ～ 3/18	有楽町そごう	読売新聞社
	入選 495 点から 170 点			
第 10 回　国際学童水絵展	1958	9/2 ～ 9/7	池袋三越	朝日新聞社
	全国の小、中、高校生からの公募作品から 2220 点が入選、作品展を開催			

チェコスロバキア児童美術展	1959	7/31 ～ ?/?	池袋西武	
	チェコスロバキアの子ども（5 ～ 15 歳）の絵と工作 120 点			
第 2 回　NHK 全国図画コンクール入選作品展	1959	?/? ～ 11/8	新宿伊勢丹	
	全国から応募された 16 万点の幼稚園、小中学校生の作品から選ばれた 260 余点			
第 13 回　全日本こども美術展	1959	11/17 ～ 11/22	池袋三越	毎日新聞社、毎日中学生新聞、毎日小学生新聞
	1 万 2000 点の応募作品から 311 点の入賞・入選作			
第 11 回　国際学童水絵展	1959	12/8 ～ 12/13	池袋三越	朝日新聞社
	日本側 11 地区代表 234 点と東京地区入選作品、外国側はソ連、アメリカをはじめ 11 カ国			

きれいな空気展	1959	?/? ～ 6/10	池袋西武	
	百貨店初の三菱電機製の空気清浄装置全店設置を記念して、写真、図解、模型で紹介			
コマーシャル展	1959	?/? ～ 7/22	銀座松坂屋	ラジオ東京
	VTR初公開、CMフィルムの映写ほか各種資料、スポンサーのPRをパネル、写真等で展示			
新しい薬の科学展	1959	9/1 ～ 9/6	日本橋髙島屋	日本薬剤師協会
	ビタミン、抗生物質、ホルモンのすべてをわかりやすく展示			

一目でわかる写真工業展	1956	6/1 ～ 6/10	日本橋髙島屋	日本写真協会
	カメラの使い方、カラー写真の上手な写し方、カメラのできるまでなど			
第 2 回　食品展	1956	7/31 ～ 8/12	日本橋三越	日本経済新聞社
	食料品工業の振興と輸出の増進、食生活の改善、大手食品会社 53 社が参加			
原子力平和利用 アイソトープ展覧会	1956	8/15 ～ 8/26	新宿伊勢丹	日本原子力産業会議、毎日新聞社ほか（後援：原子力委員会、科学技術庁、通商産業省ほか）
	アイソトープ関係企業のほか大学、研究所、官庁などが参加、原子炉の模型や放射線の安全な取扱いなど、身近な生活がアイソトープによってつぎつぎに改善されていく姿を紹介			
「新聞の 80 年」展	1956	9/28 ～ 10/8	池袋西武	日本経済新聞社
	日経創刊 80 周年を記念し、新聞のできるまでの実演、日本経済 80 年の変遷、日経色刷原画の秀作 69 点			
東海道線電化完成記念展	1956	11/23 ～ 12/2	日本橋白木屋	日本国有鉄道、毎日新聞社
	東海道線全線のパノラマ、模型、写真、図表など、沿線みやげ、記念切符なども販売			
食べものの祭典	1957	7/31 ～ 8/11	日本橋三越	日本経済新聞社
	全国一流メーカー 47 社			
国産時計展	1958	6/6 ～ 6/11	八重洲口大丸	日本時計協会
	平井コレクションにより日時計、砂時計から原子時計まで参考品、資料、写真で紹介			
海国日本百年の歩み 海運造船総合展	1958	7/29 ～ 8/3	日本橋白木屋	日本工業経済連盟
	海国日本の現況を実物、模型、写真などで紹介するとともに、黒船来朝より現在までの歴史を豊富な資料で展観			
第 6 回　航空日記念 ジェット・ロケット人工衛星展	1958	9/16 ～ 9/21	日本橋三越	日本航空協会
	現代航空技術の最高水準を大模型などで紹介			
電子科学とテレビジョン展	1959	?/? ～ 3/8	日本橋白木屋	日本工業経済連盟
	新しい科学の基礎、電子の解説と応用分野の機器を紹介、宇宙ロケットの人工頭脳、最新カラーテレビ実演、電子計算機など			
鹿島建設創業 120 年記念展 エネルギーと建設	1959	3/17 ～ 3/22	日本橋髙島屋	鹿島建設
	ダム、発電所の建設工事、原子力の平和利用、都市計画構想、ビル・トンネルの建築を紹介			
慶祝皇太子殿下ご結婚 59 年オール化学繊維展	1959	4/7 ～ 4/12	日本橋白木屋	日本化学繊維協会、産経新聞社
	有名デザイナー創作の化繊による婚礼衣裳をはじめ化学繊維のすべてを綜合的陳列により紹介			
少年電子科学展	1959	5/5 ～ 5/10	日本橋三越	朝日新聞厚生文化事業団、ソニー
	トランジスタの製造実演とトランジスタラジオの組立て、ビデオテープレコーダーの録画と再生など			

キャンデー・ショウ	1953	3/14 ～ 3/20	銀座松坂屋	全国菓子協会
	菓子製造の実演、各種の新しい菓子など			
キヤノンカメラ応用科学展	1953	4/9 ～ 4/12	日本橋三越	
	複写装置、顕微鏡撮影装置、オシロスコープ撮影装置など			
新しい化学繊維のPR展	1953	4/10 ～ 4/19	日本橋白木屋	日本経済新聞社
	ナイロン、ビニロン、アセテートの紹介、化学繊維とは、化学繊維の重要性、東洋レイヨン、大日本セルロイド、倉敷レイヨン3社が出品			
たばこ製造専売50年記念 たばこ展	1953	?/? ～ 6/11	上野松坂屋	日本専売公社
	専売50年の歩みを資料、パノラマ、ジオラマで展示、喫煙具、絵画など、製造実演あり			
時の記念日に因む 時計展	1953	6/9 ～ 6/14	日本橋髙島屋	日本時計協会
	博物館からも出品、国産時計新製品350点、工作機械も展示			
伸びゆく海洋展	1953	?/? ～ 7/22	日本橋白木屋	日本海事新聞社
	造船、海運、水産の伸展、最新科学の粋を集めた船舶用機械、器具など			
国際印刷美術展	1953	9/15 ～ 9/20	銀座松屋	日本印刷工業会ほか
	日、英、米、独、仏、伊など11カ国の近着ポスター、ブックカバー、美術複製、書籍など300余点			
新聞展	1953	9/30 ～ 10/8	日本橋三越	
	新聞週間に因んで、新聞の歴史、明治時代・世界の新聞、放送の今昔、テレタイプ、モノタイプ等の実演、写真、ジオラマなど			
日本化学工業展	1953	10/10 ～ 10/18	日本橋三越	日本化学会
	日本化学会の創立75周年を記念して、その発展のあとをたどるとともに現状を紹介、各種の実験も加える			
新しい婦人生活のための 台所文化展	1954	4/13 ～ ?/?	日本橋髙島屋	産業経済新聞社
	リビングキッチンモデルセット、台所電化、古代中世の台所用品など、即売あり			
婦人画報50年記念 すみよいすまいのデザイン モダン・リヴィング展	1954	9/14 ～ 9/19	日本橋髙島屋	
	合理的で快適なアパートの室内デザインやすぐれたデザインの低廉な家具など、当代一流のスタッフによる住の新しい解説、東洋陶器、旭化成、松下電器などが協賛			
洋蘭展示会	1955	?/? ～ 2/20	日本橋三越	日本洋蘭農業協同組合
第1回　食品展	1955	8/2 ～ 8/14	日本橋三越	日本経済新聞社
	食品一流メーカー45社の協賛、優秀食品の展示、食品工業の解説など			
夏を楽しく清潔に 生活と石けん展	1955	8/10 ～ 8/18	日本橋髙島屋	日本油脂工業会
	石けんの歴史、石けんの製造種類など、実物と実演、写真・図表などで解説			
最新カメラ展	1955	11/2 ～ 11/9	新宿伊勢丹	サン写真新聞社
	20社の参加による最新カメラの展示と写真相談室			

株式投資展	1948	4/20 ～ 4/29	上野松坂屋	東京証券協会
	“再建は一人一人の投資から”			
ペニシリン綜合展	1948	?/? ～ 7/30	渋谷東横	ペニシリン協会
合成樹脂振興展覧会	1948	9/? ～ 9/?	銀座三越	東部・西部合成樹脂協会
新聞文化展	1948	10/? ～ 10/?	日本橋三越	
新聞展	1950	10/1 ～ ?/?	日本橋三越	
	第 3 回新聞週間に因み開催、NHK の録音機、文字電送機のほか日本全国の新聞閲覧室、印刷実演など			
プラスチック文化展	1950	11/23 ～ 11/30	日本橋三越	プラスチック協会、朝日新聞社ほか
	プラスチックと国内資源、プラスチックと合成繊維製品ほか			
躍進プラスチック展	1951	?/? ～ 4/15	上野松坂屋	総合通信社
	全国一流メーカーの新製品、レインコート、ハンドバッグ、風呂敷、袋物など			
郵便創始 80 周年記念　郵便文化展	1951	4/17 ～ 4/25	日本橋三越	郵政省
生活と硫酸展	1951	5/26 ～ 6/3	日本橋三越	硫酸協会、日本経済新聞社
	日本の硫酸工業 80 年を記念、硫酸と日常生活とのつながりを実物で			
電気文化展	1952	3/18 ～ 3/23	日本橋高島屋	関東電気協会、ラジオ電化新聞社
	放送記念日、電気記念日にちなんで照明、電熱器具、動力機械、ラジオ、テレビジョンを展示、アメリカや日本の一流メーカーの製品など日本で初めてのテレビジョンを綜合展示			
伸びゆく産業　育てる株式展	1952	6/3 ～ 6/8	日本橋高島屋	東京証券業協会、日本経済新聞社
	まだ一般に理解されていない株式投資をやさしい株式の図表による解説と全国産業のすべてを紹介			
時計の展覧会	1952	6/10 ～ 6/15	日本橋高島屋	日本時計協会
	時計の歴史、古い時計の展観、精密機械部品の製作実演、全国有名メーカーの各種新製品 300 余点			
現代印刷産業展	1952	9/14 ～ 9/?	上野松坂屋	日本印刷工業会ほか
	印刷週間を設定し、業界をあげて各種行事を開催			
印刷文化展	1952	9/16 ～ 9/23	日本橋三越	日本印刷工業会ほか
国鉄開通 80 年記念展	1952	?/? ～ 10/19	日本橋三越	日本国有鉄道、日本交通公社ほか
	パノラマや新三等車、特別二等車の実物展示、切符印刷機、模型鉄道、国鉄の現況を紹介			
テレビとラジオ展	1953	1/13 ～ 1/18	渋谷東横	ラジオ電化新聞社
	テレビ本放送を控え、メーカー 50 数社の協力出品により国産テレビを一堂に展観、2 ～ 4 時の間実演放送もあり			

第 3 回　伸びゆく電波と電気通信展	1951	?/? ～ 6/10	日本橋三越	日本電気通信工業連合会、日本放送協会、電気通信省ほか
	最高水準をゆく代表受像機 20 数台を集めて、本邦最初のテレビジョン・オンパレード、新鋭電波・電気通信機器等の展示ならびに操作実演			
第 4 回　伸びゆく電波と電気通信展	1952	?/? ～ 6/15	日本橋三越	
	NHK 多年の研究で完成した天然色テレビジョンをはじめモノクロテレビジョン 24 台、国際電話などを実演公開、天然色テレビジョン初公開			
第 5 回　伸びゆく電波と電気通信展	1953	6/3 ～ 6/14	日本橋三越	郵政省電波監理局、電電公社、日本放送協会ほか
	初公開のレーダー実演、テレビクイズ番組の公開、トランジスター紹介			
第 8 回　伸びゆく電波と電気通信展	1956	?/? ～ 6/10	日本橋三越	郵政省、電電公社、日本放送協会ほか
	無線操縦による人造人間、テレビ電話、テレビ特殊効果、通信機器の新製品など			
第 9 回　伸びゆく電波と電気通信展	1957	5/28 ～ 6/9	日本橋三越	郵政省、電電公社、日本放送協会ほか
	南極観測隊の通信、電話のかけ方、通信機器の新製品など			
第 10 回　伸びゆく電波と電気通信展	1958	5/27 ～ 6/8	日本橋三越	
	最新電波機器の全貌を紹介、NHK テレビスタジオ公開、「チロリン村とクルミの木」の放送風景の実演、公開			
第 11 回　伸びゆく電波と電気通信展	1959	?/? ～ 6/7	日本橋三越	
	66 年に会場を新宿京王に変え 68 年の第 20 回まで続く			
［関東東海花の展覧会］				
第 3 回　南関東花卉共進会	1954	3/30 ～ 4/2	上野松坂屋	東京都、千葉県、神奈川県、埼玉県、花卉園芸組合連合会
第 5 回　南関東花の展覧会	1956	3/13 ～ 3/16	上野松坂屋	東京都、千葉県、神奈川県、埼玉県
第 7 回　関東東海花の展覧会	1958	3/11 ～ 3/14	上野松坂屋	千葉県、静岡県、東京都、神奈川県、埼玉県
第 8 回　関東東海花の展覧会	1959	?/? ～ 2/15	上野松坂屋	静岡県、東京都、神奈川県、埼玉県、千葉県ほか
	毎年開催され 70 年から会場は新宿小田急に変わり継続			
［50 年代までの主な産業展］				
薬用植物保健展	1947	6/20 ～ 6/28	日本橋高島屋	東京都薬草協会
	薬用植物と薬草から抽出した新薬類の製法、成分、効能などを資料、実物で			
新薬展覧会	1947	8/11 ～ 8/18	日本橋三越	日本新薬協会
	“日本にもこんなに優秀な医薬品がある”			

表 2-3　百貨店で開催の主な産業展（1947 ～ 59）

1

展覧会名	開催年	会期	会場	主催
［東芝展］				
最新電気文化の粋 東芝電気科学展	1949	?/? ～ 11/6	日本橋三越	
	X線透視の実験装置、電球、真空管などを展示			
東芝製品綜合展示による あすをひらく電気科学展	1954	5/23 ～ 5/30	日本橋髙島屋	東京芝浦電気ほか
	電気文化発達のパノラマ、工業用テレビ、X線、電気機関車、自分の声の再現など			
奥様のための電気展	1955	?/? ～ 7/31	日本橋三越	東京芝浦電気ほか
東芝電気文化展　電気と私達の生活	1957	4/9 ～ 4/14	日本橋三越	
	家庭のオートメーション化を示すモデルルーム、原子力発電の模型展示など			
東芝科学展	1959	6/2 ～ 6/7	日本橋髙島屋	東京芝浦電気ほか
	電球から原子力まで、カラーテレビ、マンモス HiFi セットなど実演と展示			
［東京ガス展］				
ガス展	1949	10/19 ～ 10/29	日本橋髙島屋	東京瓦斯ほか
新しい暮しの中のガス展 （第 1 回　ガス総合展）	1959	10/13 ～ 10/18	日本橋三越	東京ガス
	新製品の陳列と実演、モデルキッチン、ガスの上手な使い方などガス事業の全貌を紹介、入場客は延べ 10 万人、60 年代以降は日本橋三越などで、定例的に『ガス展』を開催			
［写真の日記念行事］				
現代写真文化展	1952	5/? ～ 6/8	上野松坂屋	日本写真協会
全国写真展覧会	1952	5/27 ～ 6/2	銀座三越	日本写真文化協会
第 2 回　カメラ祭写真展	1952	5/27 ～ 6/2	日本橋髙島屋	東京写真材料 商業協同組合
名人名工肖像写真展覧会	1952	6/17 ～ 6/22	日本橋三越	
第 2 回　集団フォト写真展	1952	5/30 ～ 6/4	銀座松坂屋	集団フォト
伸びゆく東京都記録写真展	1952	5/31 ～ 6/8	上野松坂屋	全日本写真連盟
全国報道写真展	1952	5/27 ～ 6/1	日本橋三越	
チューリップ懸賞写真展	1952	6/1 ～ 6/8	浅草松屋	
［伸びゆく電波と電気通信展］				
伸びゆく電気通信展	1949	?/? ～ 5/19	日本橋三越	
みんなの電気通信展	1950	?/? ～ 6/11	日本橋三越	電気通信省、 関東電気通信局
	NHK テレビジョン受像			

表 2-2　著名寺社の展覧会（1951～54）②

香取・鹿島名宝展	1954	1/19～1/31	日本橋三越	毎日新聞社、香取神宮、鹿島神宮ほか	無料
	両神宮に伝わる名鏡、刀剣、狛犬、舞楽面など国宝、重要文化財と伊能忠敬に関する資料約 170 点				
三井寺秘宝展	1954	2/2～2/14	日本橋髙島屋	朝日新聞社、園城寺	無料（灌頂料 50 円）
	秘仏「黄不動」をはじめ三井寺の名宝、国宝、重要文化財を含む 100 余点				
平城宮跡発掘調査記念 奈良朝国宝展	1954	7/21～8/8	日本橋三越	毎日新聞社	無料
	法隆寺、東大寺、興福寺、薬師寺、唐招提寺などの寺院から奈良朝の国宝、重要文化財を出品、あわせて平城宮跡からの出土品も展示、国宝聖観音菩薩を東都初公開				
比叡山名宝展	1954	11/19～11/24	八重洲口大丸	朝日新聞社、比叡山延暦寺	無料
	天台大師千三百五十年遠忌を記念し、国宝を含む絵画、彫刻、典籍、工芸品など 100 余点				

※いずれも文化財保護委員会、（東京）国立博物館の両方またはどちらかが後援となる

表 2-2　著名寺社の展覧会（1951 ～ 54）

1

展覧会名	開催年	会期	会場	主催	入場料
奈良薬師寺東塔水煙展	1951	9/12 ～ 9/23	日本橋三越	法相宗大本山薬師寺、毎日新聞社ほか	無料
	三重塔修理を機におろされた水煙をはじめ、吉祥天像などの国宝 5 点、重文 18 点ほか 50 余点				
奈良　春日　興福寺国宝展	1952	2/21 ～ 3/9	日本橋三越	毎日新聞社、春日大社、興福寺	無料
	興福寺から国宝“阿修羅像”や、“無著菩薩立像”、春日大社から国宝“赤糸威鎧”など、両寺社から国宝、重要文化財あわせて 100 余点、その他の文化財 150 余点				
東大寺名宝展	1952	8/2 ～ 8/24	日本橋髙島屋	東大寺、朝日新聞社ほか	無料
	国宝“法華堂本尊宝冠”ほか国宝・重文など約 100 点				
日光名宝展	1952	8/? ～ 8/31	日本橋三越	栃木県	
	東照宮修理を機に、三猿彫刻をはじめ、東照宮、輪王寺、二荒山神社の国宝 7 点、重要文化財 20 余点ほか百数十点				
壁画模写初公開 国宝法隆寺展	1952	11/6 ～ 11/30	日本橋三越	毎日新聞社	無料
	壁画模写及び飛鳥、白鳳、天平美術の国宝、重文など百数十点				
大山祇神社　国宝甲冑展	1953	1/15 ～ 2/1	日本橋三越	読売新聞社、大山祇神社	無料
	神社所蔵の鎧兜、刀剣、神像など国宝、重要文化財、重要美術品 129 点				
奈良唐招提寺展	1953	1/16 ～ 2/1	上野松坂屋	唐招提寺、朝日新聞社	無料
	国宝鑑真和上像、今日まで門外不出だった仏舎利をはじめ同寺に伝わる天平仏、絵画、写経、器物など 100 余点				
身延山出開帳と名宝展	1953	2/11 ～ 2/22	日本橋髙島屋	身延山久遠寺	無料
	身延山祖師堂の再現、日蓮上人真筆立正安国論など国宝、御宸翰、狩野探幽、光琳など久遠寺と京都の日蓮宗関係寺院秘蔵の国宝、重要文化財をはじめ 80 余点				
鎌倉国宝展	1953	7/18 ～ 8/9	日本橋三越	毎日新聞社	無料
	鎌倉および付近の 1 社 20 寺の協力を得て国宝、重文など 136 点				
伊勢神宮式年遷宮奉賛 全国神社国宝展	1953	8/12 ～ 8/30	日本橋三越	毎日新聞社、神社本庁ほか	無料
	皇室御物の特別陳列と全国神社 46 社の絵巻、神像、太刀、鏡、舞楽面、古文書などの国宝、重要文化財、重要美術品 120 点				
大徳寺名宝展	1953	10/24 ～ 11/8	銀座松屋	大徳寺、朝日新聞社	30
	牧谿の絵画、天目茶碗などの国宝のほか、重要文化財、重要美術品など 140 点				
黄檗名宝展	1954	1/10 ～ 1/20	日本橋白木屋	朝日新聞社	無料
	黄檗山萬福寺の開祖隠元禅師が携行した名品を中心に唐僧の遺墨、書画彫刻など				

ピカソ陶器・石版画展覧会	1951	?/? ～ 3/31	上野松坂屋	文藝春秋新社	100
	1950 年作陶器 30 点と 1947 年ロンドン展に出品したリトグラフ 10 点、ピカソの陶器は日本初公開				
アメリカ商業美術展	1951	7/? ～ 7/29	日本橋三越	東京都、東京都商工会議所、共同通信社	
	商標、ポスターをはじめ新聞、雑誌広告などアメリカの資料数百点				
大ピカソ展（特別鑑賞会）	1951	8/26 ～ 9/2	日本橋髙島屋	読売新聞社	300
	1937 年から近作まで、油絵 16 点、陶器 15 点、グワッシュ 6 点、彫刻 10 点など 100 余点				
欧州二千年名画複製展	1951	9/25 ～ 9/30	日本橋三越	朝日新聞社	無料
	ドイツの最高印刷技術による、ポンペイの壁画からマチス、ブラックまで欧州の美術史ともいうべき 130 余点の複製画				
ピカソ展	1951	11/6 ～ 11/25	日本橋髙島屋	読売新聞社	150
	大ピカソ展の地方巡回後、新着 5 点と国内秘蔵品 10 点を追加して一般公開				
ロートレック展	1951	12/22 ～ 12/30	日本橋三越	フランス文化の会	無料
	大原美術館所蔵の油彩原画をはじめ石版、素描、ポスターなど 60 余点				
現代米国版画展	1952	1/29 ～ 2/3	日本橋三越		
	スイスルガーノで開かれる第 2 回国際版画展に出品される棟方志功、斎藤清など 15 人の作品の下見展示を兼ねる				
第 1 回　欧米商業美術展覧会	1952	5/? ～ ?/?	銀座三越		
ベルギー現代美術展	1952	9/16 ～ 9/21	日本橋三越	毎日新聞社	無料
	ベルギーの新鋭から大家まで作品 82 点				
ルネッサンス・デッサン展	1953	1/9 ～ 1/19	銀座松坂屋	朝日新聞社	無料
	シカゴ大学名誉教授から日本人画家に贈られたミケランジェロの自画像、ルネッサンス時代のデッサン 60 余点				
大原美術館　泰西名画展	1954	?/? ～ 3/14	銀座松屋	大原美術館、読売新聞社	100
	セザンヌ、ルノワール、ゴッホ、ロートレック他 60 余点				
第 3 回　欧米商業美術展	1954	7/? ～ 7/25	日本橋三越		
	欧米商業美術第一線の作家の印刷作品				
第 2 回　国際印刷美術展	1954	9/? ～ 9/15	銀座松屋		

表 2-1　百貨店で開催の海外美術展〈日本人美術家との合同展も含む〉（1948 ～ 54）　1

展覧会名	開催年	会期	会場	主催	入場料
フランス絵画複製展	1948	1/20 ～ 2/5	銀座三越	朝日新聞社	無料
	1948	9/25 ～ 10/3	渋谷東横	同上	無料
	ピカソ、マチス、ボナールその他現代フランス画家の最近作を、フランスの精巧な美術印刷技術による複製で紹介				
現代中日版画展	1948	5/1 ～ 5/15	日本橋髙島屋	朝日新聞社	2円50銭
	中国、日本の現代作家の代表作を展観、フランス近代版画 20 点を特別出品				
華麗ヴィナスの誕生 近代裸体美術展	1948	10/1 ～ 10/31	銀座松坂屋	読売新聞社	40
	裸体をテーマとした洋画、彫刻、日本画・浮世絵など 380 点、写真、洋画・彫刻の一部で海外作家の作品				
古代欧亜美術展覧会	1949	1/8 ～ 1/15	日本橋髙島屋	国際文化研究会	無料
	エジプト、ギリシャ、ローマ、インド、ペルシャ等の各種芸術品				
新着海外ポスター展	1949	7/1 ～ 7/10	日本橋三越	日本広告会、 朝日新聞社	無料
	戦後の観光、映画、商品など各種の諸外国のポスター				
英連邦現代絵画複製展	1950	1/11 ～ 1/18	日本橋三越	毎日新聞社	
アメリカ商業ポスター展	1950	1/? ～ ?/?	日本橋三越	CIE	
西洋美術史展	1950	?/? ～ 4/16	日本橋三越	造形美術協会、 朝日新聞社	30
	美術教育に資するために、ルネッサンスから現代までの複製絵画 600 余点				
米英加日美術展	1950	6/21 ～ 6/25	日本橋三越	BBS 運動後援会	無料
	青少年の不良化防止と保護を目的とする BBS 運動に関する資料、公募もまじえた一流画家の作品 70 点				
フランス現代ポスター展	1950	7/1 ～ ?/?	日本橋三越	日仏会館	
現代世界美術展	1950	8/1 ～ 8/30	日本橋髙島屋	読売新聞社	
	国内所蔵のピカソ、マチスをはじめ現代欧米作家の作品を含め約 100 点				
フランス・ポスター展	1951	1/16 ～ 1/24	渋谷東横	朝日新聞社	無料
	最近着のフランス各種ポスター				
日米交換美術三十人展	1951	2/3 ～ 2/13	日本橋三越	毎日新聞社、 英文毎日	
	ノース・ウェスト航空のパイロットの斡旋によりアメリカ現代美術のオキーフ、ベン・シャーン、クニヨシなど 15 人、日本から安井曾太郎、宮本三郎など 15 人、日米初の美術交換展				
日仏美術交換 現代フランス美術展 サロン・ド・メェ日本展	1951	2/13 ～ 3/4	日本橋髙島屋	毎日新聞社	
	前年 5 月パリで開かれたサロン・ド・メェ出品の 300 点から、絵画、彫塑、版画、デッサン 56 点				

労働展	1948	9/1 ～ 9/15	新宿三越	労働省	
結婚と育児展	1948	10/31 ～ 11/14	渋谷東横	朝日新聞厚生事業団、母子愛育会	10
物価安定推進運動 生活安定と物価展	1948 1948	11/12 ～ 11/23 12/1 ～ 12/12	日本橋三越 浅草松屋	東京都、 東京都価格査定委員会	
第 2 回　労働展	1948	12/2 ～ 12/8	銀座三越	労働省	
この冬の電力展	1949	1/12 ～ 1/19	日本橋三越	日本発送電、 関東配電日本電気協会 （後援：商工省）	
明日の都市と住宅展	1949	1/22 ～ 1/29	日本橋三越	建設省、東京都（後援：総司令部）	
犯罪科学展	1949	2/1 ～ 2/28	銀座三越	東京防犯協会連合会 （後援：警視庁ほか）	30
新生活と計量展	1949	3/6 ～ 3/16	新宿伊勢丹	東京都	
経済九原則早わかり展	1949	6/2 ～ 6/12	日本橋髙島屋	読売新聞社ほか （後援：経済安定本部、大蔵省）	無料
正しい結婚と性の教育展	1949	7/? ～ 8/21	渋谷東横	日本性教育協会 （後援：厚生省、文部省ほか）	
新しい時代の性生活展	1949	?/? ～ 8/14	銀座三越	総合科学研究会 （後援:厚生省、文部省、労働省ほか）	
奥山とその開発展	1949	10/17 ～ 10/26	銀座松坂屋	農林省、ブナ材開発促進協議会	
正しい価格の展覧会	1949	10/? ～ 11/6	日本橋三越	東京都、東京都価格査定委員会 （後援：経済安定本部）	
正しい男女交際と 幸福なる結婚生活展	1950	?/? ～ 1/29	新宿伊勢丹		
「新しい経済のすがた」展	1950	2/5 ～ 2/14	日本橋三越	公正取引委員会、 証券取引委員会ほか	
税と商品の解説展	1950	2/10 ～ 2/15	日本橋白木屋	東京国税局、納税通信社	
水害を防ぐ展覧会	1950	8/11 ～ 8/20	日本橋三越	東京都、日本河川協会	
中小企業輸出振興展	1950	10/8 ～ 10/15	日本橋三越	中小企業庁	

巻末資料

［凡例］

◉展覧会データの出典については、本文13頁（はじめに）を参照。
◉会場の百貨店名については地名＋店名（屋号）で記載した。
◉会期の不明なものについては、?/? と記載した。
◉主催、入場料が不明な場合には空欄としてある。

表 1-1　主な行政 PR の展覧会（1946 ～ 50）

1

展覧会名	開催年	会期	会場	主催	入場料
燃料難を克服する家庭の熱経済展	1946	10/8 ～ 10/19	新宿伊勢丹	燃料協会（後援：東京都、協賛：商工省、農林省ほか）	
江戸消防展（※火災予防週間にあたり）	1946	10/21 ～ 10/27	日本橋三越	読売新聞社	
防犯展覧会	1946	12/5 ～ 12/20	銀座三越	読売新聞社（協力：内務省、司法省）	
気象ト生活展	1947	6/2 ～ 6/9	日本橋三越	中央気象会	
石炭展覧会	1947	7/1 ～ 7/15	日本橋三越	（後援：経済安定本部）	
経済白書解説写真展	1947	9/1 ～ 9/9	日本橋三越	経済安定本部	
新生活と物価展	1947	10/13 ～ 10/20	日本橋三越	東京都、東京都価格査定委員会	
開拓展	1947	11/11 ～ 11/22	上野松坂屋	農林省開拓局・日本開拓協会	
「国の台所」展覧会	1947	12/1 ～ 12/8	日本橋三越	大蔵省	
防犯展覧会	1947	12/6 ～ 1/17	銀座三越	読売新聞社、東京防犯協会連合会（後援：警視庁）	20
危機突破　電力展	1948	1/? ～ 1/30	日本橋髙島屋	日本電気協会（後援：商工省、経済安定本部ほか）	
防犯展覧会	1948	2/1 ～ 3/15	浅草松屋	読売新聞社、東京防犯協会連合会（後援：警視庁）	20
明るい逓信展覧会	1948	4/27 ～ 5/4	日本橋三越	逓信省	
労働大展覧会	1948	5/18 ～ 5/31	新宿三越	東京都労働局（後援：労働省）	
性の科学展覧会	1948	6/10 ～ 7/20	浅草松屋	日本性病予防協会、読売新聞社（後援：厚生省、東京都）	25
取引高税早わかり展	1948	9/1 ～ 9/7	新宿三越	大蔵省（後援：東京財務局）	

図表一覧

著者略歴

志賀健二郎（しが・けんじろう）

1950年　兵庫県生まれ
1974年　京都大学文学部史学科卒業
　　　　小田急百貨店入社
　　　　文化催事（小田急グランドギャラリー）、宣伝、販売促進などを担当
　　　　小田急美術館館長（兼務）
2006年　川崎市の公募で採用され、川崎市市民ミュージアム館長に就任（～2011年）
2011年　川崎市市民ミュージアムアドバイザー（～2014年）
現　在　学校法人田中千代学園　副理事長
　　　　渋谷ファッション＆アート専門学校（前 田中千代ファッションカレッジ）校長
　　　　日本映画大学非常勤講師（博物館経営論）

百貨店《ひやつかてん》の展覧会《てんらんかい》――昭和《しようわ》のみせもの1945―1988

2018年3月20日　初版第1刷発行
2019年5月25日　初版第3刷発行

著　者　志賀健二郎

発行者　喜入冬子

発行所　株式会社　筑摩書房
　　　　東京都台東区蔵前2-5-3　郵便番号111-8755
　　　　電話番号　03-5687-2601（代表）

装幀者　神田昇和

印　刷　中央精版印刷株式会社

製　本　中央精版印刷株式会社

ISBN978-4-480-86458-1　C0063